本书系2018年度国家社会科学基金一般项目"全球治理变革背景下中国特色国际公共产品供给战略研究"（批准号：18BGJ041）的最终成果。

中国模式
中国特色国际公共产品供给探究

宋效峰◎著

光明日报出版社

图书在版编目（CIP）数据

中国特色国际公共产品供给探究 / 宋效峰著 .
北京：光明日报出版社，2024.7. -- ISBN 978－7－5194－
7757－8

Ⅰ．F20

中国国家版本馆 CIP 数据核字第 20247Y408T 号

中国特色国际公共产品供给探究
ZHONGGUO TESE GUOJI GONGGONG CHANPIN GONGJI TANJIU

著　　者：宋效峰	
责任编辑：杜春荣	责任校对：房　蓉　乔宇佳
封面设计：中联华文	责任印制：曹　净

出版发行：光明日报出版社
地　　址：北京市西城区永安路 106 号，100050
电　　话：010-63169890（咨询），010-63131930（邮购）
传　　真：010-63131930
网　　址：http://book.gmw.cn
E － mail：gmrbcbs@ gmw.cn
法律顾问：北京市兰台律师事务所龚柳方律师
印　　刷：三河市华东印刷有限公司
装　　订：三河市华东印刷有限公司
本书如有破损、缺页、装订错误，请与本社联系调换，电话：010-63131930
开　　本：170mm×240mm
字　　数：295 千字　　　　　　　印　　张：15.5
版　　次：2025 年 1 月第 1 版　　　印　　次：2025 年 1 月第 1 次印刷
书　　号：ISBN 978－7－5194－7757－8
定　　价：95.00 元

版权所有　　翻印必究

前　言

面对百年未有之大变局与和平赤字、发展赤字、信任赤字、治理赤字等全球性挑战，中国作为新兴的负责任大国，大力倡导构建人类命运共同体这一全球治理新方案。以这一核心理念和目标为指引，在后疫情时代，中国逐步提出和细化了全球治理诸领域的一系列改革方案。基于此，除"世界和平建设者""全球发展贡献者""国际秩序维护者"等国际角色表述外，习近平主席于2021年在第七十六届联合国大会一般性辩论上又进一步提出了中国作为"公共产品提供者"的身份表述，更加彰显了新时代中国"天下为公"的世界情怀。纵观中华人民共和国恢复在联合国合法席位50余年，在自身不断"富起来""强起来"的过程中始终践行真正的多边主义，为全球安全、经贸、发展与减贫、环境和气候变化、公共卫生等领域治理做出了独特贡献。

基于上述中国与世界关系呈现的新特点，本书认为有必要着眼于全球治理变革的视域，对中国如何回应"世界怎么了，我们怎么办"这一时代之问做出较为系统深入的学理探讨。作为笔者主持的国家社会科学基金项目主要研究成果，本书秉持服务中国特色哲学社会科学话语体系建设之初心，力求立足中国、放眼世界，去探索参与和引领全球治理体系改革的中国路径，塑造全球治理的中国话语。由此，本书试图创新性运用习近平外交思想，将中国促进全球治理体系变革、推动构建人类命运共同体与提供国际公共产品在逻辑上统一起来，着力提炼中国供给国际公共产品的范式特色。

在研究路径和方法上，本书以规范研究为主、以实证研究为辅，统观器物、制度和观念等不同层面的国际公共产品供给来进行论证。本书内容除具备一定理论深度外，还具有较突出的时效性特点。本书尽可能掌握国内外最新资料，参考文献力求全面、可靠。在写作风格上，本书尝试融通政策话语与学术话语，期待能够拓展全球治理、中国对外关系等相关领域的交叉研究，并产生一定的政策参考价值。

从结构上看，本书主要由七个部分构成，首尾各以导论和余论作为呼应，主干部分则按照理论建构—应用分析的逻辑顺序展开。总体而言，本书呈现导入问题—理论引入—场域分析—角色建构—理念确立—实施路径—领域范式—比较借鉴—对策建议的研究进路。

在导论部分，本书着眼于新时代中国积极的全球治理战略取向，结合国内外学术界相关研究前沿，来探讨中国如何秉持"天下"情怀并致力于"立己达人"，以中国之治促进全球之治，从而将国家利益与全球共同利益在逻辑上与实践上统一起来。由此引出本书要研究的核心问题，即如何契合时代特点，为新型全球治理提供具有自身特色的优质国际公共产品。

第一章旨在确立本研究的基本理论架构，并对中国在全球治理中扮演的角色加以总体审视。本章首先梳理分析了全球治理理论的滥觞及其制度依归，并立足于中国特色理论话语体系构建，对相关国际关系理论加以借鉴。尽管全球治理各理论范式的解释路径不同，但大都涉及对国际制度的分析。为此，本章专门探讨了国际制度的作用及其属性，并将其与国际公共产品联系起来看待。这就需要引入国际公共产品理论，并就国际公共产品供给的主体、形态等问题加以重点分析，以便为后续研究做好铺垫。在实然层面上，本章还分析了全球治理的变革趋势以及这一背景下中国角色的生成逻辑。现有全球治理体系的不适应性日益凸显，治理赤字问题亟待破解，创新治理范式、塑造新型全球化已成为广大发展中国家的迫切要求。在自身及外部因素的共同作用下，中国作为建设者、贡献者和维护者的身份得以建构，其中，国际公共产品供给已成为中国角色的着力点。

第二章着眼于理论与实践逻辑的相互证成，探讨了新时代中国供给国际公共产品的知行体系。相比较而言，理念性国际公共产品的供给最能反映一国的供给能力。中国倡导的人类命运共同体理念本身即具有公共产品性质，同时是中国供给国际公共产品的指导思想。在这一理念以及与之相适应的正确义利观指引下，中国逐渐形成了较为系统的供给思路，如倡导多边合作供给、强化制度类产品供给，提升规范供给能力，抓住新兴领域供给契机，以及统筹国内国际供给，等等。在实践层面上，"一带一路"建设是中国供给国际公共产品的创新平台。通过积极供给国际公共产品，中国的国际领导力得到提升，特别是制度性话语权不断增强。

第三章对中国特色国际公共产品供给展开具体论证，并着眼于我国领导人提出的全球发展倡议，首先对中国在全球经济及发展领域的公共产品供给做出分析。近年来，中国不断拓展在全球经贸、发展、安全、社会、生态环境等领域的国际公共产品供给。基于自身比较优势，中国以自身新发展为世界提供新机遇，提供越来越多贸易、金融等优质新型公共产品，推动全球经济治理变革。中国重视国际发展合作中的能力建设，多渠道、多形式地为全球发展与减贫提供公共产品。

第四章与第三章是并列关系，该章对前章未涵盖的中国在全球安全、社会、环境等相关领域的公共产品供给进行分析，以更全面地阐释论证中国特色的国际公共产品供给范式。中国积极参与全球及区域层面的安全公共产品供给，为国际维持和平、建设和平做出特有贡献，并不断开拓新兴安全领域的公共产品供给。中国积极提供卫生、教育等社会性公共产品，还倡导共建地球生命共同体，凝聚国际社会绿色发展共识，已成为全球环境治理的深度参与者和贡献者。

第五章选取美国、欧盟、日本等全球治理重要相关方和国际公共产品传统供给者，从中加以比较借鉴。其中，美国的霸权供给对当代世界影响最大，而制度类公共产品供给在其战略中占有极其重要的地位。欧盟则是全球治理某些规范的重要供给者，其从一体化机构和成员国层面进行双重供给。日本的国际公共产品供给则明显服务其政治大国战略，并把官方发展援助作为重要杠杆。

余论部分着眼于中华民族伟大复兴背景下中国对全球治理变革的参与，就如何完善中国国际公共产品供给战略、构建中国特色国际公共产品供给范式做出补充探讨，并指出了本研究的未尽之处。

目 录
CONTENTS

导 论 ·· 1

第一章　从理论架构到中国审视 ··· 13
　第一节　全球治理理论的滥觞与制度依归 ································ 13
　第二节　国际公共产品理论及其应用 ······································ 26
　第三节　全球治理变革已成趋势 ·· 33
　第四节　全球治理语境下中国角色的锚定 ································ 44

第二章　中国供给国际公共产品的知行体系 ······························· 53
　第一节　中国供给国际公共产品的价值理念 ····························· 53
　第二节　中国供给国际公共产品的战略谋划 ····························· 62
　第三节　中国供给国际公共产品的主要平台 ····························· 85

第三章　中国在全球发展领域的公共产品供给 ··························· 100
　第一节　以公共产品供给推进全球经济治理 ···························· 100
　第二节　全球金融与贸易治理的公共产品供给 ························· 110
　第三节　全球发展治理的公共产品供给 ·································· 121

第四章　中国在全球其他相关领域的公共产品供给 ····················· 136
　第一节　全球安全治理的公共产品供给 ·································· 136
　第二节　全球社会领域的公共产品供给 ·································· 152
　第三节　全球环境治理的公共产品供给 ·································· 166

第五章　基于传统供给方的比较与启示 ………………………… 178
　　第一节　美国的国际公共产品供给战略 ………………… 178
　　第二节　欧洲国家的国际公共产品供给特点 …………… 189
　　第三节　政治大国视角下日本的国际公共产品供给 …… 202

余　论 ……………………………………………………………… 214
参考文献 …………………………………………………………… 225
后　记 ……………………………………………………………… 236

导 论

当今世界正经历百年未有之大变局,全球治理动荡变革、曲折前行,其前景方向备受关注。新兴国家的群体性崛起使国际力量对比更趋平衡,作为最具代表性的新兴大国,中国正日益深入参与全球治理体系,业已成为开放、包容、普惠、平衡、共赢的新型全球化重要推动者和贡献者。中国特色社会主义新时代是我国日益走近世界舞台中央、不断为人类做出更大贡献的时代,中国发展得益于国际社会,愿意以自己的发展为国际发展做出贡献,支持各国共同发展。[①] 鉴于当今世界存在着突出的不稳定性、不确定性挑战,中国作为负责任大国,高擎多边主义大旗,积极倡导共商共建共享的全球治理观,促进世界和平与发展,为全球治理体系与国际秩序变革注入建设性因素。

一、提高我国参与全球治理能力,促进全球善治

(一)"天下"之治在于规则之治[②]

坚持胸怀天下,是中国共产党百年奋斗的十条宝贵历史经验之一。中国共产党始终以世界眼光关注人类前途命运,从人类发展大潮流、世界变化大格局、中国发展大历史正确认识和处理同外部世界的关系,不断为人类文明进步贡献智慧和力量。[③] 中共十八大以来,以习近平同志为核心的党中央综观国际、国

[①] 习近平. 习近平谈治国理政:第2卷[M]. 北京:外文出版社,2017:42.

[②] 不同于世界主义的叙事方式,"天下观"是带有浓厚中国传统色彩的世界观,蕴含着"天下大同""协和万邦""修齐治平"等丰富理念。在"天下体系"下,世界的和平合作通过某种有效的制度治理得以实现。这种和平合作天下观深植于中华文明传统中,其现代价值值得进一步挖掘。

赵汀阳. 天下体系:世界制度哲学导论[M]. 北京:中国人民大学出版社,2011:118-123.

张立文. 中华文明的和平合作天下观[J]. 社会科学战线,2021(2).

[③] 新华社. 中共中央关于党的百年奋斗重大成就和历史经验的决议[N]. 人民日报,2021-11-17.

内大势,高度重视发挥中国在全球治理体系变革中的应有作用。2015年10月,习近平总书记在中共中央政治局第二十七次集体学习时指出:"随着全球性挑战增多,加强全球治理、推进全球治理体制变革已是大势所趋。这不仅事关应对各种全球性挑战,而且事关给国际秩序和国际体系定规则、定方向;不仅事关对发展制高点的争夺,而且事关各国在国际秩序和国际体系长远制度性安排中的地位和作用。"① 2020年9月,习近平主席在第七十五届联合国大会一般性辩论上指出,全球治理体系亟待改革和完善,以满足应对全球性挑战的现实需要,为此大国应该有大国的样子,要提供更多全球公共产品,承担大国责任,展现大国担当。② 以人类前途命运为要,在更高水平上提供国际公共产品,承担与其身份相称的国际责任,已成为新时代中国撬动全球治理体系变革的战略切入点。

"天下之治不进则退",全球治理体系在代表性和包容性方面能否与时俱进地反映世界政治经济新格局,不仅会从外部环境层面上制约中国的发展,对于构建更加公正合理、稳定有效的国际秩序而言也至关重要。长期以来,在西方国家主导的全球治理体系下,相关机制和规则的内在缺陷使其日益不能适应当今治理主体和客体层面的变化,也不能满足国际关系民主化的趋势要求。与传统大国全球治理能力及意愿相对下降相比,中国不但参与全球治理能力显著提升,也有积极意愿为之提供器物、机制和规范等支持。作为现行以联合国为核心的国际体系参与者、建设者和贡献者,中国并不寻求"另起炉灶",而是致力于改革完善与增量发展,使之更具公正性与合理性。中国参与现行以国际法为基础的国际秩序创建,在维护该秩序合理价值内核的同时,针对其欠缺之处和国际形势发展变化提出改革创新,推动国际关系民主化、法治化、合理化。③ 由此,提供国际公共产品、维护国际公平正义,成为当前中国国际秩序观的两大支柱,并诉诸改制与创制两条路径推动现有国际秩序朝着更加公正、合理的方向发展。④

其中,国际法治不仅是全球治理的重要理念,更是促进国际合作、推进全球治理的根本方式。作为参与全球治理的重要抓手,国际法的首要价值在于秩

---

① 习近平. 推动全球治理体制更加公正更加合理,为我国发展和世界和平创造有利条件 [N]. 人民日报, 2015-10-14.
② 习近平. 在第七十五届联合国大会一般性辩论上的讲话 [N]. 人民日报, 2020-09-23.
③ 石斌. 新时代中国国际秩序观:认知、政策取向与实现路径 [J]. 国际问题研究, 2021 (2).
④ 赵可金. 中国的国际秩序观与全球治理的未来 [J]. 人民论坛·学术前沿, 2017 (4).

序。"立善法于天下，则天下治。"中国主张"提高国际法在全球治理中的地位和作用，确保国际规则有效遵守和实施，坚持民主、平等、正义，建设国际法治"，①这在规则层面上为国际秩序和国际体系演进贡献了中国智慧和力量，为中国积极参与全球治理体系改革和建设提供了根本遵循。作为以联合国为核心的国际体系和以国际法为基础的国际秩序的维护者与融入者，中国坚定推动国际关系法治化。在具体层面上，中国主张以制度建设和国际规则协调各国关系，全方位参与多边国际规则制定，促进了相关多边条约的全球普遍适用和国际关系法治化进程。迄今，中国参加了几乎所有普遍性政府间国际组织，已缔结了25000多项双边条约，加入了600多项多边公约（含公约修正案），并认真履行相关条约义务，在国际法治领域的话语权、影响力和贡献度显著增强。②面对不断出现的全球性挑战，中国积极参与联合国各领域法律工作，通过理论与实践创新为国际法治建设贡献中国智慧。中国致力于推进各国在国际经济合作中权利平等、机会平等、规则平等，着力提升全球治理规则的民主化、法治化。中国主张国际社会以法律为共同准绳，实现国际法的平等统一适用，通过国际法治促进国际秩序由"变"到"治"，共同创造一个奉行法治、公平正义的未来。③为此，中国先后提出了一系列影响深远的国际法治原则、理论和理念，不断增进对国际法体系的认同，并采取务实的国际法治行动，优化国际法治环境；特别是确立新的国际法治规范维护世界和平与发展，参与国际法治改革推动全球治理，以多元共识推进形成互利合作的国际法治格局。④着眼当下国际社会产生的更多规范需求，中国还努力强化国际法话语供给并发起规则创新，通过激活规则的有效性推进国际法治深入发展。中国统筹推进国内法治与涉外法治，以中国国际法理论和实践创新为国际法治提供中国方案，从而提升中国"外化"国内法的能力。中国发起的这些规范话语创新体现在理念、原则或规则等不同层面上，由此以兼具包容性与自身特色的治理思维与治理方式，促进更具道义凝聚力、道德感召力、法律拘束力与现实执行力的国际规则与国际制度的形成和完善，从而服务于全球问题的有效应对，贡献于人类社会共同利益。⑤

---

① 习近平. 习近平谈治国理政：第2卷［M］. 北京：外文出版社，2017：529.
② 黄惠康. 从融入走向引领，为国际法治贡献中国智慧：纪念新中国恢复联合国合法席位50周年［J］. 国际经济法学刊，2021（3）.
③ 黄惠康. 为改革和完善全球治理体系贡献中国智慧［N］. 解放军报，2021-06-23.
④ 何志鹏. 中国共产党的国际法治贡献［J］. 法商研究，2021（3）.
⑤ 赵骏. 国际法的守正与创新：以全球治理体系变革的规范需求为视角［J］. 中国社会科学，2021（5）.

（二）促进"中国之治"与"全球之治"的良性互动

一国的国际观通常包括对国际秩序的理解与愿景，以及对自身定位与追求的明确主张。中国素有世界理想，"天下"思想一脉不绝。而新时代中国国际观以"推动构建人类命运共同体"为旗帜，更是对传统中国"天下一家"愿景的传扬开新。"推动构建人类命运共同体"与"实现中华民族伟大复兴"内外联动，成为新时代中国对不同国家、不同文明之间如何相处做出的明确回答，是返本开新、别开生面的新型国际观。① 在国际观或世界理想的实践层面上，当代中国从对全球事务的争取参与、有限参与直至实现全面参与，日益在全球治理诸领域发挥更大作用。② 从早期的弱者日益成长为现今的强者和智者，中国逐步融入国际社会的进程实际上也是一个取予关系动态变化的过程；通过相关要素的流动与交换，中国与国际体系实现深度彼此嵌入、相互塑造与共同进化。③ 中国角色的逐步明确既是国际力量对比新变化的物质性结果，也是中国与国际体系正向互动的社会性结果，由此把自身定位与国际社会的期待衔接起来。

全球治理关乎全人类共同利益，在变革实践中亟须实现治理价值取向与治理效能的统一，平衡兼顾不同类型国家与群体的利益诉求，在此基础上促进世界各国的共同发展。在当前全球治理体系调整变革的关键时期，中国秉持人类命运共同体理念，为世界贡献更多中国智慧、中国方案、中国力量，推动基于新型国际关系的合作治理模式逐步超越霸权治理模式。中国倡导建设持久和平、普遍安全、共同繁荣、开放包容、清洁美丽的世界，作为全球治理机制变革的参与者、推动者和引领者，积极为新兴市场国家和发展中国家代言，力促自身和平发展与国际社会共同利益的逻辑统一。可以说，"中国之治"和全球治理的中国方案反映了统筹国内国际两个大局的战略安排，两者具有逻辑统一性、目标一致性、议题贯通性以及效能协同性。从家国情怀到天下情怀，从民族情怀到人类情怀，是一个必然的逻辑展开。面对全球治理困境，"中国之治"对于全球治理体系变革的价值日益突出；而全球治理中国方案的丰富实践，又赋予"中国之治"以全球视野和现代化品质，进而实现"国之大者"与"天下情怀"的有机统一。④

---

① 汪卫华. 中国的国际观变迁与构建人类命运共同体 [J]. 外交评论，2021（5）.
② 门洪华. 中国的世界理想及其实现维度 [J]. 世界经济与政治，2020（4）.
③ 张春满. 从全面去合法性到选择性嵌入：冷战后中国对国际秩序的态度变迁及其解释 [J]. 当代亚太，2014（3）.
④ 张三元. "中国之治"与全球治理的"中国方案" [J]. 马克思主义研究，2020（9）.

当前"两个一百年"奋斗目标历史交汇，中国开启了全面建设社会主义现代化国家新征程。中国持续扩大高水平对外开放，国内国际双循环格局的确立进一步强化了中国经济与世界经济之间的相互促进关系，使中国自身的发展产生更积极的溢出效应。为全球治理提供公共产品，不但契合中国"达则兼济天下"的人类情怀，也符合统筹国内国际两个大局的战略逻辑，顺应构建不同层次和领域命运共同体的需要。由此，新时代中国主动参与全球价值的建构，倡导和平、发展、公平、正义、民主、自由等全人类共同价值——这是中国着眼于推动构建人类命运共同体提出的具有重大原创性的价值体系，随着从物质到制度、观念产品创制能力的不断提升，中国在全球和地区事务中的影响力与感召力日渐增强。

二、全球治理的要义在于国家利益与全球利益的调适

（一）全球治理是一种追求国际"公益"的集体行动

在逻辑上，首先是全球化和全球性问题的出现使得"全球治理"（Global Governance）在理论和实践上成为必要。治理是一个源于国内层面的概念，在某种意义上全球治理是国内治理的外部拓展。冷战结束后，国内政治和国际政治出现某些新的发展趋势，尤其是国际政治体系的结构性变化直接推动了治理理论兴起。作为对日益增加的全球性挑战的一种功能性回应，全球治理理念由社会党国际前主席、联邦德国前总理勃兰特等提出并逐渐为国际社会所接受。1992年，"全球治理委员会"在时任联合国秘书长加利的支持下成立，并于1995年发表了题为《天涯若比邻》（*Our Global Neighborhood*）的报告，较为系统地阐述了全球治理的概念、价值及其同全球安全、经济全球化、联合国改革和国际法治的关系。起初，该理念在很大程度上反映了西方社会精英的经验认知，但是随着21世纪包括中国在内的更多知识来源加入，其价值内涵越来越具有普遍性，正当性及可行性也得到各层面广泛的认可和验证。特别是，中国学术界着眼于全球性问题的现实挑战，分析全球治理的核心范畴与战略需求，梳理全球治理的研究框架与典型科学问题，并就新的全球治理规则建设、机制和方式开展跨学科探索，寻求超越西方知识体系主导的全球治理，从本体论、认识论和方法论等维度重新构建基于真正全球意义上的全球治理新知识体系。[①]

[①] 刘大勇，薛澜，傅利平，等. 国际新格局下的全球治理：展望与研究框架［J］. 管理科学学报，2021（8）.
赵可金. 全球治理知识体系的危机与重建［J］. 社会科学战线，2021（12）.

着眼于全球治理发展态势，目前中国学者正聚焦全球治理体系转型、关键领域的治理范式演进、全球治理相关机制与规则、中国国家治理与全球治理的互动等方向的研究。

蔡拓教授认为，全球治理是一种新的管理人类公共事务的规则、机制、方法和活动，其以人类整体论和共同利益论为价值导向，多元行为体平等对话、协商合作，共同应对全球变革和全球问题挑战。[1] 我们可以把全球治理界定为对全球化世界加以规范和管理的一系列复杂机制和过程，其目的是通过解决那些紧迫的全球性问题，不断提升全球善治水平，最终增进全球利益和各国人民福祉。全球治理的内涵极为丰富，对其可以做出政治、经济、社会、文化等多维解读，但关键要素不外乎治理的主体、客体及其相互关系。对全球公共事务的管理在某种程度上可以避免"公地悲剧"的出现，构建一种以不断强化的世界公民身份为依归的全球秩序。而此类维护和增进国际"公益"的集体行动则有赖于政府间与非政府间、正式与非正式的国际制度、国际组织等多边体制，这些多边体制包含的国际规则和国际规范能够对参与其中的成员产生某种约束力。

（二）重构全球化时代国家利益与全球利益的关系

与数量众多的非国家主体相比，主权国家作为最重要的全球治理主体远未过时，但不同类型国家在该领域具有的行为能力差异较大。客观而言，西方发达国家在全球治理进程中扮演着重要角色，甚至在诸多领域长期发挥着主导作用，这在很大程度上归因于其曾经较为突出的国内治理绩效。但进入21世纪后，面对影响深广的金融危机、社会分化（甚至极化）、恐怖主义、气候变化、公共卫生危机等日益增多的全球治理难题，责任赤字、民主赤字、发展赤字等全球治理失灵问题凸显，国家间的集体行动因过度追求单边利益、彼此信任缺失而屡屡陷入困境，相关国际公共产品的供给出现排他性、不可持续性和竞争性等悖反现象。全球化进程进入一个乱变交织的阶段，对此包括主权国家及国际组织在内的更多新老治理主体有必要加强管理和规制合作，并尽可能补足相关公共产品的供给，从而使现有全球治理体系越过利益冲突多发的阶段而重焕生机。

辩证地看，全球治理现状可谓危中有机，客观上也为中国通过创制并提供更多国际公共产品而深度参与全球治理体系变革提供了历史机遇。在积极有为的新时代中国特色大国外交架构下，中国不但超越对狭隘国家利益的追求，而

---

[1] 蔡拓．全球治理的中国视角与实践［J］．中国社会科学，2004（1）．

且主动承担起面向全球更多领域提供公共产品的责任,已成为国际公共产品的新兴供给者。这在某种意义上是成长起来的中国对于国际社会的反哺,其有助于国际公共产品供给总量的增加、供给结构的优化以及供给绩效的提升,从而在利益交融、认同培育基础上进一步重构中国与世界的关系。当然,国际公共产品供给关乎相关国家在国际秩序和国际体系中的地位与作用,为此也要平衡好"尽力而为"与"量力而行"的关系。

三、为全球治理提供国际公共产品是一个时代命题

(一)积极回应"时代之问"

进入21世纪以后,全球治理研究在国内学术界逐渐成为显学,并日益频繁地出现在政策和战略话语中。2015年10月和2016年9月,中共中央政治局先后两次就全球治理进行集体学习,分别涉及全球治理格局和全球治理体制、二十国集团领导人峰会和全球治理体系变革等主题。① 2021年,我国发布《国民经济和社会发展第十四个五年规划和2035年远景目标纲要》,其中第四十二章提出积极参与全球治理体系改革和建设,维护和完善多边经济治理机制,积极营造良好外部环境,推动全球治理体系朝着更加公正合理的方向发展。国际政治、世界经济、国际法等领域的一批中国学者从不同视角对全球治理的内涵价值、核心要素、路径模式及实践策略等议题进行了探讨,为中国深度参与全球治理提供重要的智力支撑。② 就全球治理主体而言,学者关注多边主义的发展前景,对全球治理民主化、治理能力提升寄予期望,并认为应进一步拓展国际公共产品供给渠道。多边主义与全球治理具有内在一致性,两者的共性表现为

---

① 江时学,李智婧.论全球治理的必要性、成效及前景[J].同济大学学报(社会科学版),2019(4).

② 从学术机构的数量看,除较早成立的南开大学全球问题研究所、中国政法大学全球化与全球问题研究所、中国与全球化智库(CCG)等机构外,近年来又陆续成立了中共中央编译局全球治理与发展战略研究中心(2012年)、北京外国语大学区域与全球治理高等研究院(2016年)、中国人民大学全球治理研究中心(2017年)、上海国际组织与全球治理研究院(2017年,由上海财经大学与上海国际问题研究院联合创建)、复旦大学一带一路及全球治理研究院(2017年)、上海外国语大学上海全球治理与区域国别研究院(2018年)、同济大学全球治理与发展研究院(2019年)、清华大学国家治理与全球治理研究院(2020年)等平台机构。2013—2021年,由中国政法大学全球化与全球问题研究所发起的"全球学与全球治理论坛"已连续举行了9届。在人才培养方面,2019年成立的中国人民大学国际组织学院堪称国内高校全球治理方向的一个创举。此外,自2019年以来,外交学院、北京外国语大学、广东外语外贸大学等6所高校先后获批开设"国际组织与全球治理"本科专业。

价值目标的多赢性、行为主体的多层性、问题领域的多样性和路径方式的多元性；多边主义从理念更新、平台夯实、合法性增强和模式转型等方面为促进全球治理做出了重要贡献。中国作为维护多边主义的中流砥柱，始终坚持多边主义的目标取向、价值追求和基本原则，积极创新多边合作理念、完善现有多边机制、创设多边合作新平台和凝聚多边合力，彰显了践行多边主义的负责任大国担当。①

学者进而把国家治理与全球治理贯通起来进行考察，尤其是着眼于二者间相互依存、相互作用的辩证关系，诠释全球化背景下国内、国际两个层面相互转化的双向运行逻辑。② 国家治理与全球治理之间的良性互动，有助于整体性地促进国家利益与全人类共同利益。一方面，有效的国家治理是提供更多国际公共产品、促进全球善治的基础；另一方面，全球治理中先进的价值理念、机制规则被国内化：主要是指国家对全球规范的主动学习与积极内化，助于促进国家善治。③ 在全球治理的测量维度方面，学者采用了定量研究方法，如华东政法大学政治学研究院于2014年启动的全球治理指数（SPIGG）项目，运用指标体系方式对国家参与全球治理状况展开评估，这是将中国知识传递至全球治理实践层面的有益尝试。④ 2021年12月，该机构与中国外文局当代中国与世界研究院共同发布《全球治理指数2021报告》，其中全球治理指数继续由"机制""绩效""决策""责任"四部分基本指标组成，旨在通过客观数据衡量与评估全球189个国家对全球治理的参与度和贡献度。不过，与往年相比，该报告在"机制"部分新增了"参与联合国全球治理机制"二级指标，以纠正以往该部分只关注机制创设而忽视机制参与及维护问题。类似地，"人民论坛测评中心"发布的《二十国集团国家全球治理参与能力测评报告（2019）》也从全球治理参与指数指标体系构建入手，对二十国集团各国的全球治理参与能力进行了定量研究。其结论认为，发达国家的全球治理参与能力普遍较强，发展中国家全球治理参与能力则相对较弱，而中国的全球治理参与能力领先于其他发展中国家，其优势在于积极参与多边机制框架下的合作，并通过提供公共产品使自身

---

① 吴志成，刘培东．促进多边主义与全球治理的中国视角［J］．世界经济与政治，2020（9）．
② 刘兴华．全球治理的国内拓展［J］．南开学报（哲学社会科学版），2011（3）．
蔡拓．全球治理与国家治理：当代中国两大战略考量［J］．中国社会科学，2016（6）．
刘雪莲，姚璐．国家治理的全球治理意义［J］．中国社会科学，2016（6）．
高奇琦．社群世界主义：全球治理与国家治理互动的分析框架［J］．世界经济与政治，2016（11）．
③ 方世南．大变局下的国家治理与全球治理［J］．国家治理，2021（Z1）．
④ 高奇琦．国家参与全球治理的理论与指数化［J］．社会科学，2015（1）．

发展成果惠及更多国家。① 由此可见，当前全球治理呈现某种"指数化"和"科学化"趋势：全球绩效指标通过搜集整理国家在相应领域的治理表现信息，以统一的标准进行量化评价并发布治理绩效排位，进而从规范甚至物质等维度对国家的治理行为产生激励。② 与国家和政府间国际组织等公共权威相比，学术界与智库代表的民间权威在全球治理中也扮演着越来越重要的角色，这反映在对相关国际规范和规则的学理影响、倡建和资政转化上。上述对国家等行为体在全球治理中的政策效果和行为表现进行评估与评级形成的治理激励作用，甚至被视为国际关系中一种能够对全球治理范式产生某种影响的新型"指标权力"。③ 展望未来，加强对全球发展与治理的研究与评估，推出更多机制性平台和权威性公共知识产品，关系到新兴市场国家及发展中国家能否掌握国家治理与全球治理领域的更大话语权。④

国外学者也极为关注并积极看待中国在全球治理中扮演的角色。例如，新加坡国立大学学者马凯硕（Kishore Mahbubani）认为，在过去几十年里，中国的发展产生了积极溢出效应，当今世界特别是东盟国家从中获益良多；中国还为应对全球性挑战做出巨大贡献，特别是当一些西方国家正试图弱化联合国的影响力时，中国则向联合国等多边机构提供更多支持和资源，并积极倡导和参与联合国框架下全球性问题的讨论与解决，从而为全球治理提供更多领导力。⑤ 印度尼西亚战略与国际问题研究中心学者里扎尔·苏克玛（Rizal Sukma）认为，当前中国参与全球治理呈现以下特点：一是基于自身的开放发展经验，中国极为重视全球经济治理，对于全球性经济组织及各类区域经贸机制的参与处于优先地位；二是积极支持他国经济发展、为全球发展治理做贡献，已成为中国全球治理战略的重要组成部分；三是在政治安全领域，中国一贯反对干涉别国内

---

① 刘明，张青青. 二十国集团国家全球治理参与能力测评报告（2019）[J]. 国家治理，2019（25）.
② 董柞壮. 全球治理绩效指标：全球治理新向度及其与中国的互动[J]. 太平洋学报，2021（12）.
③ COOLEY A, SNYDER J. Ranking the World Grading States as a Tool of Global Governance [M]. New York: Columbia University Press, 2015.
  吴志成，董柞壮. 国际制度转型与中国的应对[J]. 当代世界，2016（5）.
  庞珣. 全球治理中"指标权力"的选择性失效：基于援助评级指标的因果推论[J]. 世界经济与政治，2017（11）.
④ 支振锋. 赢得全球治理与发展评价的主导性话语权[J]. 人民论坛，2021（29）.
⑤ 徐豪. 马凯硕：世界从中国的发展中获益[J]. 今日中国，2018（8）.
  李盛丹歌. 新加坡国立大学亚洲研究院杰出研究员马凯硕：助力更好全球治理[N]. 经济日报，2021-11-01.

政，因而尤为重视联合国的作用，并将其视为维和及重建和平等行动的基本合法性来源；四是中国对于经济以外领域的全球治理贡献日益增多，自身实力的增强支撑其更积极地为全球公共卫生、应对气候变化、国际维和、非传统安全等提供公共产品；五是中国有明确意愿改善全球治理体系，但又谨慎地避免被误解为现行国际体系的挑战者。① 英国学者马丁·阿尔布劳（Martin Albrow）则肯定了中国发展经验及其对全球治理的贡献，在其出版的《中国与人类命运共同体：探讨共同的价值观与目标》一书中，从一名西方学者的视角诠释了中国在全球化世界中的地位，涉及中国的全球治理观、目标设定及其具有自身特色的实践方式。他认为，人类命运共同体是中国为世界和平稳定发展贡献的智慧和方案；中国不但在实现自身发展、安全等治理目标方面为世界树立了典范，还在减贫、抗击疫病、应对气候变化等全球合作治理方面日益发挥着领导作用。②

（二）探索中国特色的国际公共产品供给之道

当今世界百年未有之大变局与中华民族伟大复兴交织激荡，国际力量对比持续变化，全球治理赤字高企，大国博弈复杂化加剧了全球治理困境。如果说全球化是中国"富起来"的重要机遇，那么全球治理作为国际合作尤其是大国合作的平台，则是中国"强起来"的重要国际机遇。③ "凡事预则立"，如何在当前全球化语境下探讨构建具有中国特色的全球治理范式，是学术界有待进一步加强的重大课题。为此，需要促进政治话语与学术话语的互动与辩证统一，在总结中国参与全球治理实践的基础上，比较和借鉴国际上的主要范式和经验，着力研究全球治理体系建设的重难点及规律性，从而实现融通中外、兼顾问题导向与价值引领的话语体系建设和理论创新。随着中国在全球治理中扮演的角色更趋积极和更富建设性，一些学者认为要适时制定中国的全球治理战略，它应涵盖价值取向、角色定位、可行方案、议题设定等。④ 特别是，在全球权力加速转移、国际体系转型端倪已现的背景下，全球治理只有通过变革才能重获合法性与有效性。⑤ 为此，可把国际公共产品供给相关研究纳入新时代中国的

---

① 李吉彬．印度尼西亚学者：世界应欢迎中国提供公共产品［N］．光明日报，2021-10-16．
② 李曾骙．人类命运共同体：全球化发展的未来方向［N］．光明日报，2022-04-08．
③ 秦亚青，金灿荣，倪峰，等．全球治理新形势下大国的竞争与合作［J］．国际论坛，2022（2）．
④ 庞中英，王瑞平．全球治理：中国的战略应对［J］．国际问题研究，2013（4）．
⑤ 吴志成，董柞壮．国际体系转型与全球治理变革［J］．南开学报（哲学社会科学版），2018（1）．

全球治理话语体系，运用多学科的研究架构和理论进路，探讨当下及未来中国如何把握战略机遇、化解风险挑战，不断完善和创新参与全球治理的机制和模式，从而超越西方知识体系主导的既有全球治理范式，为构建与新全球化相适应的更多元包容的全球治理新知识体系做出中国贡献。①

2022年，中国农业大学国际发展与全球农业学院发布的研究报告《面向人类命运共同体的全球公共品供给》认为，当今世界逐渐建立起基于人类公共性的全球公共产品生产、供给与分配机制，其格局已从过去由北方主导转向多元供给。中国不但是全球公共产品体系的新兴贡献者、创新推动者，更是全球公共产品未来新框架构建的引领者，为此需要进一步强化自身作为供给者的战略定位，发展创新相关理论与知识体系。而这已在实践层面上提上日程，随着中共十八大以来中国外交更加积极有为，中国在区域与全球层次上供给了诸多新型公共产品，这既包括对传统发展类、规则类、价值类与安全类公共产品的升级，更包括自主创设的新平台、新机制。在全球化条件下，供给全球公共产品是大国成长的必由路径，中国不仅需要继续提供传统公共产品，还应着眼时代特点供给更多新型全球公共产品。② 从供给侧来看，当新兴国与霸权国供给的全球公共产品功能趋同时，由于消费者的数量是既定的，供给竞争将会加剧。新兴国唯有立足于自身比较优势，供给比霸权国更优质的公共产品，才能体现自己的价值与服务世界的能力，从而获得国际社会的认可。当然，新兴大国也应根据需求的轻重缓急，对供给领域进行选择性安排，即优先供给那些具有广泛共识或急迫需要的全球公共产品。一般而言，涉及生存等刚性需求的发展类与安全类公共产品应具有供给优先性，而规则类与价值类公共产品则是在基本需求得到满足后的更高层次需求，可以在后续供给中予以安排。

基于自身实力与国际期待之间的协调考量，中国需要充分评估参与全球公共产品供给的条件以及与其他主要供给者之间的竞争和合作关系。其中，中国参与全球治理的有利条件包括：霸权国领导力弱化，全球治理危中有机，诸多议题领域都需要补位者；国际社会对于新兴大国供给全球公共产品存在较高期待，大国越来越成为一个服务型而非支配型的角色；国际社会存在严重的治理

---

① 就传统大国国际公共产品供给能力、国际责任承担意愿出现下降的情况，《人民日报》曾专版发表高飞、陈志敏等学者的短论，就如何看待和跨越"金德尔伯格陷阱"提出一致观点，即中国会积极承担与自身能力相适应的国际责任，但不会重复"霸权稳定"的旧有逻辑，而是以构建人类命运共同体为指引，为世界提供更多国际公共产品。
袁勃. 跨越"金德尔伯格陷阱"之道［N］. 人民日报，2018-01-07.
② 许晋铭. 全球公共产品供给的理论深意［N］. 中国社会科学报，2018-09-13.

赤字，全球公共产品供给滞后，而国际需求突出；中华民族复兴的自我期许不断强化，参与全球事务的动力增强，这种自我期许受到国内相关价值取向、国家利益外部拓展以及上述国际权力转移、全球公共产品供需现状、国际社会对于中国贡献的预期等内外部变量的共同塑造。而从面临的挑战来看，中国作为发展中国家的基本国情将长期存在，这将制约其全球公共产品供给的范围与力度；从外部环境来看，霸权国的既有优势与战略挤压，使中国不得不面对全球公共产品供给竞争问题。大国往往通过诉诸公共产品供给获取他国认同或塑造自己的地区性乃至全球性领导力，当新兴国供给的公共产品与霸权国存在较高同质性时，在同一领域就有可能产生公共产品供给权竞争。此外，全球公共产品供给主体多元化也在某种意义上对中国的国际话语权构成挑战，从而对其提升全球公共性理念、规则、方案等国际规范创制能力提出更高要求。①

---

① 曹德军. 全球化背景下公共产品的中国实践［N］. 中国社会科学报，2017-03-09.

第一章

从理论架构到中国审视

着眼于构建中国特色的全球治理话语体系，本书研究架构的搭建，一方面有赖于国际通约的学术话语；另一方面立足于中国本位，融合了具有新时代中国特色的理论话语，力求中国范式与国际对话的有机结合，以期取得更强的解释力，提升我国国际理念和主张的世界接受度。事实上，在全球化叙事中，国际、国内话语体系之间越来越多地交叉共享、彼此融洽，前者如全球治理、国际制度、国际合作、国际公共产品等，后者如人类命运共同体、新型国际关系、正确义利观等。

第一节 全球治理理论的滥觞与制度依归

"一千个人眼中有一千个哈姆雷特"，当代国际关系理论中的现实主义、自由制度主义和建构主义三大流派对全球治理有着不同的解读：它们或持悲观、谨慎态度，或持乐观、积极预期；或固守权力政治取向，或侧重制度、规范价值。而政治学、经济学、社会学、法学等相关学科也从研究方法、理论范式等层面彼此交叉渗透，滋养着全球治理理论枝繁叶茂。冷战结束三十余年来，全球治理理论日益从应然走向实然，促进了传统的管理或统治范式深层变革，更扁平化的多元合作共治已呈蔚然之势。

一、全球治理的范式分野

如前所述，与全球化相伴而来的是国际行为主体的多元化，而解决各类全球性问题的基本途径就是强化相关国际规范和国际机制，以形成某种协同性的全球治理机制。在这个意义上，全球治理就是在具有约束力的国际制度和规范框架内，各种行为体通过协商合作，共同应对全球性的政治、经济、生态和安全问题，以维持正常的全球共同利益和秩序。[1] 换言之，全球治理就是一系列

---

[1] 陈家刚. 全球治理：发展脉络与基本逻辑[J]. 国外理论动态，2017（1）.

在全球范围内被认可的制度、法律、政策等规范的总和，它们被用来规定并协调国际体系中国家、市场和社会等多元主体之间的共生关系。全球治理本质上是全球性问题的应对之道，其逻辑上源于国内治理，核心要素包括价值目标、规则体系、治理主体、客体及效果。在学理与实践维度上，围绕这些要素的评价与认知至今存在争论。不过就全球治理的运行原理日益形成基本共识，即在缺乏世界政府的状态下，国家及非国家行为体应基于平等、民主、合作、责任和规则来管理全球事务并解决有关全球性问题。[①]

在实践层面上，可从观念逻辑、空间层次、功能结构等维度把握全球治理。就这种全球主义范式的集体性、公共性、多边性及协调性特点而言，它就是一个多元行为体为解决全球问题而提供公共产品的过程。换言之，全球治理体系是一个包括共同接受的价值、规则和制度以及各种国际合作机制与平台在内的复杂系统架构，一些主要的分析范式通常强调其中的不同要素，如权力、制度或规范。

在实然层面上，全球化进程并非一个普遍获益的过程，各方利益的消长及其催生的国际权力转移具有客观必然性。虽然在相互依赖框架下，那些参与全球治理的主体之间会形成某种相互嵌入关系，但受各自实力地位因素制约，彼此嵌入（Embedding）的程度是不一样的，这就导致了主体间关系的不对等。[②]就全球治理贡献度而言，主要大国与其他一些小国或非国家行为体表现出的行为能力也极不均衡。为此，前述现实主义流派便采取了国家主义的研究路径，即着眼主权国家在全球治理中的主导性角色，并把它们视为全球治理成功与否的基础变量。"霸权稳定论"是其典型体现，该理论的核心观点是霸权国通过提供贸易、金融、安全等国际公共产品，保障国际体系的稳定运行；如果因霸权缺位或霸权国衰落而导致公共产品短缺，则该体系将会因无法自发实现稳定运行而陷入混乱甚至崩溃。在国际政治经济学领域，美国学者查尔斯·金德尔伯格、罗伯特·吉尔平的相关研究产生了广泛影响。与国家层面通常存在唯一的中央政府相比，国际体系中的权威要分散得多。在这种结构下，供给国际公共产品被视为霸权国政治领导力的来源，当然这也受制于该国在一定时期内拥有的能力和意愿。而领导力主要体现为影响集体行动方向，并将自身偏好扩散上升为某种国际共识。为此，作为理性行为体，霸权国承担国际公共产品供给并

---

① 张宇燕. 全球治理的中国视角 [J]. 世界经济与政治，2016（9）.
② 胡键. 全球经济治理主体间关系研究 [J]. 国际经贸探索，2021（9）.

非完全利他，而是存在着明显的成本—收益（本国国家利益）考量。① 随着近年来美国霸权走向衰落，其国内问题外部化现象加剧，导致此类发达国家相当一部分决策精英转而诉诸与全球治理相背而行的国家主义治理范式。这种过度关注自身利益的内向化趋势使其国际公共产品供给不仅数量下降，而且惠及范围或公共性也在缩小，排他性不断增强，所谓"脱钩"论更是对全球治理造成消极影响。

与上述范式对国家角色的过度强调不同，自由制度主义流派倾向于采取跨国主义的研究路径来考量全球治理，他们更重视国际组织和国际机制在全球治理中的作用，认为基于工具理性的制度和规则治理更有助于消减全球治理的不确定性。其中，罗伯特·基欧汉、约瑟夫·奈、奥兰·扬等美国学者阐发的国际机制论影响很大。该理论的核心观点是以国际制度促进合作，特别是克服单元层次上因信息不对称等造成的"不合作难题"，进而创造并保障秩序；他们将国际制度视为全球治理体系有效运转的核心要素，由此霸权在全球治理中的作用将受到制约，不再如前述现实主义流派认为的那样是不可或缺的主导角色。② 国际组织被认为具有自主性，能够调动其资源和权威塑造治理主体认知，影响决策者的政策选择。③ 而联合国、世界贸易组织等国际组织与美国的关系演变，可在一定程度上对此予以佐证。2021年，所谓"建制派"的拜登政府上台伊始，便宣布美国将重新加入《巴黎气候协定》和世界卫生组织，当然这只是"有限的多边主义"或"有选择的多边主义"。鉴于国际制度在全球治理中的极端重要性——其本身也具有公共产品属性，下文将专节予以探讨。

以美国学者詹姆斯·罗西瑙为代表的全球主义者则更强调全球治理的主体多元化，以及自下而上的变革——无论在国内政治还是国际政治层面，主权国家（及其政府）的权力都趋于有限；相反，非政府组织、市民社会乃至个人等非国家行为体的作用却日渐凸显，甚至可以在"没有政府的治理"中扮演某种主导角色。④ 该范式认为，全球治理是一个"去中心化"、去等级化的进程，彼此身份嵌套、利益交融的各类行为体之间达成某种全球共识，如所谓"全球契

---

① 刘玮，邱晨曦. 霸权利益与国际公共产品供给形式的转换：美联储货币互换协定兴起的政治逻辑［J］. 国际政治研究，2015（3）.
② ORAN YOUNG. International Governance: Protecting the Environment in a Stateless Society［M］. Ithaca: Cornell University Press, 1994: 3-4.
③ 周逸江. 国际组织在协同治理中的角色：聚焦疫情后经济复苏与气候治理［J］. 国际展望，2021（6）.
④ 罗西瑙. 没有政府的治理：世界政治中的秩序与变革［M］. 张胜军，刘小林，等译. 南昌：江西人民出版社，2001：4-5.

约"，并在此基础上结成松散的非正式治理网络。在这个意义上，全球治理不仅意味着正式的制度和组织有能力制定规则、规范来管理及维持世界秩序，而且意味着更多的其他组织和压力团体可以对这类规则与权威体系产生影响，由此一起构成全球治理共同体意义上的包容型治理体系。这在环境和气候变化等非政治或低阶政治领域最为典型，环保组织等非国家行为体凭借其独特优势，甚至能够在议程设定、项目实施、监督评估等环节与国家行为体并驾齐驱。

与上述理论范式所持的物质本体论不同，建构主义的全球治理观把本体论放在理念层面。当然，它所秉持的整体主义方法论与全球主义范式仍然具有共同之处，认为观念因素对于行为体身份和利益的建构具有决定性意义，是建构主义范式的核心观点。它倾向于认为国际结构首先是一种观念现象而非物质现象，国家的身份和利益由特定的国际体系建构而成。在全球化时代日益加强的国际政治社会化过程中，主权国家等国际行为体在彼此互动中接受其他国际行为体的教化，学习和内化该国际体系的文化、价值观、规范和制度，并形成与之相适应的某种新的国际身份和利益认同，进而影响其他国际行为体。[①] 行为体在充分交往基础上形成的这种共有观念、规范，会对参与者的身份和行为取向产生塑造作用，对于维持特定国际体系的生存和发展意义重大，由此就具有了全球公共产品属性。基于此，在全球治理过程中，一套相匹配的观念和文化系统的生成，对于塑造集体共识、确定共同利益至关重要。在这个意义上，行为体在参与全球治理的交往过程中身份也会得到重塑，从而倾向于成为某种共同体的一员。随着行为体之间社会性互动日益深入，共有观念不断实现建构与再建构，全球治理也呈现一种观念与物质多维进化的过程。由是观之，观念的巨大差异以及相互信任的严重缺失，是除国际权力结构等物质性因素外，导致当前传统大国与新兴大国合作困境的深层原因。如何在肯定共同利益的基础上开展全球治理合作，并不断建立和积累互信，进而确立一种彼此强化、难以逆转的正向互动范式，是摆在这类大国面前的突出议题。

二、全球治理中的国际制度

（一）国际制度何以重要

全球治理在某种意义上是一个庞大而复杂的制度网络，制度与主体、客体一样，是全球治理的核心构成要素之一。全球治理的有效运转有赖于成员广泛、

---

① 苗红娜. 国际政治社会化：国际规范与国际行为体的互动机制［J］. 太平洋学报，2014（10）.

功能良好的国际制度,其本质上是建立在机制基础上的治理,相关的治理机制本身即具有全球公共产品属性,而它们主要呈现为一系列调整全球各领域事务的国际制度。制度设计与全球治理之间犹如"形"与"神"的关系,脱离了国际制度的支撑,全球治理的价值目标也将无从实现。罗伯特·基欧汉认为,国际制度(International Institutions)是指国际社会中一整套相互关联并持久存在的约束规则,这些约束规则规定行为体行为角色、限制行为体行为并塑造行为体预期。① 这里的国际制度是广义上的,它涵盖国际组织、国际机制、国际规则、国际法等形式。② 美国学者史蒂芬·克拉斯纳认为,国际机制是指国际关系特定领域中一系列明示或默示的原则、规范、规则和决策程序,行为体的预期以之为核心汇聚在一起。③ 可依据不同标准将全球治理体系中的国际制度划分为以下类型:根据适用的空间层次,可分为全球性国际制度与地区性(或区域性)国际制度;根据调整的议题领域,可分为国际经济制度、国际安全制度、国际环境制度等;根据国家承诺属性,可分为正式国际制度和非正式国际制度;根据确定性和约束性维度,可分为强制度和弱制度。从制度变迁视角来看,国际制度的发展历程通常可分为制度需求、制度构建和制度维持与深化三个阶段。

在不同国家关系理论流派眼中,国际制度能够发挥的作用限度是不一样的。现实主义认为,国际制度只是依附于权力因素背后的一种"干预性变量",它首先反映的是主导国家的偏好;国际制度不但是为适应权力分配设计出来的,而且其有效运行的生命周期有赖于某种权力均衡格局,可以说权力和制度共同塑造了一定时期的国际秩序形态。④ 而自由主义认为,国际制度能够促进国家间合作、实现集体利益最大化,可以作为独立于权力结构的"自变量"发挥作用;即便在霸权衰落之后,国际制度也能够自我运转,从而继续发挥调整权力关系、稳定国际秩序的作用。建构主义则认为,国际制度须建立在一定的国际规范基础上,并以此实现对行为体身份和利益的建构⑤;而国际制度的国内化使国家的行为模式发生改变,是身份认同与共同利益得以建构的基础机理。不过,国

---

① Robert Keohane. Neoliberal Institutionalism:A Perspective on World Politics[C]// Robert Keohane. Institutional Institutions and State Power:Essays in International Relations Theory. Boulder:Westview Press,1989:1.
② 陈晓进. 国际制度的概念辨析[J]. 国际观察,2000(6).
③ Stephan Krasner. Structural Causes and Regime Consequences:Regimes as Intervening Variables[C]// In Stephan Krasner,International Regimes. Ithaca:Cornell University Press,1983:2.
④ 何杰. 权力与制度:国际机制理论的现实主义分析[J]. 欧洲研究,2003(4).
⑤ 朱杰进. 国际制度缘何重要:三大流派比较研究[J]. 外交评论,2007(2).

际制度具有促进全球治理的功能,这是各流派大多予以某种认可的。在这个意义上,全球治理变革的关键就在于如何针对既有的国际制度赤字或失灵问题,与时俱进地开展多层次的制度改造与创新,重构一套能够更有效解决全球性问题的制度体系。

国际制度堪称全球化有序发展的基石,其本质意蕴可归于多边主义,这突出体现在当代形成的联合国这一全球性机制的运行上。在自由制度主义者看来,国际制度能够推动国家等行为体围绕特定全球治理议题开展合作与协调,并对这些行为体的行为加以规范和约束,因而全球治理实质上就是由国家及非国家行为体在互动中创立和维持的一系列制度安排。在全球化体系背景下,相互依赖是制度运行的环境与国际合作的前提;而搭建由国际制度支撑的国际治理网络,则是实现国际合作与全球治理的主要路径。① 国际制度会推动国家遵守规则并诉诸合作来追求自身利益,作为一种国际公共产品,它有助于促进行为体间的信息对称,在彼此互动中逐渐倾向于选择合作来获取共同收益。尤其在无政府状态下,以对等互惠为基础运行的各种国际制度,是保障持久和平的关键要素。而具有多边性、对等性与高度制度化特点的国际秩序,能够更有效地纾解国家间因权力不对称造成的严重影响。由于国际机制具有较强大的合法性和权威性,参与其中的国家通常会得到国际社会的某种肯定性评价;与之相反,轻视或抵制其规则、习惯与理念的国家,会使自身作为合作者的声誉和负责任形象受到损害,从而为国际社会所鄙弃。② 全球治理需求扩大与制度供给不足之间的矛盾是当前需要解决的迫切问题,既有国际制度的正当性、责任性、适应性欠缺影响着全球治理的有效性。

(二) 国际制度与大国权力

全面地看,国际制度具有公私双重属性:它既可以被用来提供公共产品,吸引国家"结伴"参与国际制度建设,又能被主导国"私物化"为追求私利目标的重要工具,甚至帮助主导国建立制度霸权。③ 在当今国际体系中,大国围绕国际制度主导权展开的竞争既关乎主导者的权力地位,也关乎制度设计本身的合法性,还与主导国为伙伴国或参与国提供国际公共产品的能力有关,这涉及前者对后者的价值吸引能力和利益供给能力的双重考验。就国际制度与霸权

---

① Robert Keohane. Joseph Nye. Introduction [C] // Joseph Nye, John Donahue, Governance in a Globalizing World. Washington: Brookings Institution Press, 2000: 2.
② 江忆恩. 简论国际机制对国家行为体的影响 [J]. 李韬,译. 世界经济与政治, 2002 (12).
③ 李巍. 国际秩序转型与现实制度主义理论的生成 [J]. 外交评论, 2016 (1).

之间的互动关系而言，二者并不一定相互排斥，反而前者有可能是后者所倡导和缔造的，后者的地位也依赖于前者赋予的某种正当性及其衍生出来的工具价值，特别是国际制度往往能够反映它们最初产生时占主导地位的权力关系。前述权力结构也势必对国际制度的供给及其形式构成制约，领导国往往最有能力影响国际制度的创制，在这个意义上其拥有的与其说是"硬权力"，毋宁说是一种制度性权力，这对于考量国际权势转移具有重要的指征意义。换言之，国际机制的创制是一种高水平的公共产品供给行动，是一国"软权力"的重要体现。领导国通过提供国际制度类公共产品，如自由开放的国际贸易制度、稳定的国际货币体系、普遍的国际安全制度等，保障国际经济政治体系持续和稳定发展。对领导国而言，供给此类公共产品的意愿与成本收益关系有关，当成本与收益不对称时，就会导致国际制度供给的稀缺，国际集体行动也受到连累。①

　　国际制度是国际社会秩序化、组织化的重要体现，它一方面制约着国家等行为体的行动；另一方面为行为体之间的互动所改变，其演进动力源于参与者的满意程度。如果出现广泛的不满意，制度就可能在成本允许的基础上发生变化。尤其当具有现实或潜在领导力的大国对治理现状不满时，推动制度变革乃至跃升的最大动力源便会形成。② 这种国际制度变革有可能一开始只是发生在程序层面上，这时既有大国往往能够表现出较高的容忍度；如果变革推动者的目标进一步触及制度本身，既有大国就会因领导权受到深层冲击而转向强烈抵制甚至发起反击。制度将确定何种利益关系，是影响既有大国与变革发起国态度的根本因素。制度性权力在既有大国与新兴国家之间的重新分配，只有通过利益博弈促成的国际制度变革才能实现。尽管制度博弈的结果最终取决于国家间的实力对比③，但实力对比变化并不会自动导致国际制度变迁。为此，相关方都会尽可能争取对自己有利的制度安排，包括诉诸改革既有机制与创建新机制——"改制"和"建制"，与国家有关的各种制度互动日益频繁，全球治理赖以维持的国际制度体系得以演进。就后一种路径即建设新的国际制度而言，又包括竞争性建设与补充性建设两种方式。所谓竞争性建设就是完全在已有机

---

① 李明哲，王勇. 美国的国际制度领导与多边贸易制度变迁［J］. 美国研究，2020（3）.
② 寇静娜，张锐. 疫情后谁将继续领导全球气候治理：欧盟的衰退与反击［J］. 中国地质大学学报（社会科学版），2021（1）.
③ 以国际货币制度为例，美国在其中的主导地位有赖于自身所拥有的强大经济实力，这是当代日本等其他竞争者难以撼动的。
黄琪轩. 国际货币制度竞争的权力基础：二战后改革国际货币制度努力的成败［J］. 上海交通大学学报（哲学社会科学版），2017（4）.

制之外，另起炉灶建立以本国为主导的新机制；补充性建设是指在已有机制的基础上，对机制存在的制度漏洞与制度空缺进行添补和创建。①

在全球层面上，当前国际经贸和金融领域的竞争性多边主义兴起均与各自领域制度体系的合法化困境有关。在地区层面上，尤其是亚太地区"小多边"机制的涌现也与地区制度合法性长期缺失有关。竞争性多边主义不断解构着现行国际制度体系，推动着国际秩序演进。如果将对特定领域和地区层面的考察上升至国际制度体系层面的整体性考察，就会发现制度体系合法性下降是秩序转型的主要诱因。当前美国主导下的自由主义国际秩序因美国制度霸权与制度合法性的动态演进规律之间存在根本性矛盾而面临"再合法化"难题，未来秩序转型的结果将取决于新兴国家的广泛崛起之势能否保持以及秩序主导国的霸权护持态度是否出现根本转变。② 国际制度竞争成为国际秩序转型的核心动力，其中崛起国寻求提升在制度体系内的物质利益和规则主导权，守成国则试图利用制度体系内的优势地位维护既得利益。前者的制度竞争策略包括改革既有制度、创建新的包容守成国的制度或排斥守成国的制度，后者则针对崛起国的行动而制定相应的反制策略，双方的制度竞争通过改变既有利益分配的不同维度来决定国际秩序的转型模式。③

三、作为国际公共产品供给平台的国际制度

（一）国际制度竞争背后的公共产品供给逻辑

国际公共产品供给是一种复杂的政治经济学现象：从需求层面来看，各国偏好的巨大差异性使聚集或界定共有偏好要比国内层面困难得多；从供给层面来看，全球治理模式下国际公共产品供给主体的结构复杂性也大大增加了集体行动达成的难度。而合理的制度设计是促进其合作的必要保障，这通常涉及该制度的成员资格、议题范围、集中程度、控制方式与灵活性等维度。促进国际机制形成的激励因素，在更根本意义上取决于共享或者共同利益的存在。④ 国际制度的公共产品属性在于其对主权国家共同需求的满足，它能够汇聚成员国

---

① 凌胜利，李汶桦．全球治理变革背景下的中国国际制度创建[J]．国际关系研究，2021（5）．
② 刘昌明，杨慧．竞争性多边主义与国际秩序的演进趋向：基于国际制度合法性视角的解释[J]．东北亚论坛，2021（4）．
③ 魏冰．国际制度竞争、利益分配与国际秩序转型[J]．国际展望，2022（2）．
④ 基欧汉．霸权之后：世界政治经济中的合作与纷争[M]．苏长和，等译．上海：上海人民出版社，2006：96．

预期、减少不确定性，从而使国际无政府状态（缺乏公共权威）得到一定规制。联合国体系是这方面的典型代表，其协调各领域国际行动、配置公共资源以及促进国际合作，已成为全球治理最具权威的主渠道。一国在全球治理中的参与甚至引领作用，可具体化为在国际制度体系中扮演的遵守、改造和创制角色，由此确立起来的制度性权力，尽管在一定时期内具有相对稳定性，但需要通过持续提供相关公共产品、维护制度信誉来避免遭受侵蚀和流失。基于国家理性和利己假定，各方都希望依据自身偏好构建国际制度，由此会出现激烈的倡议竞争。① 国际制度的领导国和参与国都会积极施加影响，以塑造符合自身权力、利益或价值诉求的国际制度。

作为国际关系领域一种极为重要的现象，制度竞争是行为体围绕国际制度议程设定、规范倡导、主导权及其他具体安排展开的一种高级形态竞争。其中，制度内竞争是指国际制度的成员国在该制度框架下围绕上述主题进行的竞争，如气候变化治理领域呈现的联合国框架内的竞争；而制度间竞争则是指同一议题领域内存在的多个国际制度之间的竞争，如全球能源治理领域存在着国际能源署、石油输出国组织和国际可再生能源署等国际机构之间的竞争。② 在地区层面上也是如此，如CPTPP与RCEP两大区域经贸协定围绕着经济一体化路径、地区经贸制度形态展开的竞争。其中，能力分配、制度共容性和霸权国对地区的战略关注度这三个变量对于地区经贸合作制度构建成败具有决定性影响。当地区内大国力量对比悬殊时，只有同时具备较高的霸权国战略关注度和较强的制度共容性，地区合作制度的构建才能成功；当地区内力量对比接近时，地区合作的路径会趋于多元化，具备较高的霸权国战略关注度或具有较高共容性的地区合作制度都可能获得成功构建。③ 进一步看，规则之争是国际制度竞争的起点，机制之争是规则之争最直接的载体，机构之争则更为复杂和"实体化"，而相对抽象的秩序之争是国际制度竞争的最高形式与最终目的。④ 这就能够解释为什么在自身实力趋于下降的背景下，西方大国仍然试图通过各种手段来掌控对于国际规则的制定权。

---

① 齐尚才．全球治理中的弱制度设计：从《气候变化框架公约》到《巴黎气候协定》[D]．北京：外交学院，2019：49-52.
② 宋亦明．制度竞争与国际制度的等级制[J]．世界经济与政治，2021（4）.
③ 叶成城．能力分配、制度共容性和战略关注度：冷战后亚太多边经贸合作制度构建的成败分析[J]．当代亚太，2020（1）.
④ 李巍，罗仪馥．从规则到秩序：国际制度竞争的逻辑[J]．世界经济与政治，2019（4）.

而国际制度合法性是按照一定的规则体系对国际秩序进行构建和改革的法理基础,其有赖于相关国际公共产品的有效供给,以及国际行为体的足够认可与支持。在某种意义上,当前世界并不缺乏国际规范、制度和秩序,某些领域的国际机构和机制在数量与规模上甚至持续扩张,而是缺乏更能体现国际公平正义的国际规范、制度和秩序,包括对大国权力强化约束的国际规范、对小国利益予以更多体现的国际制度。国际社会对大国的要求也不再只是提供规则,而是创新规范、制度和秩序,并优化其内涵与分配结构。对中国而言,一方面参与解决国际问题、应对国际危机的责任在增强,另一方面在国际议程设置、国际规则制定、国际话语体系构建等方面的能力依然有待提高。尤其是中国以大国身份加入国际制度、参与全球治理并承担一定责任与义务的同时,自身的利益诉求又与广大发展中国家相似,只能做出并履行有限承诺,即承担与传统大国"共同但有区别的责任"。这就需要在提供相关国际公共产品时量力而行,通过精准供给节约成本,寻求与其他国际行为体合作来增进国际公益。如果承担的国际公共产品供给成本超越自身实力,则容易造成国家资源的过度消耗,降低大国成长的可持续性;而如果提供的国际公共产品种类、数量与国际社会的需求不相匹配,则会导致供给过剩、资源浪费等无效供给。①

在多元文明兴起与全球治理模式日渐"去中心化"背景下,国际制度的公正性、合法性、适应性与有效性面临不同程度的困境。客观而言,国际制度也存在着非中性现象,即同一制度及其规则实质上赋予各参与主体以不同地位,相关规则更多地体现和维护部分国家的利益,而这些能够从中获益的主体会极力维护对他们有利的制度安排,如二战后美国主导建立的国际金融制度。国际制度既为参加者或成员国提供具有普遍性的公共服务,又常常被某些制度领导国"私有化"为特殊的权力工具。② 虽然具有权威性、制约性和关联性特征的国际制度可以通过服务和惩罚功能促成国际合作,但其中权威性作为国际制度促成合作的基础,也可能影响国际制度服务和惩罚功能的公正发挥,削弱其制约能力,为国际制度的失效埋下隐患,从而暴露制度中的不公正问题。③ 从制度变革的路径选择来看,在一定阶段那些较为松散并重视自主性的弱制度更能

---

① 刘雪莲,杨雪. 打破国强必霸的逻辑:中国特色大国外交的道路选择 [J]. 探索与争鸣, 2021 (5).
② 李巍,罗仪馥. 从规则到秩序:国际制度竞争的逻辑 [J]. 世界经济与政治, 2019 (4).
③ 宋勉,张仕荣. 基于新自由制度主义理论的国际制度失效研究 [J]. 天津师范大学学报(社会科学版), 2022 (3).

相对均衡地反映多元诉求,且有助于消弭既有大国的抵制,激励、诱导和调动各方参与治理的积极性,从而更灵活地发挥制度的国际合作载体作用,彰显"多元主义""伙伴关系"的重要性,促成议题复杂、偏好多样条件下的集体行动。

(二) 国际制度体系的迭代供给

冷战后国际社会的制度化合作不断推进。在安全和政治层面上,总体上以联合国为主要治理平台的制度框架得以继续保持,联合国制度仍然是国际政治与安全秩序的核心;在国际经济层面上,则以贸易和金融为主体框架衍生出更多具体领域的制度合作进程。当政治权力意味着引领构建传统和非传统安全共同体,经济权力意味着领导全球经济治理和解决发展问题时,多边制度体系及其信誉与融资便会成为新的权力生产方式。多边制度框架下的博弈成为除战争之外大国新的互动形式,遵循制度逻辑、维护制度信誉成为大国获得发展融资和治理融资,进而保持权力可持续生产的更优理性选项。① 在当今全球权力转移过程中,贸易、金融等国际制度领域往往是新兴大国与守成大国长期竞争的重点所在,且这种竞争对于全球治理规则将产生深远影响,对于竞争双方而言则具有战略与策略双重意义。② 相对而言,兼容性的制度竞争有利于推动国际制度的渐进变迁,降低大国在国际秩序转型中的冲突烈度,使全球权力的和平转移成为可能。对于新兴大国而言,策略上除了在现存国际制度内部寻求改革外,还可考虑在外部创建功能类似的新的国际制度。制度创建成功与否的关键在于作为主要发起者的新兴大国能否建立稳定可见的自我约束机制,进而塑造新创国际制度与既有国际制度之间的合作预期。在这方面,议题领域选择和新旧国际制度间的关系架构,会影响制度间合作承诺的可信性,进而影响新创国际制度的初始生存。③

---

① 任琳,孙振民. 大国战争之后:权力生产方式的历史演变 [J]. 当代亚太,2020 (1).
② 国际制度竞争作为一项理论与实践热点,相关研究可参见周鑫宇. 中美在开展"国际制度竞争"吗 [J]. 世界知识,2015 (21);李巍. 中美金融外交中的国际制度竞争 [J]. 世界经济与政治,2016 (4);赵洋. 中美制度竞争分析:以"一带一路"为例 [J]. 当代亚太,2016 (2);吴志成,董柞壮. 国际制度转型与中国的应对 [J]. 当代世界,2016 (5);李杨,黄艳希. 中美国际贸易制度之争:基于国际公共产品提供的视角 [J]. 世界经济与政治,2016 (10);陈兆源. 法律化、制度竞争与亚太经济一体化的路径选择 [J]. 东南亚研究,2017 (5);汪海宝,贺凯. 国际秩序转型期的中美制度竞争:基于制度制衡理论的分析 [J]. 外交评论,2019 (3);陈拯. 改制与建制之间:国际制度竞争的策略选择 [J]. 世界经济与政治,2020 (4);王明国. 从制度竞争到制度脱钩:中美国际制度互动的演进逻辑 [J]. 世界经济与政治,2020 (10).
③ 刘玮. 崛起国创建国际制度的策略 [J]. 世界经济与政治,2017 (9).

总体而言，现有国际制度仍然由美国等西方国家主导，但美国在其中的否决能力强弱不等，并且这些国际制度本身的弹性空间大小不一。为了在现有国际制度框架下参与并引领全球治理，中国采取了制度叠加、制度偏离、制度替代、制度转换等不同类型的国际制度改革路径①。特别是，中国对国际制度的创设能力不断提升，日益成为制度重建和新建过程中积极主动的规则制定者。例如，亚洲基础设施投资银行就是一项重要的国际金融制度创新，它与西方国家主导的国际金融机构并非对立关系，而是存在规则借鉴与功能互补。② 中国的和平发展和中华民族伟大复兴在某种意义上也离不开"国际制度之翼"，未来需要进一步处理好制度维护与制度改革、制度利用与制度供给、国内制度与国际制度等不同层面间的关系，在国际制度中扮演更具确定性和建设性的角色。③ 当前，在贸易、金融等具有一定比较优势的领域，中国提供国际制度公共产品的意愿和能力明显提升，正在按照由区域到全球层面、由单一向综合议题领域的逻辑进路历练成长，在相关国际制度中扮演的角色日益突出。

（三）制度性话语权反映的是国际制度供给能力

从制度产品供给的角度来看，国际制度在很大程度上是由国际体系中那些最有能力追求自身利益的成员设计或研发的。在现有全球治理制度安排中，发达国家与新兴国家及发展中国家围绕着制度性话语权展开深层博弈，这对于下一阶段全球化中的利益分配将产生至关重要的影响，并集中体现在国际规则的塑造上。例如，国际货币基金组织和世界银行的投票权改革，便是新兴国家争取与自身实力相匹配话语权的典型体现。制度性话语权通常是指行为体以自身实力为基础，以正式和非正式国际制度为平台对其他行为体产生的影响力和引导力，它主要体现在国际制度维护、塑造、创设及相关决策层面上。④ 在国际制度性话语权的建构过程中，各国不同的理性偏好是一个重要影响变量，它在

---

① 朱杰进. 崛起国改革国际制度的路径选择 [J]. 世界经济与政治，2020 (6).
② 亚洲基础设施投资银行于2016年开业，迄今已有100余个正式成员及意向成员。其旨在通过基础设施及其他生产性领域的投资，改善基础设施互联互通、促进亚洲经济可持续发展，并与其他多双边开发机构合作，共同应对发展挑战。亚洲基础设施投资银行设有理事会、董事会等重要机构，根据其理事会规定，对亚洲以外成员的投资可以不超过该行总批准融资的15%。例如，作为获得该行融资支持的首个域外成员，埃及有关项目已获批6亿美元贷款。
③ 王晨光. 建国以来中国参与国际制度的成就、挑战与展望 [J]. 西南民族大学学报（人文社科版），2020 (2).
④ 朱伟婧. 全球经济治理制度性话语权的中国视角研究 [D]. 北京：中共中央党校，2018：49.

自我利益与他者利益的处理上有着不同特点。国际制度供给会产生一定交易费用，如果结合行为体数量与权力结构等影响因素来考量一国的国际制度供给，可以总结出主导—参与型、联合型、强制—诱导型和外溢型等基本方式，这对于全球治理中制度建设的路径选择具有启示意义。① 当前，全球权力结构扁平化趋势、制度变迁的路径依赖效应以及现有制度主导国的战略挤压，是新兴国家制度性话语权提升需要面对的挑战。辩证地看，对于既有国际制度的主导国或守成国而言，"制度红利"的下降使其有可能选择挑战现有国际秩序，采取的相应制度战略体现为退出现有多边制度以及建立对其有利的新国际制度。与这种排他性制度制衡战略不同，随着自身在现有国际制度中收益的增加，中国倾向于采取利益兼容度高的方案，即选择维护现有国际秩序的"包容性制度制衡"战略。②

总之，国际制度除了本身具有国际公共产品属性外，还是提供其他国际公共产品的重要平台。制度化程度通常能够反映全球及区域合作的水平，较高的制度化有助于促进一定范围内的国际公共产品供给，化解集体行动困境。在当今全球治理体系中，国际制度的有效性与合法性除了受制于制度供给不足外，还与制度重叠、制度碎片化等问题有关，这些问题导致了国际制度间一定程度的恶性竞争与相互损耗，致使其集体行动功能不彰。而所谓治理制度碎片化，主要是指全球治理体系中存在着具有不同价值观和功能的国际组织——它们属于广义上的国际制度，这些彼此竞争的制度主体在权力和偏好上的差异导致了任何一种相关的治理机制都不能占有显著优势。③ 换言之，在全球治理的许多领域存在着相互交织的国际制度，这些制度具有不同的组织结构和规范以及不同的支持者、覆盖范围和关注点，从而直接或间接增加了国际社会达成某项集体行动的难度。在现有全球治理制度有效性不足的背景下，加强对国际制度建设的创造性参与，有助于中国在全球治理转型进程中发挥更加积极的塑造作用，实现从物质类到制度类国际公共产品供给能力的跃升。

---

① 田野. 全球治理中的制度供给：一种交易费用分析 [J]. 世界经济与政治，2002（10）.
② 汪海宝，贺凯. 国际秩序转型期的中美制度竞争：基于制度制衡理论的分析 [J]. 外交评论，2019（3）.
③ 王明国. 全球治理机制碎片化与机制融合的前景 [J]. 国际关系研究，2013（5）.

第二节　国际公共产品理论及其应用

为解决各种全球性问题而提供公共产品，对于全球治理来说至关重要，其供给水平甚至能够影响某种国际体系的存续。近代史上凡尔赛—华盛顿体系的崩溃在某种意义上便与此有关，第一次世界大战后美国的综合实力已经大大超过英国，但是它不愿意（事实上也没有准备好）承担应有的大国责任；主要大国在全球安全和经济领域各自为政、缺乏协调，特别是1929年世界经济大萧条加剧了它们之间的分裂与对抗，最终导致了第二次世界大战的爆发。公共产品的供给是全球治理运行的核心内容，全球治理在某种意义上就是国际公共产品在全球范围内生产、供给和分配的过程，以此维护和增进国际公共利益、惠及世界各国，其可持续性离不开国际责任和治理成本的分担。对于主权国家等行为体而言，提供并维护国际公共产品是其参与全球治理的能动表现。改革开放以来，中国的发展得益于国际社会，现今它愿为国际社会提供更多公共产品，充分展现了负责任大国的时代担当。下面就国际公共产品概念、理论源流及其如何从学术话语进入政策话语场域展开简要梳理，以便为后续研究做好铺垫。

一、从公共产品到国际公共产品的理论延展

（一）公共产品概念从国内到国际层面的拓展

"公共产品"（Public Goods）也称"公共物品""公共品""公益物"，是一个与"私人产品"相对的概念。这一区分可上溯至英国古典自由主义经济学家亚当·斯密，他认为，私人产品是为满足个人需要而生产、为个人所享用，且需通过人们的交换或购买才能获得；公共产品则是为维护公共利益而生产，以满足群体生存、经济活动、社会生活、安全发展的需要，如国防、法律、秩序和公共卫生、基础教育、道路交通等公共服务，这些产品不能指望私人来提供，必须由政府和公共机构生产供给。[①] 在当代，相关概念及理论实现了从经济学到政治学领域的拓展，并在国际关系领域得到创新性应用，催生出国际政治经济学（IPE）理论。20世纪50年代，美国经济学家保罗·萨缪尔森对公共产品

[①] 斯密. 国民财富的性质和原因的研究：下［M］. 郭大力, 王亚南, 译. 北京：商务印书馆, 1974: 284.

概念做出了开创性界定,指出"个人的消费不会减少他人对该物品的消费"①。在其之后,曼瑟尔·奥尔森、托德·桑德勒、詹姆斯·布坎南等对公共产品理论的发展也做出了突出贡献,他们从不同角度阐释了公共产品具有的非竞争性与非排他性特征。

根据受益范围不同,有学者把公共产品进一步区分为集体公共产品、地方公共产品、国家公共产品、区域公共产品乃至全球公共产品,它们拥有从微观到宏观不断扩大的外部性影响。② 其中,前三种属于国内公共产品范畴,后两种则属于国际公共产品范畴,而国际公共产品往往是那些具有比较优势的国内公共产品在国际层面的投射。这里的"公共性"具有人为建构性,公共性范畴的扩张决定了从公共产品到国际公共产品的扩展在逻辑上是可行的。20 世纪 60 年代,有学者以北约国家维护"集体安全"为例,开始研究国际层面上的公共产品供给问题。前述学者奥尔森认为,国际公共产品的提供有利于激励国际合作,也有助于保障国际贸易、金融和国际安全,而国际合作、国际贸易和国际安全又都是现代国际社会中各国生存发展不可缺少的条件。他还把国际公共产品进一步细分为以下三类:稳定完善的国际货币金融体制与自由贸易体制,国际和平与稳定维持、冲突管理等国际安全保障体制,以及对发展中国家和最不发达国家提供经济技术援助的国际援助体制。③

到 20 世纪 80 年代初,前述美国学者查尔斯·金德尔伯格把公共产品理论引入国际关系领域。他认为,国际经济体系的稳定有赖于领导国家的存在,以解决"公共成本"的承担问题。以前述学者罗伯特·吉尔平为代表的"霸权稳定论"者则把国际公共产品供给与世界霸权兴衰联系起来,极大地促进了公共产品理论在国际关系领域的发展。基于此,国际公共产品的主要特征被概括为非排他性、非竞争性、非分割性、"搭便车"问题、外部性效应等五个方面。依据这些特征的强弱,可以把国际公共产品分为纯公共产品、俱乐部产品、公共资源等种类。也有学者基于公益程度的高低做了类似划分,即把国际公共产品分为纯公共产品、非纯公共产品和国家私益产品,它们之间存在着一些过渡形态。反映在供给状态上,这几类产品往往存在供给不足(特别是纯公共产品)、

---

① Paul A. Samuelson. The Pure Theory of Public Expenditure [J]. Review of Economics and Statistics, 1954, 36 (4): 387-389.
② 杜朝运,叶芳. 集体行动困境下的国际货币体系变革:基于全球公共产品的视角[J]. 国际金融研究, 2010 (10).
③ M. Olson. Increasing the Incentives for International Cooperation [J]. International Organization, 1971, 25 (4): 866-874.

供给失衡、供给过度（特别是不纯粹甚至"私物化"的公共产品）等问题。①根据涵盖的不同议题领域，国际公共产品可以分为国际安全公共产品、国际金融公共产品、国际贸易公共产品、国际环境公共产品等细类。而根据国际公共产品本身呈现的形态，则可分为物质类、制度类和理念类公共产品，它们之间相互依存、依次递进，大致可以反映供给者达到的不同能力层次。根据外在形态这一标准，也可以将公共产品分为有形公共产品、无形公共产品和混合型公共产品三类，不过这种提法更常见于国内意义上。② 从多元化的供给主体来看，国际组织是各种纯公共产品的主要供给者，但其中创设国或主导国往往具有特殊影响力；俱乐部公共产品则由成员国联合供给，但其中可能存在核心国家，为此需要处理好其个别收益与集体收益的关系。冷战结束以来，双边合作供给、国家集体供给（或加总供给）、国际组织供给等形式的兴起在客观上降低了霸权国供给所占的份额。上述林林总总的国际公共产品类别划分，既反映了当前全球议题领域的复杂程度，也反映了国际社会对于公共产品的多样化需求。

（二）全球公共产品与区域公共产品

在20世纪90年代以来全球化和区域一体化发展的背景下，托德·桑德勒等依据产品溢出效应的范围差异，将国际公共产品进一步区分为全球公共产品与区域公共产品（或地区公共产品）。③ 其中，全球公共产品是指那些能使多国人民而不止是某一民族或人群受益的公共产品，且其不以损害后代人利益为代价来满足当代人需要。其衡量尺度涉及世界所有国家、全球范围人口与不同代际，并且符合消费的公共性、决策的公共性以及净收益分配的公共性三项标准。美国学者英吉·考尔还将全球公共产品划分为全球自然共享品（Global Natural Commons）、全球人为共享品（Global Human-made Commons）和全球条件（Global Conditions）三大类。④ 世界银行则认为全球公共产品是指那些具有很强跨国界外部性的商品、资源、服务以及规章和政策体制，它们对于发展和消除

---

① 刘毅. 全球公共物品供给与新兴大国参与：基于"非纯公共物品"概念的分析[J]. 中国与国际关系学刊, 2016 (2).
② 何翔舟. 有形公共产品高成本治理的长远战略与短期对策[J]. 学术月刊, 2012 (3).
③ 此处英文 region 一词对应的中文词汇"区域"和"地区"，在国内学术文献中经常是混用的，但前者在国际公共产品语境中使用的频率似乎更高。Todd Sandler. Regional Public Goods and International Organizations [J]. The Review of International Organizations, 2006, 1 (1): 6.
④ Inge Kaul. How to Improve the Provision of Global Public Goods [C] // Inge Kaul, Pedro Conceicao. Providing Global Public Goods: Managing Globalization. New York: Oxford University Press, 2003: 23.

贫困而言极为重要，并且只有通过发达国家与发展中国家合作和集体行动才能充分供应。① 随着全球化深入发展，形态多样的全球公共产品得以出现，旨在更好地满足国际社会共同解决全球性问题的需要，其主要供给方式有前述霸权国家供给、国际组织促成的合作供给、国家间选择性激励供给等。② 可以说，全球公共产品是衡量全球治理水平的重要标尺，其供给程度制约着全球化的发展进程。

与全球公共产品相比，区域公共产品只服务和适用于本地区，或者说其溢出效应的受益者被限定为特定区域的国家，且其成本通常由地区内国家共同分担。作为区域一体化和区域多边治理兴起的产物，这种产品有助于抵御来自区域外部的共同威胁与风险，也有助于实现区域内部的公共利益与期望。其倾向于遵循公共产品融资活动中"受益人支付"原则，由相关国家共同提供以满足共同需求，而非由霸权国一国供给。不过在实践中，区域公共产品的供给也常常存在一个或数个主导国家。区域公共产品涵盖范围相对较小，较易进行信息沟通并达成共识，可更直接反映区域内不同国家的需求，加之各国收益—成本关系比较清晰，较能避免全球公共产品中普遍存在的"搭便车"现象，从而有助于达成规模较小但更可持续的集体行动，最终实现更高的供给绩效。③ 从区域合作实践及其制约因素来看，区域公共产品被某个大国"私物化"——把公共产品变成该国谋取私利工具的可能性相对较小（但并不能完全排除）。④ 区域公共产品的受益范围介于国家与全球之间，其作为当今国际公共产品的一种重要实现形式，已在经济、环境、卫生、安全等众多领域构成对全球公共产品的重要补充。进一步看，区域公共产品的供给方式可分为简单累加、最优环节、最弱环节与加权总和。其中，简单累加是指区域公共产品的供给由各方平均分配、共同承担；最优环节实质上是一种"强者供给"，即公共产品的整体供给层次由最大贡献者决定；最弱环节则类似于"短板效应"，即最小贡献者的供给水平决定了该区域公共产品的总体有效水平；加权总和是指在总体计量的基础上

---

① Development Committee. Poverty Reduction and Global Public Goods: Issues for the Word Bank in Supporting Global Collective Action [N]. World Bank, 2000-09-06.
② 李增刚. 全球公共产品：定义、分类及其供给 [J]. 经济评论, 2006 (1).
③ 在消费那些非排他性的全球公共产品时，如果个体不付费也不会被排除出消费者集体，那么理性个体就没有任何动机为公共产品供给做贡献，"搭便车"问题便由此产生。
④ 樊勇明. 区域性国际公共产品：解析区域合作的另一个理论视点 [J]. 世界经济与政治, 2008 (1); 樊勇明. 从国际公共产品到区域性公共产品：区域合作理论的新增长点 [J]. 世界经济与政治, 2010 (1).

对参与方的各自贡献赋予相应权重。①

二、国际公共产品供给的主体逻辑

（一）供给主体的动机与行为逻辑

国际公共产品的供给主体首先是主权国家，此外还包括政府间国际组织、非政府组织、跨国公司等多元主体。其中主权国家在国际公共产品供给中具有基础性地位，基于"经济人"的理论假定，即国家的任何行为均出于其自身利益最大化考量，国际公共产品供给不足、供需错配、"私物化"倾向以及"搭便车"问题的存在，导致曼瑟尔·奥尔森所称的"集体行动的困境"。而由于国家异质性的存在，如自然异质性、社会异质性特别是经济异质性，决定了不同国家在跨国集体行动过程中可能扮演领导者、跟随者或"搭便车"者角色，从而使国际公共品供给成为可能。其中，领导国家将主动承担起倡导及组织成本，以促进集体行动的实现，而在后续阶段则是其他相关国家依据自身条件选择跟随参与或不参与。② 在现实中，各主权国家在国际公共产品供给方面的禀赋差异极大，具有的供给能力与供给意愿不尽相同，为此需要从政治决策和生产环节入手，设计针对性的激励机制，引导各国开展自愿供给与国际合作。③ 而一国的供给意愿既受制于其供给能力，也取决于该国在特定治理领域的利益敏感度。在一定程度的国家异质性条件下，从某领域国际公共品供给中获益较大的国家会选择组织参与或跟随参与，而获益较小的国家会选择"搭便车"。在信息并不完全对称的全球治理领域，主权国家（尤其是大国）基于各自的国际公共产品供需政策进行博弈，会塑造出不同类型的国际公共产品供给模式，进而对全球治理的实际效果产生影响。④ 而国家也不总是选择成为全球治理的"搭便车者"，在一定条件下它们愿意为全球公共产品供给做出不同程度的贡献。从外交决策角度来看，国家的供给方式可分为主动供给、被动供给和无意识供给三类，它们会受到供给动机差异的影响，从而在实践中呈现出不同的供给特征。

---

① 樊勇明，薄思胜. 区域公共产品理论与实践：解读区域合作的新观点 [M]. 上海：上海人民出版社，2011：10-11.

② 李娟娟，樊丽明. 国际公共品供给何以成为可能：基于亚洲基础设施投资银行的分析 [J]. 经济学家，2015（3）.

③ 罗鹏部. 全球公共产品供给研究：基于激励和融资机制的分析 [D]. 上海：华东师范大学，2008：65-69.

④ 任琳，彭博. 全球治理变局与中国应对：一种全球公共产品供给的视角 [J]. 国际经济评论，2020（1）.

当一国出于国家理性或出于对公共产品供给的认可，并将公共产品供给纳入国际机制保障之下时，国际合作将会得到保障，国家承担国际义务的行为也可以获得稳定和长远的预期。这就需要将全球治理提出的公共产品供给任务同各自国家利益有效结合起来，并推动供给议题为民族国家所接受。①

理论上来说，全球公共产品可以由世界政府提供，但真正的世界政府迄今尚未出现。在无政府状态的国际社会中，全球公共产品的供给势必存在收益与成本的非对称性问题，无法依据"谁受益谁提供"原则展开。不同国家在国际公共产品供给中的作用是不同的，并非完全按照各国的经济实力等标准来分配公共产品供给责任。其中，作为全球规则的主要制定者和执行者，大国有时需要承担比其经济实力所占份额更大的供给责任。这是因为大国要继续扮演某种领导角色，通过提供国际援助等公共产品来激励其他国家的合作与认同是一种理性选择。可见，为全球治理提供公共产品不是一个单纯的经济问题，而是关乎供给者的国际领导力提升及其合法性塑造，而全球公共产品的供给合法性通常受供给者的目的与能力以及消费者的接受度等因素影响。② 由此可见，一国的对外援助行为往往同时具有理想主义与现实主义成分，并非完全基于公益考量或纯粹利他主义。着眼社会学领域中的社会交换理论，"援助—受援"是一种互惠互利的交换关系，利益和权力是影响交换的主要变量，援助国提供的某些援助在使受援国获益的同时，也从后者那里得到某种政治、外交、经济或军事等支持。根据双方利益满足的强弱程度，可分为强互惠型、受援国受益型、援助国受益型和弱互惠型等关系模式；而根据双方在谈判中的权力强弱对比，则可分为强对等型、受援国主导型、援助国主导型和弱对等型等关系类型。由此来看，国际援助的可持续发展须建立在援助国和受援国稳定与互惠关系基础上，单方受益的交换关系是不稳定和不牢固的。③

国际公共产品如果在消费上不具有完全的非排他性或非竞争性——产品公共性并不纯粹，再加上国家异质性和利益相关性等因素的存在，那么排他性的消费机制和成本分担机制的产生就几乎是必然的。实际上，这种机制可以创造和增加合作动机，从而使国际合作成为可能。而相关国际合作通常是不平衡的，这是因为参与国在自身利益和实力上都存在差异，因此对特定国际公共产品消费的迫切性和对成本的敏感性也不相同。其中，更重视公共产品利益的国家往

---

① 杨昊. 全球公共物品分类：外交决策的视角 [J]. 世界经济与政治，2015（4）.
② 曹德军. 全球公共产品理论反思与重构 [N]. 中国社会科学报，2022-09-15.
③ 丁韶彬. 大国对外援助：社会交换论的视角 [M]. 北京：社会科学文献出版社，2010：127.

往更积极地看待集体行动,而实力雄厚的大国则因其成本敏感度较低而更倾向于国际合作,这两类国家构成了国际公共产品合作中的关键群体。从扩展逻辑来看,不同国家加入时机的较大差异决定了此种合作将会是一个从核心国家逐步向其他国家扩散的层叠性过程。在这一过程中,对"搭便车"行为采取一定程度的容忍有助于一些国家跨越边际收益小于边际成本的初始阶段,从而使它们最终选择加入国际合作行动。由此,从不平衡到逐渐平衡,从小范围合作到广泛合作,各国可以局部而渐进地克服集体行动的障碍,使公共产品在较高水平上得到供给。当然,国际供给合作的非平衡性和层叠性也会不可避免地受到国家间关系、现存国际机制和当事国在其他议题上的合作程度等因素的影响。①

(二) 霸权国供给的内在悖论及其替代选择

在当代实践中,超级大国扮演了主要的全球公共产品供给者角色,但世界经济发展具有不平衡性,因而霸权衰落也具有必然性。向一定范围内的国家提供公共产品,是霸权国获得权力的重要来源。在既有霸权体系下,提供国际公共产品导致的边际成本递增与边际收益递减,决定了霸权国自我消耗和霸权必衰的结局,而这种衰落反映在霸权所得以维系的物质基础及国际制度结构上。霸权国主要通过授权国际组织和签订双边协议网络两种方式提供国际公共产品,在这两种供给形式之间做出转换,是霸权国调整国际体系公共利益和霸权利益之间关系的结果。霸权惯性的存在会是一个很长的过程,当国际公共产品供给条件恶化时,霸权国通过缔结双边协议网络临时替代基于委托—代理的国际组织,收缩国际公共产品的惠及范围,增加国际公共产品的排他性,更明确地捍卫自身的霸权利益。在20世纪60年代的国际收支危机和2008年国际金融危机中,美国联邦储备委员会(以下简称"美联储")通过货币互换协定网络替代国际货币基金组织金融救助机制,通过国际最后贷款供给形式的转换,美联储将有限的资源用于救助美国金融利益和战略价值所覆盖的国家。②

鉴于既有霸权国提供国际公共产品的可靠性与公共性下降,联合国、世界银行、国际货币基金组织等国际组织被寄予厚望,事实上它们也在诸多领域的全球公共产品供给中发挥了极其重要的作用。此外,由国家集团或多个国家联合供给也是可行的路径,因此全球公共利益与集团利益可以联系起来,产生供给动力。③ 与"霸权稳定论"假定不同,霸权只是塑造公共产品供给集体行动

---

① 庞珣. 国际公共产品中集体行动困境的克服 [J]. 世界经济与政治, 2012 (7).
② 刘玮, 邱晨曦. 霸权利益与国际公共产品供给形式的转换: 美联储货币互换协定兴起的政治逻辑 [J]. 国际政治研究, 2015 (3).
③ 涂永红. 中国在"一带一路"建设中提供的全球公共物品 [N]. 光明日报, 2015-06-22.

的一种特殊形式，塑造此类集体行动既不必然需要霸权国那样的超群实力，也不必然只由一个国家来组织。① 前述的自由制度主义理论认为，在后霸权的国际体系中，各行为体如能围绕国际制度展开合作，就可以实现公共产品的联合供给，从而避免陷入国际公共产品供给不足困境。各供给国因参加和遵守国际制度而彼此受惠，在此种物质和荣誉双重激励下，它们生产并提供国际公共产品的意愿会进一步提升。特别是，全球性问题的治理对于公共产品的需求巨大，任何国家都无法凭一己之力解决，即便是霸权国也难以单独承担日益上升的治理成本，这就需要各国共同参与公共产品供给。为此，需要强调的是各国对绝对收益而非相对收益的重视，否则就会加剧实践中国际公共产品的供给困境。

例如，就应对气候变化这一复杂的全球公共问题而言，其解决不应寄希望于单一国家身上，即便这个国家是实力超强的霸权国；相反，不断完善由联合国、京都机制和《巴黎气候协定》等构筑起来的全球气候治理制度框架更重要。2017年6月，特朗普政府宣布退出《巴黎气候协定》，这一决定甚至招致了原本与美国同属"伞形国家"群体的加拿大、澳大利亚、日本等国的批评。② 尽管美国从全球气候政治的领导者角色后退，但2018年12月在波兰卡托维兹召开的第二十四届联合国气候变化大会（COP24）上，全球气候变化治理进程仍得以继续前行，并通过了为落实《巴黎气候协定》而制定的实施细则。可见国际制度是各类全球治理活动稳定有序进行的基本保障，国际公共产品作为开放的多边公利体系，其生产、供应和消费等环节均有赖于相应的规则制度，在这个意义上它具有典型的制度权力性。国家通过提供国际公共产品，包括研发产品和参加产品供给两种途径，对国际公共产品供给体系的规则制定产生影响，同时能够为本国的对外行为提供某种合法性支持，从而实现软权力的提升。③

第三节 全球治理变革已成趋势

全球治理体系是不同行为主体通过多种方式或载体，为解决特定跨国问题

---

① Daniel W. Drezner. The System Worked: How the World Stopped another Depression [M]. New York: Oxford University Press, 2014: 171.
② 赵斌. 霸权之后：全球气候治理"3.0时代"的兴起：以美国退出《巴黎协定》为例 [J]. 教学与研究, 2018 (6).
③ 吴晓萍. 从国际公共产品的提供看大国软权力的获得：以美国、中国参与世界贸易组织为例 [D]. 北京：外交学院, 2011: 38.

(客体)形成的一个相互联系的整体,理论上可分为"类政府治理""无中心分散""单中心网状""多中心聚类"等模式。尽管治理主体及彼此间关系、治理模式都呈多元化趋势,但主权国家和政府间国际组织依然是最重要的主体,介于正式和非正式关系间的半正式关系越发重要,并且中心化或建立普遍合法性的权威是提升全球治理有效性的关键。[①] 当前全球治理体系与国际形势变化不相适应,一些国家国内政治极化与国际政治竞争和冲突相互强化,政治、经济和社会领域的深层矛盾凸显并交织叠加,新冠疫情更是加剧了全球治理失序。在新冠疫情冲击下,全球治理动能有所削弱,民主赤字、信任赤字、领导赤字加剧;国际环境中的竞争性因素增加,特别是大国博弈态势增强,彼此间的制度竞争、制度制衡在全球治理领域愈加明显,全球动荡风险加剧。[②] 而现有全球治理机制应对世界安全与发展等变局的能力不足,部分全球治理机构或主体在重大议题面前缺位或无法做出相应安排,机制自身对于新格局的适应性下降,导致了相关领域治理权威不彰或领导力不足。上述治理主体缺位、治理机制滞后和治理规范陈旧等深层次问题,使得全球治理在结构、制度和规范维度上面临着转型压力,亟须朝着更具合法性、有效性和包容性的方向变革。

一、现有全球治理体系的不适应性凸显

进入 21 世纪以后,全球治理架构比以往具有更广泛的代表性,但执行力和制度化水平之间的矛盾也愈加突出,全球治理的不确定性风险增加。面对时代挑战,"通其变,天下无弊法;执其方,天下无善教"。当今全球化进程受阻的根本原因在于全球治理没有跟上时代变化,既有全球治理机制不能有效解决面临的权力关系调整、利益重新分配等结构性问题。由于涉及诸多传统及新兴领域的规则制定和制度重构,包含竞争与合作的复杂博弈将在国际体系中长期存在。

(一)全球治理赤字问题严重

全球治理失灵是指因国际规则体系不能有效实现治理而导致全球层面秩序紊乱:在实践层面上表现为规则滞后,不能反映权力消长,无法适应安全性质变化,以及难以应对复杂的相互依存关系;在理念层面上则表现为理念滞后,

---

[①] 张发林,杨佳伟. 统筹兼治或分而治之:全球治理的体系分析框架[J]. 世界经济与政治,2021(3).

[②] 凌胜利. 全球战略收缩期与中国"强国外交"新征程[J]. 亚太安全与海洋研究,2021(3).

仍以一元主义治理观、工具理性主义和二元对立思维方式为主导。① 联合国秘书长古特雷斯在向联合国大会通报其2022年工作重点时指出，当前新冠疫情、全球金融治理体系缺陷、气候危机、新技术滥用、武装冲突等都在警示着全球治理失败的危险，加强和完善这些议题领域的全球治理极为必要和紧迫。② 在这些领域，责任缺位导致全球公共产品供给匮乏，信任赤字阻碍国际协调与合作，共识危机动摇全球治理的观念基础，制度弱化降低全球治理体系的效能。③ 既有全球治理体系的缺陷一方面在于主要领域的规则设计始终存在公正性欠缺问题，另一方面则未能及时反映新兴领域的发展趋势及其规制需要。国际社会对于全球治理的需求与现有治理能力之间的差距不断扩大，相关公共产品供给存在严重缺口。

作为最具代表性的新兴大国，中国在全球治理变革特别是规则体系重塑过程中发挥何种作用，如何统筹存量变革与增量变革，不仅关系到自身根本利益，也关系到世界的和平与发展前景。中国与世界大多数国家对于全球治理体系产生了新需求并期望诉诸改革，而改革的直接目的便是增加国际公共产品的有效供给。2019年3月，习近平主席在中法全球治理论坛闭幕式上指出，当前全球治理体系面临治理赤字、信任赤字、和平赤字与发展赤字。这四大赤字都与国际公共产品供给问题有关，首先是供需存在结构性矛盾，传统供应国与新兴供应国的供给能力与意愿此消彼长，供需不匹配问题突出。全球化的深入发展还对不同类型全球公共产品之间的协同性提出了更高要求，而当今严重的全球公共产品赤字既表现在器物、制度和理念层面，也表现在三者之间的互动与协调上，不同类型公共产品的相互支撑或掣肘会对全球公共产品供给带来重要影响。从器物基础、制度建设和理念逻辑来看，全球公共产品赤字主要源于霸权国实力下降与大国供给竞争、国际制度非中性与非强制性以及西方国家的民主制度衰退与零和思维。④ 尽管2008年国际金融危机后新兴国家在国际公共产品供给方面的作用越来越积极，但西方大国仍然是主要的供给者，可供其他国家选择的全球治理公共产品并不充足，国际公共产品的全球供给与区域供给之间也存在失衡，后者处于不对称地位。这些因素导致了当前国际公共产品的空间可达性越来越低，公共产品难以传导至最终端，受可及性限制，许多发展中国家被

---

① 秦亚青. 全球治理失灵与秩序理念的重建［J］. 世界经济与政治，2013（4）.
② 尚绪谦. 联合国秘书长就世界形势提出五大警讯［EB/OL］.（2022-01-22）［2022-03-28］. http://www.news.cn/2022/01/22/c_1128289111.htm.
③ 卢静. 当前全球治理困境与改革方向［J］. 人民论坛，2022（2）.
④ 田旭，徐秀军. 全球公共产品赤字及中国应对实践［J］. 世界经济与政治，2021（9）.

进一步边缘化。①

当前全球治理体系在面临瓦解风险的同时重构动力不足，这突出体现在全球性国际组织的协调治理平台作用受到冲击，一些大国或区域组织转而致力于打造更趋分散和平行的治理机制。而全球治理规则具有的非中性特征是造成当前治理赤字的主要原因之一，当前全球治理体系中的各类规则总体上有利于西方发达国家而不利于发展中国家，这就破坏了全球治理的公平性和公正性，阻碍了全球性问题的有效解决，特别是使发展中国家无法有效维护自身利益。②客观而言，第二次世界大战后确立的联合国体系、世界贸易体系、国际货币与金融体系对于当代国际秩序的相对稳定运行发挥了极其重要的作用，特别是维持了较长时期的全球和平与较高程度的世界经济开放性。霸权国通过国际组织提供国际公共产品，并利用其基于一定规则形成的主导地位进行选择性供给，在弥补国际公共产品供给缺位的同时保证了霸权国自身利益。联合国等国际组织与有关世界大国一起，成为当代国际公共产品供给体系的主要建构者。冷战结束后，特别是进入21世纪以来，西方主导的所谓"自由秩序"深陷危机，全球治理体系变革加速推进，当前各方正围绕着定方向、创规则展开深度博弈，新兴力量日益成为金融稳定、安全、环境、人权、健康等领域的国际公共产品供给者。特别是，随着霸权国相对衰落的后霸权时代逐渐到来，各国对当前制度的不满加剧，通过制度改革重新分配全球治理话语权的诉求上升。

（二）全球治理机制未能及时反映主体变化

当前国际制度的变革和发展居于百年未有之大变局的核心议程，而国际社会在治理机制改革问题上难以达成普遍共识，个别大国甚至选择"退出"有关治理机制或者将其作为削弱对手的战略竞争工具。当治理机制被越来越多地纳入战略竞争范式时，其原本的全球治理效能就会被削弱。在竞争现实与合作需求同时存在的形势下，国际合作的机制形态发生深刻变化，"志愿者联盟"、非正式制度安排、公私伙伴关系等不断发展。这些非正式制度安排因其灵活性和软约束性而在实践中易于推行，在一定程度上弥补了全球多边主义治理的不足，但这一发展态势带来了治理机制复杂化问题，从而加剧了全球治理的碎片化。作为当前全球治理发展的一个核心特征和重要趋势，机制碎片化在某种意义上

---

① 裴长洪，刘斌．中国开放型经济学：构建阐释中国开放成就的经济理论［J］．中国社会科学，2020（2）．
② 赵洋．破解"全球治理赤字"何以可能：兼论中国对全球治理理念的创新［J］．社会科学，2021（5）．

加剧了全球治理失灵。为此,全球治理变革要推动治理机制的革新,融合新旧治理主体两种力量,将现行的非正式制度安排和公私伙伴关系纳入全球治理架构,从而改善全球治理的碎片化现状,提升全球治理的有效性。① 传统全球治理机制虽然不能被抛弃,但在新的全球性挑战下其不适应性也更多地暴露出来。这就需要全球治理从制度到规范层面加快转型,推动国际秩序朝着更加公正合理的方向重构,着力调适既有国际制度及传统力量与新兴国际制度及崛起力量之间的关系,从根本上解决国际公共产品供给中存在的矛盾。这在某种意义上是一个由西方主导治理向东西方共同治理的历史性转变过程,也是一个与权势转移相伴随的国际制度重构、价值规范再造与治理格局调整的过程,并具体反映在联合国改革、布雷顿森林体系重建、二十国集团功能强化等方面。在这一过程中,各治理主体有必要以务实性治理实践缓和机制间竞争,以互补性机制协调抑制"规则套利",以共同发展为导向塑造确定性合作共识,从而在机制复合体中聚焦共同治理目标、形成共同责任感、凝聚治理方案共识、提升共同行动能力。②

其中,全球治理主体的变化是一种结构性变化,对治理规则、机制及价值取向有着深远影响。而世界经济格局的变化具有基础性意义,更多国家从广泛参与的全球化中获益,特别是新兴市场国家群体性崛起,日益成为维护全球化的主导力量。发展中国家特别是其中的新兴国家对于二战后国际秩序及其制度规则体系发展演进的影响越来越大,国际力量对比发生的这一重大变化势必动摇西方国家在既有全球治理体系中的主导地位,于是各方围绕着利益分配与国际公共产品供给问题展开多层次博弈。这使得西方发达国家越来越难以继续垄断全球治理规则制定权,随之而来的是对新兴大国影响力上升的不适应感、战略焦虑和矛盾心态上升。另外,以金砖国家为代表的新兴国家积极参与全球治理,致力于推动全球治理规则改革,并提出更公正合理的理念主张。而治理机制的调整与创新实际上居于全球治理体系变革的核心位置,有效性与合法性是机制层面的主要考量因素,为此需要对二者平衡兼顾。在这方面,二十国集团成立于1999年并在2008年国际金融危机后得到加强,反映了世界主要发达国家与新兴经济体在全球治理决策方面彼此调适的积极进展,它在一定程度上提升了全球治理机构的代表性。当然,二十国集团对以往框架规则所做出的结构性

---

① 毕海东. 全球治理的三个困境及其变革方向 [EB/OL]. (2020-11-29) [2021-08-18]. https://theory.gmw.cn/2020-11/29/content_ 34411687.htm.
② 王亚琪. 后实证主义视角下的全球治理机制碎片化及其管控 [J]. 国际论坛, 2022 (2).

调整仍然是有限的，七国集团试图分摊责任并继续左右国际经济秩序的走向。作为尚不具备法律权威性的非正式国际经济治理机制，二十国集团短期内仍难以改变新兴国家在国际经济秩序中的弱势地位。未来全球治理的变革将曲折前进，只有发展中国家和发达国家这两大群体相向而行谋求合作共赢，携手推动全球层面的制度有效供给，全球治理体系调整才会朝着人类命运共同体的目标推进。①

二、应对"逆全球化"与塑造新型全球化的要求上升

（一）"逆全球化"潮流持续冲击全球治理格局

尽管全球治理强调扁平化、多元化、网络化的治理模式，全球治理机制也已不限于传统上由国家主导的条约机制，但主权国家仍然是最主要的治理主体。特别是，近年来国家中心主义呈强劲回归之势，国家竞争优势被用来抢占全球化的有利位置，一些发达国家的"内向化"和"再国家化"使多边国际制度建设受到冲击。应对公共卫生危机也在客观上助长了各国政府权力扩张，过于强调国家治理的单边主义导致了责任缺位和国际公共产品供给收缩。一些西方大国在经济上高度依赖世界市场，却又制造"脱钩"和"意识形态"樊篱而人为割裂全球产业链、供应链和价值链，对于新兴大国采取充满焦虑和悖反的政策，这造成了全球治理体系的严重分裂风险。这些西方国家承担国际责任意愿相对降低的同时，却仍企图继续主导国际秩序塑造。特别是，特朗普时期采取的逆全球化政策甚至拒绝为全球治理提供公共产品，使得国际体系进一步分化重组，既有的以自由主义、全球主义为基石的国际秩序出现内部危机。② 拜登政府上台后继续推行"脱钩"政策，使世界主要经济体之间的经贸、科技等广泛关系深受地缘政治影响。特别是，2022年，俄罗斯与乌克兰之间冲突升级而引发美欧等国与俄罗斯之间的制裁与反制裁，进一步加剧了逆全球化进程。

当前全球化充满不确定性，全球治理的未来在某种意义上取决于全球化与逆全球化两种力量之间的对比和消长。国际秩序何去何从，西方发达国家与新兴国家及发展中国家围绕着国际制度设计展开何种互动，成为当前全球治理的焦点内容。国际秩序进化与全球治理变革是相互塑造、彼此制约的关系，促进

---

① 刘建飞. 全球治理体系将如何调整[N]. 参考消息，2019-01-04.
② 自由主义理论倾向于认为当代国际秩序是建立在各国共同接受的制度规则、价值规范以及公共产品供给基础之上的；而现实主义理论则认为所谓的自由国际秩序不过是特定历史条件下的产物，其内在运行逻辑蕴含着导致自身不可避免地走向终结的因素。赵洋. 自由国际秩序的转型与混合型秩序的兴起[J]. 国际论坛，2021（5）.

国际社会的平等发展、共同发展应当是二者的共同依归。但在国际政治领域，联合国秩序与强权秩序胶着并存①；在国际经济领域，西方发达国家的主导地位虽有所削弱，但新兴因素的上升尚不足以实现秩序再造，这突出体现在国际货币基金组织与世界银行等多边机构及其最重要的决策机制上。由于现有一些僵化的治理机制不能及时回应新兴国家的利益诉求，造成了这些国家在有关国际机构中的话语权与其实力和贡献度不相匹配。

鉴于此，包括中国在内的新兴大国积极参与经济政治各领域的国际公共产品供给，并视之为重塑国际秩序的基本路径。首先在经贸领域，新兴国家探索倡建了亚洲基础设施投资银行、区域全面经济伙伴关系协定等更加公正、平等和高效的新型治理机制，它们与发达国家主导的既有机制互为补充，在制度建设层面实现了南北合作的创新。而西方国家受制于国内民粹主义思潮及其支持的反全球化与逆全球化力量，在国家安全等理由下采取保护主义政策，提供相关国际公共产品的意愿和能力相对下降，进而对世界贸易组织等多边治理机制构成冲击。与之形成对比的是，中国成为维护开放市场和自由贸易体制的代表性力量，并以自身的积极作为有效纾解了国际公共产品供给体系面临的难题，如传统供给者缺位、有效供给不足、融资缺口、规范缺失、秩序紊乱等。

（二）重塑全球化需要革新全球治理

以七国集团为代表的西方发达国家原本是全球化的主要受益者，并长期掌控着全球治理权力结构，当下却不能为全球治理提供积极的解决方案与路径安排，甚至采取相背而行的自利政策。这些曾经积极引领全球化、供给全球公共产品的国家之所以出现某种逆全球化，是因为它们谋求的一直是更有利于自身利益的全球化范式，为此它们也在反思如何塑造下一阶段全球化，以及在何种程度上提供国际公共产品和影响全球治理方向。其中，有的大国更是一度退出部分重要全球治理机制，导致相关全球机构因领导力不足而影响治理效能。对于作为全球治理后来者的新兴国家而言，通过提供国际公共产品来影响全球治理集体行动，在自身能力结构、思想准备、议程设置水平、博弈技巧等方面客观上仍存在着不小差距。② 例如，在现有国际货币体系内，人民币的国际化进

---

① 赵江林．中国为什么不挑战现有国际秩序：新秩序观与国际公共产品贡献方向［J］．人民论坛·学术前沿，2017（4）．
② 张贺，高望．全球治理中的西方困境与中国路径［N］．中国社会科学报，2019-11-14．

程不会一帆风顺，美元的霸权地位短期内难以撼动，其负面溢出效应不容忽视。① 发达国家在加剧贸易规则碎片化和投资制度性障碍方面难辞其咎，而新兴国家在供给规则类国际公共产品方面尚面临很大挑战。如何化解多边合作激励不足与制度非中性之间的两难困境，通过合理的多边制度设计为全球治理注入确定性，激发国际规则体系的有效治理功能，是不同国家群体在推动全球治理机制建设过程中无法回避的课题。

逆全球化思潮抬头暴露了发达国家主导下传统全球化的诸多弊端，世界从旧全球化向新全球化转换势在必行。新全球化将在主导力量、拓展逻辑、发展内涵等维度发生深刻变化，这一进程应由所有国家共同参与，而不是由少数西方国家继续主宰。它意味着参与更平等、发展更包容、成果更共享，市场化竞争逻辑与包容性发展实现更加平衡与有机契合；发展内涵更加深入，其中尤以中国倡导的"一带一路"建设与人类命运共同体理念最具代表性，它们是推进新全球化和遏制逆全球化的良方。② 与之相适应，真正的全球治理本质上是国际社会基于多边主义思维，诉诸一定制度及规则来共同应对全球性问题。各层级国际制度通过其议程设置、行动协调，不同程度地承担着国际公共产品供给职责。针对全球治理领域的诉求多样化及进程碎片化现象，需要进一步强化以联合国为核心的国际体系，捍卫真正基于规则的多边主义。③ 全球治理正在发生主体重组、规则变革、秩序磨合、议题重构，霸权式的全球治理与多边主义规则之间的张力将进一步显现。在国际无政府状态下，最大限度地完善相关国际制度，是促成多边合作、避免"治理失灵"的可行路径。作为一项系统性工程，全球治理体系建设只能遵循循序渐进的原则，尤其要立足于改革完善以联合国为代表的现有多边机构，兼顾问题导向与目标引领，从理念和机制层面推动全球治理体系的创新。而较为理想的全球治理机制应为世界的前景带来更多确定性，并贯彻合作共赢与包容精神，保障各类成员普遍参与及表达诉求的权利，不断提升全球治理的权威性、合法性与有效性。④ 为此要激励大国积极参与国际公共产品供应，合理控制"搭便车"行为，拓展融资平台和渠道，从而确保相关治理机制的可持续性。

---

① 布雷顿森林体系是美元霸权的制度依托，在该体系下美国对国际货币基金组织的重大事项拥有绝对的决定权。尽管当代全球经济治理机制发生了一些重大变化，但这种制度安排并没有根本改变。
② 熊光清. 新型全球化的兴起及发展趋势［J］. 人民论坛，2021（13）.
③ 杨鲁慧. 论百年变局与中国之变［J］. 理论探讨，2020（1）.
④ 任琳. 中国全球治理观：时代背景与挑战当代世界［J］. 当代世界，2018（4）.

三、全球治理范式有待实现多维创新

（一）以多样化的区域治理补齐全球治理短板

改革全球治理体制，需要确立全球治理的价值共识，推动国际规范的包容性发展，增加国际制度的积极互动，并重视全球治理的顶层制度设计与基层制度完善。① 特别是，全球治理的规则与理念要及时反映复杂的权力变动与相互依存，更好地适应更具包容性与正义性的全球化需要。为此要引入多元主义的治理观，超越工具理性和二元对立思维，在培育伙伴关系基础上构建全球治理新范式。鉴于全球层面的集体行动达成成本较高，且容易出现"搭便车"、公共产品过度使用等问题，地区主义的实践形态便有其存在的合理性。在一定的地缘条件下，域内国家通过一体化来分担国际公共产品供给责任，可以有效补齐全球性机构在区域层面执行力不足的治理短板。区域治理不同于全球治理体系的松散联系，域内成员互动的密切程度明显高于全球体系，这种较高的相互依存水平为地区一体化的发展打下了基础。② 而治理重心向地区层面转移，最终会通过地区治理机制将本地区共同利益聚合起来，进而与其他地区治理机制乃至全球性治理机制发生利益互动，促成包括跨区域合作在内的更广范围合作。

在某种意义上，正是由于前述全球治理效果不彰或方案缺乏可行性，使得更次一级的区域层面成为被大力拓展的治理单元。当然，区域治理仍然是全球治理的一部分，或者说是全球治理的缩小版，但其更能调动当地知识及相关资源，政策组合更接近成员偏好，区域公共产品供给通常也更有效率，从而使相关区域组织或区域治理机制更容易从中获取合法性来源。2008 年爆发的国际金融危机反映了一种旧治理模式的危机，在某种意义上暴露了美国及西方世界主导全球治理的结构性弊端。此后，在区域及跨区域层面上，金砖国家机制、"一带一路"、亚洲基础设施投资银行、区域全面经济伙伴关系协定等新的治理机制和平台建立起来，它们在治理理念、结构、规范等要素维度上开启了区域治理范式的转型。这些区域治理新机制与既有全球治理机制并行互补并为后者注入新内涵，从而促进更均衡的新型全球化生成。③

（二）全球公域治理亟待建章立制

全球治理亟须与时俱进还突出反映在全球新公域的规则制定方面。全球公

---

① 卢静．当前全球治理的制度困境及其改革［J］．外交评论，2014（1）．
② 张云．新冠疫情下全球治理的区域转向与中国的战略选项［J］．当代亚太，2020（3）．
③ 李丹．"一带一路"对区域治理范式的创新：理念、结构、规范［J］．中国与国际关系学刊，2019（2）．

域（Global Commons）治理之"新"不仅体现为治理领域的拓展，更体现为治理思路的变化。全球公域治理对现代国际体系的若干基本原则构成挑战，同时推动全球治理进一步从国家主义、跨国主义转向全球主义范式，并对全球主义范式提出建立整合度更高的"硬治理"要求。① 所谓全球公域指的是国家主权管辖之外的空间领域及其资源，其具有多重内涵。从联合国框架角度来看，全球公域主要指那些国家管辖范围之外的自然资产，包括海洋、外层空间和南极洲等；从法律角度来看，全球公域是指所有国家均可合法进入的资源领域，其涵盖两极地区、公海、国际海底区域、大气层和太空等区域；从军事角度来看，全球公域特指不为任何国家控制，但又为所有国家依赖的领域或区域。就其本质内涵而言，全球公域反映了从物理空间向虚拟空间的延伸，其不为任何单一实体拥有或控制，且作为整体的功用大于作为部分的功用；但那些掌握必要技术和能力的国家能够基于政治经济等目的出入其中并加以利用，甚至将其作为军事移动的通道和军事冲突的场所。②

当前全球公域治理主要存在以下困境：各国在不同公域存在着利益诉求、参与能力和关注度上的差别，造成了全球公域治理机制的碎片化与滞后性问题；国家自利性使其不希望公域治理权力扩散，从而导致了全球公域治理的"俱乐部化"现象；国家间利益冲突的延伸，加剧了全球公域资源竞争；特别是个别大国为了维持其霸权地位，为全球公域治理注入了更多安全化与军事化色彩。当前在深海、极地、外空、互联网等新兴领域，治理赤字问题较传统领域更严重，主要体现为公共产品匮乏，无法可依、无章可循的"规则真空"加剧了大国间的无序竞争。鉴于既有国际规制无法有效规范这些新兴领域的治理秩序，如何在和平、主权、普惠、共治原则基础上展开制度建设和规则塑造，规避因大国恶性竞争造成"修昔底德陷阱"以及因制度赤字造成"金德尔伯格陷阱"，

---

① 韩雪晴. 全球公域治理：全球治理的范式革命？[J]. 太平洋学报，2018（4）.
② 石源华. 全球公域秩序与中国的"未来战略新边疆"[J]. 世界知识，2015（18）.

是国际社会亟待通过合作与有效治理加以解决的。① 而制度共建背后难以掩盖的是国家间的权力博弈及相关的制度非中性问题，在这方面往往只有少数大国才有能力扮演塑造者角色，利益共享与责任共担首先是针对它们而言的。在这个意义上，这些新兴领域治理的话语权仍有赖于较强的实力支撑，这在客观上制约了多元主体参与的有效性。由于参与治理并分担公共产品供给的成本—收益关系不明确，成员国的行为法则往往受制于"猎鹿博弈"（Stag Hunt Game）②，全球主义的集体行动难以达成。对此联合国也意识到需要提升多边安排效率，推进"有效多边主义"，以加强对全球关键问题的治理：涵盖和平、气候与可持续发展、国际金融架构、外空、数码空间、重大风险以及代际公平等，完善全球公域的公共产品供给。

那些参与特别是主导新兴领域国际规则制定的国家通常会赢得某种"先行者优势"，对此新兴大国与广大发展中国家不应缺席相关进程。例如，在北极治理、网络安全治理等议题领域，中国积极承担国际责任，从器物、制度和观念层面创造性地提供相关国际公共产品，推动尽早形成更具整合性的全球公域治理新范式。其中，中国作为地理上的"近北极国家"以及《联合国海洋法公约》等国际公约的缔约方，负有维护北极治理规范、推动北极资源绿色和可持续开发、保护北极自然生态环境等国际责任。未来，中国需要进一步完善涉北极事务的国内规制，推动北极科学考察的国际合作，协调国内科学家群体参与北极理事会（Arctic Council）工作组的科学评估工作，积极构建中国北极国际责任话语体系。③ 在某种意义上，此类全球公域治理是全球治理转型的最佳试

---

① 领导权的确定堪称全球治理面临的最基本挑战，即谁有能力领导全球治理，以及这种领导角色如何产生或由谁选择。其中：所谓"修昔底德陷阱"，是指一个新崛起的大国必然要挑战现存大国，而现存大国也必然会回应这种威胁，由此二者之间的战争就不可避免；所谓"金德尔伯格陷阱"，是指在全球权力转移过程中，如果新兴大国不能承担相应的领导责任，就会因国际公共产品短缺造成全球经济混乱和安全失序。事实上，面对新兴大国的崛起及权力转移压力，通过责任转移方式来维持霸权地位已被守成大国视为一种可能的选择，如特朗普政府时期美国在全球气候治理领域采取的消极政策。参见艾利森. 注定一战：中美能避免修昔底德陷阱吗？［M］. 陈定定，傅强，译. 上海：上海人民出版社，2019：5；高飞. 中国不断发挥负责任大国作用［N］. 人民日报，2018-01-07.

② 该模型揭示了采取合作行为有助于博弈各方的收益最大化，但在相对收益关系不明确的情况下，一方常常会选择背离合作，去追求更明确的个体目标——尽管这样做只能带来较小的绝对收益，从而导致集体行动的失败。规则因素的积极介入有助于避免这一前景，它能够增强博弈结果的确定性，促成博弈双方的相互信任，从而最大限度地排除各方偏离公共目标的自利行为。

③ 赵宁宁. 论中国在北极治理中的国际责任及其践行路径［J］. 社会主义研究，2021（1）.

验场，它对国际社会提出了更高的合作预期、更具引领性的理念创新以及更紧迫的治理制度化等要求，以使全人类利益与国家利益之间的价值冲突得到及时管控和调适，进而把二者的价值追求寓于"全球公域命运共同体"的构建中。

第四节　全球治理语境下中国角色的锚定

在当前全球治理新旧范式交替过程中，国际责任分配变得比以往更为复杂，有些国家出于单边利益而将全球治理机制工具化甚至武器化，从而侵蚀全球治理体系赖以正常运转的根基。由于国际利益格局发生重大变化，一些国家呈现反建制和退缩倾向，另一些国家则提出创新性理念和机制倡议，现有全球治理机制和治理规范难以协调各方的参与。全球治理转型需着力解决治理主体缺位、治理规则滞后、治理理念陈旧等问题，从合法性、有效性与包容性维度促进全球善治。为此，需要推动全球治理机制与新的国际权力结构及国际利益格局相匹配，以塑造更具效率的国际责任分配模式。基于国际责任动态分配的全球治理范式，应是一种大国动态协调、利益攸关方襄助与全球共同参与相结合的新范式。① 在规范意义上，它应立足世界整体和人类中心意识，加强跨国家与多主体治理。对于一个大国来说，其参与全球治理的深度和提供国际公共产品的水平之间呈正相关关系。自身实力变化与国际社会外部期待正合力把新兴大国推到历史前台，它们积极参与国际制度塑造、提供更多国际公共产品。特别是，中国平衡兼顾国内正义与全球正义，主动塑造全球治理规范，不断丰富着全球治理的实践形式。②

一、维护者、建设者和贡献者的身份建构

（一）中国全球治理角色的演进

对于一个大国而言，国际角色定位问题将决定其要承担何种国际责任，以及选择何种大国成长路径。在参与全球治理的不同阶段，大国的自我角色认知、角色期望和角色需求也会有所不同。如果上溯至改革开放初期的探索起步阶段，40 余年来中国从有限参与到全面参与再到主动引领，在全球治理议程中日益积

---

① 张旗. 国际秩序变革与全球治理机制重塑：基于国际责任动态分配的思考 [J]. 政府管理评论，2019（1）.
② 毕海东. 全球治理地域性、主权认知与中国全球治理观的形成 [J]. 当代亚太，2019（4）.

极作为，其身份角色发生了深度重构。对新中国成立以来重要政治文件的政策话语表述进行文本分析可以发现，中国参与全球治理大致经历了革命外交路线下的反霸权治理、改革开放后积极融入全球治理体系、在全球治理体系中发挥建设性作用直至为全球治理提供中国方案等阶段。由此中国积累了丰富的历史经验，如坚持和平共处五项原则、重视联合国作用、反对霸权主义、践行国际合作、开展对外援助等。[①] 特别是，改革开放以来中国日益广泛地参与全球治理相关规则制定。1980年，中国先后恢复了在国际货币基金组织和世界银行的合法席位，开始以更加积极的姿态在国际事务中发挥作用。2001年，中国加入世界贸易组织，是中国全面融入全球治理体系的重要标志，也是其深度参与各领域国际机制建设和国际规则制定的新起点。在世界贸易组织多哈回合谈判中，中国发挥了"促发展、求共识"的建设性作用，就管理机构程序、争端解决机制、反倾销规则等提出了多项改革倡议，主张世贸主旨规则应以更加符合基本原则的方式做出适当调整。自2008年国际金融危机爆发以来，中国对全球治理的参与进一步向有所作为、主动引领的方向发展，这突出体现在二十国集团这一机制中（见表1）。[②]

表1 当代中国参与全球治理的重要事件

时间	事件内容	意义或影响
1954年	中国提出和平共处五项原则	经万隆会议、不结盟运动和联合国大会有关宣言的扩散，成为被国际社会普遍接受的重要规范
1971年	中国恢复在联合国的合法席位	联合国的普遍性和代表性得到增强
1990年	中国首次向联合国维和行动派遣军事观察员	中国的参与对全球安全治理规范演进和格局调整产生重要影响
1992年	中国签署《生物多样性公约》	中国在全球环境治理中逐渐扮演积极角色
2001年	中国加入世界贸易组织	中国全面融入全球治理体系，开始深度参与各领域国际机制建设与国际规则制定

---

① 朱旭.中国参与全球治理的政策主张与历史经验：基于党代会政治报告的分析[J].西安交通大学学报（社会科学版），2021（2）.
② 赵阳，吴琼.从全球治理参与者到贡献者，中国彰显负责任大国使命与担当[N].法治日报，2021-06-28.

续表

时间	事件内容	意义或影响
2003 年	中国签署《联合国反腐败公约》	国际司法执法合作与反腐败合作得到更大保障，廉洁公共产品供给得到加强
2008 年	中国全面参与二十国集团框架下的国际经济合作	中国开始以核心参与者和塑造者身份推动全球经济治理机制变革
2013 年	中国领导人提出"一带一路"倡议	该倡议被写入联合国大会决议，其"共商共建共享"原则被纳入全球经济治理理念
2016 年	中国签署《巴黎气候协定》	中国成为应对气候变化集体行动的关键促成者
2017 年	习近平主席在联合国日内瓦总部发表《共同构建人类命运共同体》主旨演讲	人类命运共同体理念得到全面、系统阐述，国际影响日益广泛
2020 年	习近平主席在第七十三届世界卫生大会上提出构建人类卫生健康共同体	中国日益成为全球卫生治理的贡献者和引领者
2021 年	习近平主席在领导人气候峰会上提出构建人与自然生命共同体	中国方案为全球气候治理凝聚共识，指引方向

资料来源：赵阳，吴琼. 中国参与全球治理大事记［N］. 法治日报，2021-06-28.

改革开放前，尽管恢复在联合国的合法席位开启了中国参与全球多边机制的进程，但受制于自身实力、国际环境及战略认知，中国对全球事务的参与仍比较有限，总体而言处于国际体系的边缘位置。改革开放后，中国开始积极和全面参与联合国及其专门机构的工作，包括先后参与前述国际货币基金组织、世界银行和世界贸易组织，并寻求扩大与东南亚国家联盟、亚太经合组织、亚洲开发银行等主要区域组织的合作。数十年来，中国逐渐融入主流国际体系并把自身发展嵌入其中，对全球治理的参与由弱到强，这在经济领域体现得尤其明显。由此具有中国特色的参与路径与模式逐渐形成，即中国动态考量自身实力的变化，主动把握历史机遇，力促自身发展与全球治理的目标相统一，参与领域由全球经济向其他领域逐渐扩展，参与主体超越单一政府而日益多元，对相关国际机制则经历了由疏离到参与再到倡领的升级过程。① 特别是，进入21世纪以来，中国由国际公共产品消费大国逐渐向供给者角色转变，如主导创立了上海合作组织并通过其提供区域安全等公共产品。作为对全球治理体系一般性参与的深度超越，近年来中国更加主动地向国际社会提供公共产品，特别是倡导了"一带一路"、亚洲基础设施投资银行等新型国际公共产品，促进了既有国际公共产品体系的增量发展。② 可以说，中国国际定位的转变是自身与外部世界在物质、制度与观念层面多维互动的结果。当前，中国正以负责任大国身份积极推动国际秩序转型，包括为世界提供数量和种类更多、质量更高的公共产品。从参与到研发国际公共产品的角色转变，意味着中国在全球治理中需认真面对成本和收益、权利和义务两对关系的深刻变化。③ 参与国际公共产品供给往往要付出财政、遵约等成本，但也可以分享由此带来的政治、经济等收益，而非绝对的"只予不取"模式。尤其是作为非物质收益的国际声誉，有助于减少国家间交易的信息成本，增进国家间互信，从而达成互惠合作，最终有利于供给者获得相应净收益。④

（二）中国全球治理角色的形成逻辑

习近平总书记强调，"不管全球治理体系如何变革，我们都要积极参与，发挥建设性作用，推动国际秩序朝着更加公正合理的方向发展，为世界和平稳定提供制度保障"⑤。国际体系如果没有秩序，正义将无从立足。而秩序的合法性取决于其能否满足秩序内行为体的需求，能否塑造并推行合理的国际规范，能否诉诸合作并实现若干共同目标。更重要的是，秩序必须能够实现一定程度上的正义，这是秩序合法性的一大基础。其中最关键的国际分配正义不仅关乎权利与利益的公正分配，也涵盖责任与义务的合理承担（如"共同但有差别"原则）。新兴大国群体的国际地位与发展需求客观上介于发达国家与发展中国家之间，可以在发展援助、国际制度改革和价值创新等公共产品供给方面发挥独特

---

① 杨娜. 改革开放40年：中国参与全球治理的特点及启示［J］. 教学与研究，2018（8）.
② 陈哲. 中国国际公共产品供给：理论与实践［N］. 中国社会科学报，2018-08-29.
③ 孟于群，杨署东. 国际公共产品供给：加总技术下的制度安排与全球治理［J］. 学术月刊，2018（1）.
④ 马海涛，乔路. 中国国际公共产品供给问题研究：以联合国会费为例［J］. 财经问题研究，2017（9）.
⑤ 习近平. 习近平谈治国理政：第1卷［M］. 北京：外文出版社，2018：324.

作用。① 作为一个成长中的全球性大国，中国对于既有国际体系与国际秩序已超越融入和维护层面而进入主动塑造阶段，参与全球治理的广度和深度空前拓展。中国着力改善国际制度的合法性、融洽性及有效性，打造更平衡、互利共赢的多中心、多层次合作治理结构，增加国际公共产品供给的多样性，从而促进国际秩序的转型正义。② 国际公共产品供给的倡领者身份需要兼具较强的供给能力和供给意愿，但供给能力是首要条件，它决定了一国能够用于国际公共产品供给的可用资源禀赋，而后者只是显示该国对于国际公共产品供给的偏好。立足自身的资源、能力和责任，中国不会寻求也不可能独立支撑全球公共产品的供给，其战略取向是在现有多边秩序架构内扮演一个建设性的改革者。③ 这包括推动全球治理权力和平转移、治理规则公平革新与治理理念渐进更新，以及在全球治理中（如应对气候变化领域）积极协调发达国家与发展中国家的利益关系，倡导构建合作共赢的新型国际关系。

从角色强化的角度来看，中国与世界的相互依赖、良性互动还体现在不断扩大对外开放，力促国家治理与全球治理的有机统一，这一点根本不同于一些国家将国内问题外部化而导致国家治理与全球治理二元对立。作为一种开放型的国家治理，中国将自身发展主动融入世界发展格局，将本国利益与国际社会共同利益寓于利益共同体中，使国家治理成为撬动全球治理的基础。中国与世界关系的这一根本性变化反映在以下几个方面：中国经济已成为全球经济增长的主要动力源之一，中国对多边贸易体制的支持对于构建开放型世界经济具有举足轻重的意义，中国经济社会发展的成功经验为国际社会提供了更多样的治理借鉴，以及中国对国际组织和国际机制改革的开放性、包容性态度为国际秩序和平变革创造了条件。

二、国际公共产品供给成为角色着力点

（一）提供国际公共产品是中国角色定位的内在要求

国家身份可以划分为总体身份和具体身份，后者是前者在不同场域的具体

---

① 石斌．秩序转型、国际分配正义与新兴大国的历史责任［J］．世界经济与政治，2010（12）；张锋，勒博．重塑以正义原则为基础的中国国际秩序观［N］．中国社会科学报，2021-11-11．
② 刘雨辰，杨鲁慧．国际秩序转型视域下中国的角色转换［J］．浙江大学学报（人文社会科学版），2018（5）．
③ 朱云汉，莫盛凯．改良主义而非修正主义：中国全球角色的浮现［J］．世界政治研究，2019（1）．

投射和延伸。着眼于叙事分析，当今中国追求的总体身份是负责任大国，而这一身份的主要表现则是倡导构建人类命运共同体。① 国际实力分配、社会性互动关系的激励以及自身的国际定位，是影响一个国家国际公共产品供给政策选择的主要因素。② 当前，中国同时具备发展中国家、负责任大国、新兴市场国家和社会主义大国等多重身份，基于此，中国寻求在全球治理中发挥更大作用既出于服务中华民族伟大复兴的内部诉求，也有积极承担国际责任、推动人类命运共同体构建的外部动因。③ 多重身份属性有利于中国通过国际公共产品供给引领南南合作，进而联结和协调南北关系，在人类发展进步过程中沟通发展中国家与发达国家。前述世界和平建设者、全球发展贡献者、国际秩序维护者的身份定位，为新时代中国参与全球治理确立了基调，这一定位首先源于自我认知与选择。此外，在建构过程中，中国也需要获得国际社会的认同，以尽可能实现外部角色期待与自我角色认知的趋近统一。为此，中国一再向国际社会阐明其供给动因以强化身份认同，这至少包括以下几个方面：强调自身的发展中国家定位，把维护和增进本国发展、安全等利益与维护广大发展中国家的共同利益联系起来；达则兼济天下，"富起来""强起来"的中国有责任促进和平、发展、公平、正义等全人类共同价值的实现；各国在全球性挑战面前无法独善其身，应通过联合的国际公共产品供给行动来促进人类命运共同体构建。

参与并推动全球治理体系改革和建设，加大国际公共产品供给是具体抓手，为此需要积极承担与自身能力相适应的国际责任。④ 着眼于公共产品供需视角审视全球治理体系诸层面（如多边、区域和跨区域）的趋势动态，引领各国"供给差异"与"需求差异"的良性协调和匹配，对于实现全球有效治理而言至关重要。⑤ 当今全球治理的短板问题正是国际公共产品缺失，其关键又在于制度类公共产品的有效供给不足。随着对现有国际体系的深度融入，中国寻求国际制度的增量调整，秉持"天下为公"的世界情怀参与全球治理制度供给。通过对多边治理机制的建设性参与，中国传递的公共性价值日益得到认可，其全球治理能力——主要是为有效解决全球性问题而供给全球公共产品的能力也在稳步提升。另外，国际公共产品生产和供给过程的博弈特点决定了相关国际

---

① 赵洋. 身份叙事与中国参与北极事务身份建构［J］. 东北亚论坛，2022（1）.
② 蔡拓，杨昊. 国际公共物品的供给：中国的选择与实践［J］. 世界经济与政治，2012（10）.
③ 李志永. 中国引领全球治理的国际定位［J］. 太平洋学报，2020（4）.
④ 黄超. 中国参与全球治理的理论述评［J］. 国际关系研究，2013（4）.
⑤ 任琳，彭博. 全球治理变局与中国应对：一种全球公共产品供给的视角［J］. 国际经济评论，2020（1）.

制度创设具有复杂性，对此现阶段中国全球治理能力建设仍显不足。这就需要立足国家治理体系和治理能力现代化，优化全球治理战略设计，倡导互利共赢、险责共担的新型合作理念，增强全球公共产品的有效供给能力。① 特别是，在全球治理中感召力和倡导力的提升，有赖于新时代中国在国际制度与治理理念创新方面的进展，并集中体现在新兴治理机制和规则体系对于中国智慧、中国方案的吸纳和内化。

（二）寻求多层次供给的突破与创新

在中国与其他新兴经济体推动下，既有全球治理机制改革进程有所加快。例如，在国际金融货币领域，2009 年二十国集团峰会确定了国际货币基金组织和世界银行两大机构的量化改革目标。根据 2010 年世界银行做出的改革，发达国家共向发展中国家转移 3.13% 的投票权，其中，中国的投票权由此前的 2.77% 升至 4.45%，排名则由第 6 位升至第 3 位。2018 年，世界银行通过新的增资计划，中国的投票权进一步提高至 5.71%。而国际货币基金组织也于 2010 年启动新一轮份额改革，并确定将约 6% 的份额向新兴市场和发展中国家转移，其中，中国所占份额由约 4% 升至 6.4%，排名同样从第 6 位升至第 3 位。② 2015 年，该机构的份额改革方案终获通过。

中国还对新兴多边及区域治理平台的顶层设计、运作机制产生积极影响，倡导创设国际制度的能力在历练中成长，也使全球治理的场域得到多维拓展。其中，二十国集团作为全球治理领域极具潜力的新兴多边机制，自 2008 年国际金融危机后逐渐从临时性危机解决机制向长效治理机制转型。作为涵盖主要发达国家与新兴经济体的沟通与协调机制，二十国集团之所以比七国集团代表的传统治理机制更具权威性与正当性，很大程度上是因为其在以中国为代表的新兴经济体成员引领下，在关乎全球安全与人类发展、经济增长、金融稳定乃至抗击新冠疫情、应对气候变化等日益广泛的议题中日益扮演着全球治理体系担保人角色，在某种意义上已成为包含变革因素的全球新兴公共产品。功能领域和议题范围的扩大使其在全球治理体系中的中心地位得到强化，但就其自身的长远发展来看，其面临的合法性挑战不容忽视。作为该机制的重要成员，中国在议题设置、机制建设和全球治理体系改革等方面扮演了引领者角色，这在 2016 年二十国集团领导人杭州峰会上有着生动体现。这次峰会首次把发展议题

---

① 吴志成，王慧婷. 全球治理能力建设的中国实践 [J]. 世界经济与政治，2019（7）.
② International Monetary Fund. IMF Members' Quotas and Voting Power, and IMF Board of Governors ［EB/OL］.（2021-08-19）［2021-09-12］. https：//www. imf. org/en/About/executive-board/members-quotas.

置于全球宏观政策协调的突出位置，聚焦"增长"和"发展"两大议题，制订了落实联合国2030年可持续发展议程行动计划①，发起《二十国集团支持非洲和最不发达国家工业化倡议》《二十国集团数字经济发展与合作倡议》和《全球基础设施互联互通联盟倡议》，并首次发布关于气候变化问题的主席声明。这次峰会还积极推动专业部长（首先是贸易和财政领域）会议机制化和代表性提升，使发展中国家的利益诉求得以表达。以该机制为平台提出中国主张，推动制定了全球多边投资规则框架（《二十国集团全球投资指导原则》），并将"绿色金融"列入二十国议程，从而促进全球治理的改革完善。②

在区域及跨区域层面，中国正不断推进"一带一路"国际合作的制度化，自2017年起，定期举行"一带一路"国际合作高峰论坛。高质量共建"一带一路"、提升彼此互联互通水平，对于促进区域经济融合与维护开放包容的多边合作具有战略意义。例如，在金融领域，从"10+3"清迈倡议多边化协议③，到金砖国家新开发银行、亚洲基础设施投资银行、丝路基金，中国提供的国际公共产品为区域经济的稳定发展带来更高预期和驱动力。而作为发展中国家间最大的自贸区，2010年中国—东盟自贸区正式全面启动。随着2019年《中国与东盟关于修订〈中国—东盟全面经济合作框架协议〉及项下部分协议的议定书》对所有成员生效，中国—东盟自贸区实现升级。中国与东盟合作水平的深化与

---

① 2015年9月，联合国可持续发展峰会通过了《2030年可持续发展议程》，呼吁各国采取行动，在2016年至2030年以综合方式实现包括消除贫困、实现粮食安全、促进健康福祉等17项可持续发展目标，这些目标涉及全球社会、经济和环境三个层面。联合国大会. 变革我们的世界：2030年可持续发展议程［EB/OL］.（2015-09-25）［2021-05-06］. https://undocs.org/zh/A/RES/70/1.
② 刘宏松. 二十国集团的功能拓展、议题设置与中国角色［J］. 当代世界，2020（12）.
③ 清迈倡议多边化是在原有清迈倡议双边货币互换机制基础上建立的由"10+3"各方共同参与的多边货币互换机制，旨在通过自我管理保障东亚金融秩序稳定。2009年12月，"10+3"相关方签署《清迈倡议多边化协议》，决定成立规模为1200亿美元的亚洲区域外汇储备库，以货币互换形式向面临国际收支和短期流动性困难的参与方提供资金支持。2014年7月，该协议第1次修订生效，决定将资金规模从1200亿美元增至2400亿美元，新建预防性贷款工具，并将与国际货币基金组织贷款规划的脱钩比例从20%提高至30%，从而强化区域金融安全网。由此中国与日本的出资额各增至768亿美元，占储备库总额的比重均为32%，在各参与方中并列第一。2021年3月，协议第2次修订生效，其有效性和可操作性得到提高：一是增加了本币出资条款，即在美元计价贷款以外，成员可基于自愿和需求驱动原则，提供本币计价贷款；二是将清迈倡议多边化与国际货币基金组织贷款的脱钩比例从30%提高至40%；三是明确了其他技术性问题。参见中国人民银行. 清迈倡议多边化协议特别修订稿生效［EB/OL］.（2021-03-31）［2021-06-01］. http://www.pbc.gov.cn/goutongjiaoliu/113456/113469/4219720/index.html.

合作范围的拓宽，对于基础设施建设、贸易投资规则等区域公共产品供给提出了更高要求。2020年11月，中国与东盟等十余个国家签署《区域全面经济伙伴关系协定》。作为一个涵盖全球约30%的人口、经济总量和贸易总额的巨型自贸协定，RCEP向世界发出了推进全球化和自由贸易的积极信息。它为中国参与全球经济治理体系变革带来新的契机，尤其是为未来国际经贸规则谈判提供了新的解决方案，有助于重构合理高效的全球经济治理机制，特别是通过推动"一带一路"倡议与RCEP机制之间的对接，促进全球投资贸易治理机制创新。中国可借助这一平台汇聚上述区域经济伙伴的力量，以多边主义和自由贸易为共识推动更高层面的全球经济治理体系改革。此外，中国对加入《全面与进步跨太平洋伙伴关系协定》也持开放态度。2021年9月，中方正式提出申请加入《全面与进步跨太平洋伙伴关系协定》这一目前全球标准最高的自由贸易协定，彰显了以制度型开放促进国内改革与全面开放之间正向互动的决心和信心。这些都向国际社会表明了中国在贸易领域倡导和践行多边主义的明确立场，其采取的促进贸易和投资自由化便利化措施正在产生积极的外溢效应，并将对区域贸易规则塑造产生深刻影响。

展望未来，中国可立足前述"世界和平建设者""全球发展贡献者""国际秩序维护者"的国际定位，结合不同阶段的自身能力及国际和地区诉求，在和平、安全、绿色发展、文明交流等全球治理诸多领域推出更多优质公共产品，从而在国际公共产品的生产、供给与维护中不断提升自身国际影响力、感召力与塑造力，并促进其从经济领域向政治、安全、社会和软实力等领域正向外溢。[1]

---

[1]　卢光盛，王子奇.把握新时代中国外交定位方向［N］.中国社会科学报，2022-03-17.

第二章

中国供给国际公共产品的知行体系

一个国家的国际公共产品供给水平，是衡量其全球治理能力的重要尺度。这种能力既要以经济等硬实力为支撑，又要以理念倡导、制度创设、规则塑造、策略运用等软实力为指引。21世纪以来，中国从全面融入进而主动塑造国际体系，其全球治理能力以国家治理为依托，寻求与全球主义的平衡结合，并遵循了全球经济治理优先的思路。在前所未有地走近世界舞台中心的背景下，如何更均衡地发展全球治理能力，进而成为国际社会广泛认同的引领者，对于中国优化自身国际公共产品供给机制提出了更高要求。"行之力则知愈进，知之深则行愈达。"中共十八大以来，中国提供了人类命运共同体理念和"一带一路"倡议等全球公共产品。它们作为中国向世界贡献的具有充分包容性、开放性、共享性和普惠性特质的全球治理方案，反映了对于他者利益与自我利益和谐共进的实践取向，并与中国传统的"己欲立而立人，己欲达而达人"以及追求"世界大同"的公共性理念存在着密切的传承关系。①

第一节 中国供给国际公共产品的价值理念

2018年6月，中央外事工作会议召开，其最重要的成果便是确立了习近平外交思想在新时代中国对外工作中的指导地位。② 习近平外交思想的重要内容包括推进中国特色大国外交，以维护世界和平、促进共同发展为宗旨推动构建人类命运共同体，以共商共建共享为原则推动"一带一路"建设，以相互尊重、合作共赢为基础走和平发展道路，以公平正义为理念引领全球治理体系改革等。习近平外交思想为新时代中国国际公共产品供给的战略构建及政策实践提供了指引。特别是，构建人类命运共同体作为新时代中国全球化理念的高度凝练，

---

① 吴美川，张艳涛. 中国全球治理方案的公共性向度 [J]. 理论视野，2021（1）.
② 新华社. 坚持以新时代中国特色社会主义外交思想为指导，努力开创中国特色大国外交新局面 [N]. 光明日报，2018-06-24.

在实践层面上发挥着引导全球化进程、匡正全球化目标、创新全球化实践、治理全球化弊端的重要作用。①

一、人类命运共同体理念的目标引领作用

（一）以整体性思维看待国家利益与全人类共同利益

"君子务本，本立而道生。"中国的国际定位决定了其需要有自己时代性的全球治理理念，并在该理念指引下为应对全球性挑战贡献中国方案与中国力量。而人类命运共同体理念恰恰反映了这样一种整体治理观，中国对全球治理的参与超越了对狭隘国家利益的追求，是把自身利益与全人类整体利益有机统一起来，构建更具包容性与正当性价值的话语体系，从而突破了西方全球治理的理论逻辑。共同利益是相互依赖状态下国家利益存在共性或趋同的部分，它在双边、多边和全球框架内构成国际合作的基础。在实践层面，全方位构建利益汇合点和利益共同体已成为全球大变局下中国开展国际合作的重大指针。可以说，人类命运共同体视域下的全球治理更强调世界的整体性、关联性和包容性，突出共同与平等治理、关联治理、过程治理和发展治理。它不但为当前全球治理提供了新的理念和行动思路，也有助于促进国际合作与治理理论创新，从而为引领新一轮全球治理提供国际合作的中国方案与中国智慧。② 新时代中国基于对新型国际关系和人类命运共同体的总体追求，在世界、大国、周边和发展中国家等不同关系维度上不断丰富和完善中国对于共同利益的理念表达与战略实践，有效地填补了当今全球治理规范的缺失。

在全球性问题凸显和逆全球化思潮挑战背景下，合理的国家利益与全球共同利益应是一致的，追求与世界的共同利益是大国道德理性和工具理性的共同反映。为此，习近平总书记在2013年中共中央政治局集体学习时强调，要"把中国发展与世界发展联系起来，把中国人民利益同各国人民共同利益结合起来……共同应对全球性挑战，努力为全球发展作出贡献"③。可以说，人类日益成为你中有我、我中有你的命运共同体，利益高度融合，彼此相互依存。由此可以把新时代中国共同利益论的基本内涵界定为：基于和平与发展的时代主题，

---

① 李丹. 构建人类命运共同体：中国的全球化理念与实践［J］. 南开学报（哲学社会科学版），2022（2）.

② 孙吉胜. "人类命运共同体"视阈下的全球治理：理念与实践创新［J］. 中国社会科学评价，2019（3）；郭树勇. 人类命运共同体面向的新型国际合作理论［J］. 世界经济与政治，2020（5）.

③ 习近平. 习近平谈治国理政：第1卷［M］. 北京：外文出版社，2014：248-249.

基于政治、经济、文化、安全、生态"五位一体"框架，在对外交往中积极寻找国家战略利益同其他世界大国、周边国家、发展中国家和多边国际组织的利益汇合点，特别是维护发展中国家共同利益以及全人类共同利益，通过合作扩大共同利益的交融，通过共同利益夯实合作的基础，最终实现共建共享、互利共赢。① 在这一过程中，要始终以打造人类命运共同体为理想目标，以确立不同层次的利益共同体为基础路径，推动利益与责任、共同利益与国际合作、中国和平发展与人类共同利益三对关系的有机结合。② 为此，2018 年 3 月和 2021 年 3 月，"推动构建人类命运共同体"先后被第十三届全国人民代表大会写入《中华人民共和国宪法》和《中华人民共和国国民经济和社会发展第十四个五年规划和 2035 年远景目标纲要》。

中共十八大以来，习近平总书记还就加强全球治理、推动全球治理体系变革提出一系列新论断、新观点、新理念，最终形成了兼具中国特色、世界价值与时代特征的全球治理思想。③ "全球治理体制变革离不开理念的引领，全球治理规则体现更加公正合理的要求离不开对人类各种优秀文明成果的吸收。要推动全球治理理念创新发展，积极发掘中华文化中积极的处世之道和治理理念同当今时代的共鸣点，继续丰富打造人类命运共同体等主张。"④ 共识是全球治理有效开展的前提和基础，真正的全球治理需要在尊重多元行为体利益诉求和价值观念等差异基础上，通过协商达成信念共识、目标共识、价值共识和规范共识，进而诉诸共同行动。其中，治理规范可以说是全球治理的深层要素，而既有治理机制的制定首先反映了西方的治理规范——受制于西方传统政治文化，这种规范内含着二元对立的思维方式。作为中国倡导的全球治理新方案，构建人类命运共同体在治理价值、治理主体及治理方式上根本不同于这种冲突型治理观。中国倡导的相关新理念在传承传统多元共生哲学的同时赋予其时代价值，在"元治理"意义上超越了西方主导的包含零和博弈、弱肉强食及"赢者通吃"逻辑的既有自由主义全球化范式，有助于最大限度地凝聚南北方国家及不同文明共识，增进彼此间的平等互信、包容互鉴、和合共生，从而把发达国家、新兴国家及发展中国家引导到新型全球治理的合作行动中来。在这个意义上，人类命运共同体代表着一种与全球化时代深入发展相适应的全球治理的"元"

---

① 刘笑阳. 新时代中国的共同利益论与大国责任论［J］. 东北亚论坛，2021（3）.
② 刘笑阳. 国际战略视野下的中国共同利益论［J］. 国际研究参考，2017（12）.
③ 吴志成，吴宇. 习近平全球治理思想初探［J］. 国际问题研究，2018（3）.
④ 习近平. 推动全球治理体制更加公正更加合理，为我国发展和世界和平创造有利条件［N］. 人民日报，2015-10-14.

治理范式，它着眼于为未来国际社会建构新的关系范式或构型。① 特别是，作为人类命运共同体构建的重要支撑性理念，中国倡导的"共商共建共享"理念为破解既有全球治理赤字、克服因规则不公正导致的全球治理困境指明了可行路径。这一理念将规则治理与关系治理并重，强调治理主体之间关系的平等性，体现了治理中包含的协商本质，突出了各国在治理中的共同责任，反映了各国普遍的利益诉求，因而可以成为推动全球治理向着更加均衡普惠方向变革的主导性理念。②

在某种意义上，全球化时代就是一个相互依赖的时代，行为体之间的关系正在经历着历史性重塑，而这将是一轮新的社会化塑造过程。因此，全球治理本身呈现为一个多元主体共同参与并产生身份重塑的过程，这种真正的全球身份认同建构对于实现有效的全球治理具有根本意义。既有的以纯粹个体理性为理性基础的全球秩序观在世界政治互动中产生了现实困境，各国越来越需要确立人类优先理念，不应再把一己之利凌驾于人类利益之上。人类命运共同体理念在某种意义上是对这一旧秩序观的反思，以期实现对全球治理体系的重新构建。在世界政治理论中，以关系理性与交往理性为代表的理性转向路径超越了个体理性范式，关系理性与交往理性避免了行为体的孤立化，它们均强调行为体的社会属性，其互鉴与融合能够为构建人类命运共同体的"新理性"基础带来启示。这种"新理性"提供了一种不同于个体理性的利益观，其强调互动生成新知识的社会效果，并把行为体接受和谐共生的存在状态作为解释行为逻辑的前提假定。为了使这一假定成为现实层面的共识并为构建人类命运共同体创造条件，"新理性"重视通过互动实践培育行为体间的共同感、塑造"命运共同体一员"的身份认同以及生成对国际伦理与国际责任的共同认识。③ 因此，人类命运共同体理念强调人类整体身份认同，超越了他者意识带来的身份对立，体现了人类应有的共同价值取向，也反映了各国相互依赖的客观现实。④ 其对公共领域合法性、合理性和正义性的追求，为新型全球治理筑就价值基础。这具体体现在中国强调以联合国为基本框架，以各国共同发展为基本路径，通过

---

① 吴畏. 人类命运共同体构建与全球"元"治理范式 [J]. 华中科技大学学报（社会科学版），2019（1）.

② 赵洋. 破解全球治理赤字何以可能：兼论中国对全球治理理念的创新 [J]. 社会科学，2021（5）.

③ 郭树勇，于阳. 全球秩序观的理性转向与"新理性"：人类命运共同体的理性基础 [J]. 世界经济与政治，2021（4）.

④ 游涵，孟利君. 金砖国家积极推动全球治理体系变革 [N]. 中国社会科学报，2020-12-10.

平等、开放、合作的伙伴关系推动全球善治。

习近平总书记更是从价值规范的高度提出融通中国与世界的全人类共同价值，从而构建起源于中国而惠及世界的价值体系。全人类共同价值是推动构建人类命运共同体的价值内核，它反映了新时代中国外交理念的底层逻辑，更是属于人类文明的共同财富，是破解当今时代难题的钥匙以及建设更加美好世界的最大公约数。全人类共同价值与构建人类命运共同体之间有着内在联系，前者是推动构建人类命运共同体的思想基础和理论基石，而后者必然蕴含全人类共同价值。全球治理应以实现全人类共同价值为宗旨，并将寻求最大公约数的利益融合纳入其变革逻辑，以纠正既有全球治理体系共同价值理念与价值基础的迷失。为此，应把构建人类命运共同体作为推进全球治理体系变革的总方案，坚持"多边"与"多方"共治，针对各种全球性挑战的议题治理与基于规则的制度治理并举。① 这一价值理念的足够开放性、包容性与普适性，决定了在其指引下进行的国际公共产品供给能够产生最大公益性或正外溢性。

中国倡导各国权利平等、机会平等、规则平等，在全球治理中责任共担、成果共享，从而塑造包容共生、互利共赢、相互依存的关系新范式。这为复杂的全球治理集体行动的达成提供了共识基础，就此联合国秘书长古特雷斯说过，"中国已成为多边主义的重要支柱，而我们践行多边主义的目的，就是要建立人类命运共同体"②。目前，"人类命运共同体"已被写入联合国相关机构的决议，并被众多其他国际组织和国家广泛接受。新冠疫情危机客观上强化了国际社会对于人类命运共同体的认知，使该理念作为一种指导性国际互动规范得到进一步扩散。以这一创新理念为先导，中国为全球治理力所能及地提供从物质到规则等公共产品，由此可以证成其国际角色的行为逻辑。特别是，人类命运共同体为国际制度的创设提供了价值目标和方式方法，国际制度则为人类命运共同体的落实提供了交往规范和实践路径，因此加强国际制度领域的供给是人类命运共同体建设的应有之义。③ 制度建设特别是新型全球伙伴关系、"一带一路"制度化和相关国际组织等层面的建设，是推进人类命运共同体的可行路径。

（二）人类命运共同体的多重维度

如果说人类命运共同体首先指向一种普遍的身份认同和价值目标，那么利益共同体与责任共同体则是其实现基础。从具体内涵来看，除了全球层面的人

---

① 于文龙. 习近平全球治理体系变革思想研究 [D]. 长沙：湖南师范大学，2018：51-78.
② 凌云. 联合国秘书长古特雷斯：中国是多边主义的重要支柱 [J]. 人民周刊，2018（17）.
③ 赵庆寺. 试论构建人类命运共同体的制度化路径 [J]. 探索，2019（2）.

类命运共同体外，习近平主席还在不同国际场合创造性地提出了一系列空间或领域维度的次级概念（见表2）。

表2 习近平主席先后提出的人类命运共同体具体形态

划分维度	提出时间	提出场合	具体形态
区域	2014年11月	中央外事工作会议	周边命运共同体
	2015年3月	博鳌亚洲论坛①年会	亚洲命运共同体
	2020年11月	亚太经合组织第二十七次领导人非正式会议	亚太命运共同体
双边	2013年3月	坦桑尼亚尼雷尔国际会议中心演讲	中非命运共同体
	2013年10月	印度尼西亚国会演讲	中国—东盟命运共同体
	2014年2月	同巴基斯坦总统侯赛因会谈	中巴命运共同体
	2014年6月	中国—阿拉伯国家合作论坛第六届部长级会议	中阿命运共同体
	2014年7月	中国—拉美和加勒比国家领导人会晤	中拉命运共同体
领域	2015年12月	第二届世界互联网大会	网络空间命运共同体
	2016年4月	第四届核安全峰会	核安全命运共同体
	2019年4月	中国人民解放军海军成立70周年多国海军活动	海洋命运共同体
	2020年5月	第七十三届世界卫生大会视频会议	人类卫生健康共同体
	2021年4月	领导人气候峰会	人与自然生命共同体
	2021年9月	第七十六届联合国大会一般性辩论	全球发展命运共同体

资料来源：笔者根据相关材料整理。

在实践逻辑中，人类命运共同体构建首先可从全球、地区和双边等不同层面加以推进，即遵循双边命运共同体、多边命运共同体、区域命运共同体、人

---

① 博鳌亚洲论坛是一个总部设在中国海南博鳌的国际组织，由中国、菲律宾、澳大利亚、日本等29个成员国共同发起，2001年正式成立。该论坛每年定期举行年会，目前已成为亚洲乃至其他大洲有关国家政府、工商界和学术界领袖就经济发展等议题进行对话的高层次平台。与之性质有所不同的是，从都国际论坛源于2011年8月的"从都国际峰会"，2015年经中国政府批准正式创立，论坛地点设在中国广州从化。它是一个由中国人民对外友好协会、澳大利亚中国友好交流协会共同主办的民间外交及国际交流平台，旨在通过探讨政治、经济和文化等领域的热点议题，增进各方了解与共识，从而推动区域和全球合作。

类命运共同体等多层联动、循序推进的发展路径。如果由小到大排列，这些层次大致对应亲缘型命运共同体（如中国—巴基斯坦命运共同体）、地缘型命运共同体（如中国—东盟命运共同体及上海合作组织命运共同体）和义缘型命运共同体（如全球发展命运共同体）。这些层次相互联动、相互促进，呈连点成线、以线促面、延面成体的扩展路径，从而构成有机的命运共同体体系。其中，全球命运共同体侧重共同责任的担当，地区命运共同体往往侧重共同利益的追求，双边命运共同体往往侧重共同情谊的深化。[1] 当然，共同责任、共同利益与共同情谊之间并不是截然分开的，而是彼此关联、深度相容的。这些划分在某种意义上与国际公共产品分为全球公共产品、区域公共产品等供给形态大致对应，可以为新时代中国国际公共产品供给的路径选择提供参考。

人类命运共同体理念指引的国际秩序变革前景能够包容大多数国家的利益，也能够顺应国际社会最广泛的需要。作为一项极具时代意蕴的全球公共产品，人类命运共同体主要体现在理念性和制度性两个层面。当前，处在深刻演变中的国际格局更容易出现规则衰减而失序增加的现象，对此中国着眼于构建人类命运共同体，积极采取措施维护国际秩序的稳定。中国还日益重视（特别是核心领域和长期战略性领域的）国际制度和规则供给，充分利用各类国际或区域组织在制度建构和规则形成方面的作用，夯实国际秩序稳定的规范基础。[2] 在具体实践层面，构建新型国际关系与全球伙伴关系网络，可以作为国际公共产品供给的支持机制。特别要维护联合国在国际秩序和全球治理中的基础性地位，为推动其改革、重塑其权威提供物质、制度及理念等相关公共产品。和平与安全、发展、人权是联合国组织架构公认的三大支柱，以全球正义为取向的相关规制重构有助于实现这些领域的全球善治，而这也是中国国际公共产品供给的重点方向。相关制度供给应有利于全球性治理机制与国家治理机制、区域性治理机制（如"东盟+"）、领域性治理机制（如网络空间）之间的相互衔接和融合，释放全球治理机制革新、区域治理深化与整合、主权国家治理角色变迁之间的张力，从而化解全球治理机制的碎片化问题。在机制创新上则应保持足够开放性，吸收不同类型国家甚至其他行为主体参与，使之成为公共产品合作供给的新型平台。

---

[1] 王海东，张小劲. 新时代中国国际战略：以"命运共同体"论述为重点的解读［J］. 国际论坛，2019（6）.

[2] 张相君. 论国际秩序规则供给的路径选择：基于人类命运共同体理念［J］. 国际观察，2019（5）.

二、正确义利观的行为规范作用

（一）"付出与获得""原则与利益"的价值之辨

随着国际政治的不断社会化，国际政治伦理因素在全球化进程中的作用也越来越突出。① 在某种意义上，全球治理变革就是要重新调整全球化过程中效率与正义、自由与公平的价值关系。"平出于公，公出于道。"为此，除了进一步明确国际社会共同利益及责任外，还需要提炼更多符合正义原则的共同价值，塑造更具进步意义的国际体系文化。"计利当计天下利"，尤其要处理好国家利益与全人类共同利益之间的关系，在相对弱化国家个体身份的同时强化共同体成员的集体身份，辩证看待利己与利他的关系，实现助人与助己的价值统一。全球复合相互依赖关系的深入发展，也要求各国在追求本国利益时兼顾他国合理关切，在谋求本国发展中促进世界共同发展，特别是支持广大发展中国家的发展。习近平主席提出的正确义利观正是把国家利益与国际道义、本国发展与世界共同发展、本国人民利益与人类共同利益统筹起来，展现了新时代中国外交的国际主义胸怀，有助于引导全球治理体系向着更加公正合理的方向变革，促进新型国际关系和人类命运共同体构建。② 正确义利观首先针对非洲等发展中国家提出，并在2014年中央外事工作会议上得到强调，逐渐成为适用于更普遍的国际交往与利益互动的一项指导性原则。

正确义利观是与人类命运共同体构建目标相适应的一种重要社会性理念，它强调在国际交往特别是同发展中国家的交往中，坚持义利相兼、以义为先，彰显了中国以负责任大国的姿态与道义形象参与国际事务。一个国家要担负的国际责任通常涉及政治责任、法律责任、道德责任等多个层面，承担更重要的国际责任是中国在国际事务中发挥更大作用的切入点，这些责任包括维护世界和平与稳定、构建公正合理的国际秩序、促进全球治理与共同发展、履行国际道义等。国际责任本身就包含着道义或伦理层面的要求，正如习近平主席指出的，"中国将积极承担更多国际责任，同世界各国共同维护人类良知和国际公

---

① 国际政治社会化涉及在国际行为体互动过程中如何内化国际规则和制度、传播国际体系文化以及实现全球治理等层面，对此中国作为全球治理体系的重要建设者，需要从社会性的互动规范、文化等深层维度入手改善全球治理的有效性。参见苗红娜．国际政治社会化：国际规范与国际行为体的互动机制［J］．太平洋学报，2014（10）．

② 吴志成，李佳轩．习近平外交思想中的正确义利观［J］．国际问题研究，2021（3）．

理，在世界和地区事务中主持公道、伸张正义"①。中国在深度融入既有国际体系和国际秩序的过程中，平衡看待相关的权利与义务关系，在维护人类共同利益、解决全球性问题方面积极担当。着眼于中国特色大国外交的宽广视域，中国积极参与联合国维持和平行动及其他全球议程，越来越多的建设性建议介入地区热点问题的解决，在维护自由贸易、保持世界金融体系稳定、应对气候变化、防控全球传染病、推进国际反恐等重要议题上发挥着不可或缺的作用。中国的国际公共产品供给理念得到升华，供给视野越来越开阔，供给路径与方式不断创新。在这个意义上，中国正在超越其"经济大国"的物质性身份，而朝着"仁智大国"（包含"仁义大国"与"智慧大国"两层含义）社会性成长，为全球治理注入更多人文关怀。② 随着自身与国际体系的物质性及观念性互动不断深入，中国的国际身份也更加丰富多维，国际行为取向也日趋成熟稳健，为全球治理提供更多国际公共产品，使其感召力和塑造力更加均衡。

（二）正确义利观的知行统一与责任取向

实现人类整体利益的最大化应补齐全球发展的短板，纠正全球化的不均衡性造成的国家之间及国家内部发展差距过大问题。这其实也是国际秩序如何更加公正合理、更加有利于发展中国家的问题，为此需要引入正确义利观这一价值工具，在国际公共产品供给中实现对相关边缘群体的某种倾斜，深化新形势下同发展中国家的团结合作。长期以来，中国对发展中国家进行力所能及的援助，有时甚至要重义轻利、舍利取义，这突出体现在"真实亲诚"的对非政策和"亲诚惠容"的周边政策上。③ 着眼于包括中国在内的发展中国家群体利益，中国在全球治理相关领域坚持共同但有区别的责任原则，这实际上符合人类社会公正及可持续发展的长远利益，日渐成为一个讲道义、有作为的新兴国际公共产品供给者。这一身份包含着突出的利他取向，其外化结果就是为全球发展等诸多领域创造越来越广泛的公共利益。顺应全球化时代的趋势要求，中国在提供相关对外援助时恪守相互尊重、平等相待、重信守诺、互利共赢原则，不附带任何政治条件，不干涉受援国内政，充分尊重受援国自主选择发展道路和模式的权利。同时，中国一贯主张发达国家应为经济全球化和全球治理承担更多责任，并敢于为促进发展中国家的平衡发展与共同发展承受来自发达国家的

---

① 习近平. 在中国国际友好大会暨中国人民对外友好协会成立60周年纪念活动上的讲话[N]. 人民日报，2014-05-16.
② 王逸舟. 从"经济大国"到"仁智大国"[J]. 中央社会主义学院学报，2019（4）.
③ 秦亚青. 正确义利观：新时期中国外交的理念创新和实践原则[J]. 求是，2014（12）.

某些压力。2015 年，习近平主席在亚非领导人会议上的讲话中指出，"帮助发展中国家发展、缩小南北差距，是发达国家应该承担的责任和义务。要推动发达国家切实履行官方发展援助承诺，在不附带政治条件基础上，加大对发展中国家支持力度，增强发展中国家自主发展能力，建立更加平等均衡的新型全球发展伙伴关系"。①

在正确义利观的丰富语境下，共同利益与大国责任是彼此对接的，共同利益是大国责任履行的基础，大国责任是共同利益实现的途径。中国通过在多边制度和规则实施过程中的"责任导向"，以履行国内责任为前提、以履行国际责任为外延，强调能力与责任之间的良性匹配，以及承担共同但有区别的责任；侧重和其他大国共同承担世界和平与发展责任，以及为发展中国家争取更多公正对待与援助，致力于构建以责任共担为依托的人类命运共同体。当然，中国要承担的国际责任并不是去分担西方大国的霸权成本，更不是去维护它们的私利，而是维护并增进发展中国家及全人类的共同利益，塑造各国共同参与、公正而平等的国际秩序。② 作为一个日益稳健成熟的国际公共产品供给者，中国会清醒看待"责任陷阱"并加以超越，更不会接受外部的"成本强加"（特别是来自传统大国的"成本转嫁"）而导致自身战略透支。

第二节 中国供给国际公共产品的战略谋划

人类命运的决定一方面要看选择的是何种哲学，另一方面要看其选择何种战略使该哲学理想得以实现。③ 对于全球治理变革而言也是如此，首先需要确定基本原则、规范，并在此基础上制定具体可行的路线图及适时调整的实施机制。当前，在人类命运共同体这一全球治理方案的价值引领下，中国正立足自身有效的国家治理，从物质层面到制度、规则、理念等规范层面为全球治理体系变革做出贡献，特别是物质、制度和理念三种公共产品供给的协同性显著增强，逐渐形成多层次、多领域的国际公共产品供给结构。展望未来，唯有在相应的供给战略依托下，人类命运共同体构建才会在利益、责任等层面落到实处，从而在复杂的国际环境中行稳致远。

---

① 习近平. 弘扬万隆精神推进合作共赢：在亚非领导人会议上的讲话［N］. 人民日报，2015-04-23.

② 刘笑阳. 新时代中国的共同利益论与大国责任论［J］. 东北亚论坛，2021（3）.

③ Andre Beaufre. An Introduction to Strategy［M］. New York：Praeger, 1965：50.

一、秉持多边主义思维

（一）拓展各层次的多边供给

多边主义是根据普遍行为准则协调三个或更多国家之间关系的制度形式，因而协调与合作是其基本特征，在这个意义上它是为促进多个国家之间的合作做出的普遍性制度设计。① 在体系层面上，多边主义包括全球多边主义、区域多边主义以及国家多边主义，从而呈现为从全球到区域的多边制度结构。除了从制度层面进行界定外，多边主义还是认识和分析国际关系特别是解释国家间合作的一种重要路径，它以对国际普遍行为准则和规制的尊重为前提。多边主义是当今全球治理的基本特征之一，通过多方参与和多边合作来应对那些不断出现的公共性问题，从而增进国际社会的集体利益和个体利益，而这便赋予了多边主义有效性和合法性价值。在实践层面上，全球治理仍面临着强化何种多边主义以及如何强化多边主义的问题。而包容性多边主义是重塑全球治理和推动新一轮全球化的动力，中国倡领的"一带一路"国际合作与人类命运共同体建设，均包含并践行着这一规范理念。②

在全球层面上，中国坚定维护以国际法为基础的国际秩序，维护以联合国为核心的国际体系以及以世界贸易组织为基石的多边贸易体制。基于这一立场，中国的国际公共产品供给更多地诉诸多边主义平台，以促进全球治理的变革与增量发展。从环境因素来看，复合相互依存的加深也使得全球性问题的解决更多依赖于国际社会的多边合作。受时代条件等主客观因素制约，当代中国在外交实践中曾对多边主义不甚熟稔。但中国有着"大道之行天下为公"的深厚传统，加之改革开放以来在多边舞台上的历练成长，特别是，随着新时代中国特色大国外交的全面展开，强烈的多边主义取向已成为中国国际行为的重要特点。而多边协调与合作通常要诉诸一定的制度化方式或基于国际规则进行，当前在抵制单边主义、保护主义、排外主义等逆全球化潮流方面其重要性进一步凸显。创新多边主义供给有助于完善供给侧结构性改革，促进基于国际公平正义原则的全球共治，使现有全球治理体系更平衡地反映大多数国家的意愿和利益。特别是，多边供给具有更强的开放、透明、民主特点，有利于塑造新型国际公共品供需关系，进而影响全球治理结构和治理规范的演进。作为最典型的多边机制，联合国等国际组织促进了安全、经济、社会、环境等广泛领域的国际公共

---

① 鲁杰. 多边主义[M]. 苏长和, 等译. 杭州：浙江人民出版社，2003：12.
② 贺之杲. 重塑全球治理：包容性多边主义的路径[J]. 新视野，2020（6）.

产品供给。与国际组织特别是联合国相关机构合作供给国际公共产品，有助于增强一国供给政策和行为的合法性、专业性和透明度。当前，中国对联合国各项议程的参与不断加深，主动影响议程设置的能力显著提升，与联合国全面合作供给相关公共产品，如加大对维和事业的人员、财政等资源投入，在相关集体行动中积极发挥桥梁和纽带作用，从而不断增强自身的规范引导能力。①

秉持国内、区域、全球一体谋划的治理观，中国基于自身国内治理经验提出全球治理的中国方案，寻求全球治理体系的增量改进。② 当全球层面面临困境时，更具灵活性的区域模式便可以发挥多边模式的"垫脚石"作用，区域和全球机制可以基于各自的比较优势开展合作，由此实现公共产品供给效益的最大化。从更具基础意义的角度来看，在既有治理模式难以有效应对多层次的区域与全球问题背景下，中国的治理观统筹国内治理、区域治理与全球治理，把自身的国内治理方案转化为全球治理方案，并在与其他全球治理主体的互动中显示出更强的适应性优势。③ 中国将那些行之有效的治理理念贡献给国际社会，在全球减贫、基础设施建设、环境治理、健康促进等领域彰显了与当今新型全球治理体系相匹配的国家治理能力。在具体层面上，则需统筹考虑供给对象、领域及议题的优先次序与轻重缓急，并在国内设计、生产和国际供应等环节做出合理安排。特别是，作为南南合作的坚定支持者、积极参与者和重要贡献者，中国承担与自身发展阶段和实际能力相适应的国际责任，寻求与广大发展中国家和衷共济、守望相助。中国为深化南南合作贡献智慧与力量，弱化资本扩张、霸权主宰、地缘竞争等旧有逻辑对全球发展的消极影响，从而推动全球治理的民主化、法治化及合理化。为此要革除既有体系中制约发展中国家经济社会进步的不公正要素，把发展中国家作为国际公共产品供给的重点对象，从而推动发展中国家的联合自强，使全球化朝着更加开放包容、普惠平衡的方向发展。从具体产品类别来看，全球基础设施类公共产品供给严重不足，而发展中国家的相关需求较高，中国可以发挥在该领域的比较优势，并将其置于全球公共产品供给的优先议程。此外，优质的制度类公共产品不但供给不足，而且供需不均衡，其中，发展中国家的规则制定能力偏低，这是需要中国与之深度合作的领域。在这方面，亚洲基础设施投资银行对于满足相关国家开发的多元融资需求发挥了独特作用，它在国际金融体系中的合法性、融洽性及有效性等优势得

---

① 迟永. 新中国70年与联合国关系的历史回顾与思考[J]. 教学与研究, 2019（9）.
② 刘宏松. 中国参与全球治理70年：迈向新形势下的再引领[J]. 国际观察, 2019（6）.
③ 庞中英. "全球治理中国方案"的类型与实施方略[J]. 学术界, 2018（1）.

到彰显。金砖国家新开发银行也是南南合作的重要融资平台，它们共同为改善全球发展治理赤字做出贡献。2021年9月，金砖国家新开发银行宣布接受阿联酋、乌拉圭和孟加拉国等3个新成员，它们的加入使该金融机构的成员不再限于金砖国家。

（二）夯实区域供给的基础性地位

当前，经济领域的全球化正进入"慢速"（slowbalization）阶段，并越来越以区域化的方式展开。特别是，在多边主义及多边机构的有效运行承受更多压力、全球化和全球治理空间受到抑制的背景下，那些通常关注区域治理的区域主义及区域组织更是成为各国的替代选择。全球问题的区域化和区域问题的全球化使得全球治理与区域治理紧密互动，而大国的作用在于促进区域治理、全球治理及其之间的正向互动，促进全球治理和区域治理有机结合并引领打造新型区域合作模式。大国在两者互动中扮演的这种角色体现在三个方面：一是直接作为，即大国自主倡导和推动实施区域机制建设和制度安排；二是间接作为，即通过在区域机制或全球机制中发挥重要作用，间接推动区域治理与全球治理的互动；三是共同作为，即大国在平等协商对话的基础上共同倡导和推动合作机制建设。[①] 以东亚为核心的周边地区无疑是中国参与全球治理的重点区域，只有在周边地区治理中拥有足够话语权，才能为中国在全球治理中的地位和影响力提供切实支撑。这凸显了地区治理对于中国及其周边国家共同发展的重要性，周边命运共同体的构建也要求中国积极提供地区公共产品。[②] 在全球层面公共产品供给总量不足、供需无法得到有效匹配的大背景下，中国可将部分重心转移至区域合作层面。从区域治理入手有助于突破当前全球治理困境，区域公共产品则能够弥补全球公共产品供给不足，降低国际公共产品的"私物化"风险，为全球治理变革提供更多动能。特别是，区域或次区域公共产品的有效供给，有助于推动该区域发展中国家参与到全球治理进程中，补足传统供给者无法覆盖而又为全球发展治理亟需的公共产品（如基础设施等）。如前所述，公共产品的供给效率与集团中的个体数量相关，小集团比大集团更容易促成成员间的合作。后者行为体数量庞大且行为复杂，更容易存在不提供公共产品的倾向；而在前者那里，由于个体与集体的利益联系更加紧密，个体更有意愿参与公共产品供给等集体行动。[③] 区域公共产品由相关国家共同提供、共同消费，

[①] 姚全，郑先武. 区域治理与全球治理互动中的大国角色［J］. 探索与争鸣，2021（11）.
[②] 王健. 中国周边形势新变化与周边命运共同体构建［J］. 国际展望，2022（1）.
[③] 奥尔森. 集体行动的逻辑［M］. 陈郁，等译. 上海：上海人民出版社，2014：18.

供给效率相对更高,也更容易在不同功能领域间形成外溢效应。而成长为一个可信可亲可敬的全球性大国需要夯实周边基础,未来很长一段时间中国的国际公共产品供给仍应以亚洲区域供给为优先考虑,进一步提升我国在周边区域治理机制中的作用。

在提供区域公共产品时,中国可采取差异化的方式,完善地区平台构架,统筹多层次公共产品供给。为此,中国积极倡导、参与和推动周边区域合作机制建设,特别是发起和创建了一系列新型区域组织和区域机制,它们对于推动周边区域命运共同体、"一带一路"高质量建设以及应对共同面临的区域性挑战等方面发挥着基础性作用。当然,区域公共产品的集体供给并不意味着责任的简单平均,而是由不同国家负有共同但有区别的责任,像一些成本高昂的基础性公共产品仍有赖于"强者供给"。这就需要确立一定的区域合作激励机制,并有针对性地解决区域公共产品的外部性问题,把区域公共产品、次区域公共产品、区域间(或跨区域)公共产品与全球公共产品供给更融洽地结合起来,实现差异化的互补供给。中国在供给区域公共产品过程中,尤其需要与霸权国家主导的俱乐部供给模式相区别,尽量避免造成寻求势力范围或支配地位的外部认知。为此可从技术性、普惠性、低敏感性的功能领域(如区域生态环境)入手,逐步向更复杂和更敏感的领域(如区域安全)外溢升级,从而使区域一体化水平不断提升。例如,借助于2021年6月召开的"一带一路"亚太区域国际合作高级别会议这一平台,中国与其他28个与会国家共同发起了"一带一路"绿色发展伙伴关系倡议和"一带一路"疫苗合作伙伴关系倡议。而类似上海合作组织这样基于主权之上的区域一体化形式在全球化面前呈现出很强的适应性,它们有助于克服全球治理的霸权模式弊端,因而是一种更加可控的全球化推进形式。[1] 又如,作为推进中国与东盟共建"一带一路"的重要组成部分,近年来中国加强与东盟国家的小多边合作,并在政治、经济、文化、安全等领域建立了多种合作机制;针对域内国家的需求偏好,中国对相关区域公共产品的有效供给推动了这些合作机制的发展。[2] 上述立体多维的区域公共产品供给,有助于推动相关区域发展中国家参与全球治理进程,进而为全球治理结构朝着公正、合理的方向演变夯实基础。

---

[1] 莱恩,苏珊珊. 全球化的困境与中国方案[J]. 当代世界与社会主义,2019(5).
[2] 王勇辉,张正. 中国—东盟小多边合作机制构建的地区公共产品偏好[J]. 印度洋经济体研究,2019(6).

二、加强制度类产品供给

多边制度改革居于全球治理体系改革的核心,与全球治理变革趋势密切相关,国际制度体系也在发生深刻转型。"小智治事,大智治制",制度及规则公共产品供给是影响全球治理变革的关键所在,也是反映一个国家国际公共产品供给能力高低的重要指征。对此中国既要积极参与推动既有制度转型,也要倡导和开展新的制度创建,从而在改革现有国际制度体系与建立新兴国际制度体系的制度变迁中发挥更大作用。当前,中国参与国际制度的境界已进入制度创建阶段,特别是中共十八大以来,中国开展的国际制度创建实践更具自主性和前瞻性,突出反映了中国国际责任意识的不断增强。① 作为国际制度建设领域的"后来者",中国面临着传统大国的挤压,在"改制"和"建制"时需要克服制度延展空间窘狭等挑战。中国自身的正当利益诉求越来越难以在既有国际制度框架内得到满足,并且其实力向国际影响力的制度化转换也受到限制。为了克服这一困境,中国秉持国际制度"积极改革者和建设者"的身份,在路径选择上采取理念创新和差异化战略,积极发挥后动优势,谋求国际制度建设和渐进改良,在相关公共产品供给问题上汇聚国际合作共识,有效控制并降低制度摩擦成本,从而提升国际制度议程设置和规则制定能力。②

(一)建设新兴国家合作供给机制

国际规则是中国自身成长与全球治理的外部连接点,以构建人类命运共同体为旨归,塑造新的国际规则体系,契合中国与世界的共同发展和长远利益。在深度全球化时代,国际体系的制度、规范之变日益成为各方关注的焦点,相关国际公共产品的供给将对全球治理的前景产生深远影响。合理的制度安排是全球治理不可或缺的规范性力量,而现有全球治理制度在合法性、代表性及有效性方面存在不足,严重制约着全球治理效力及全球治理秩序的优化。着眼于国际力量对比的深刻变化而改革与创建相关国际治理制度,是一条匡正全球治理体系内在缺陷的可行路径。为此,中国主张规则应由国际社会共同制定,并身体力行地向世界贡献理念性和制度性公共产品。兼具现行规则体系的参与者与变革者双重角色,中国可以从全球性多边机制、诸边机制、区域和双边机制

---

① 凌胜利,李汶桦. 全球治理变革背景下的中国国际制度创建[J]. 国际关系研究,2021(5).
② 张威. "后动优势"与中国提升国际制度创制能力的路径选择[J]. 青海社会科学,2020(4).

等多重路径入手，推动全球治理规则体系变革。[1] 中国不仅是各种国际条约和国际规则的参与者、维护者和践行者，还积极促成全球发展、气候变化等相关领域国际立法，推动国际合作机制创新。在全球治理领域有硬性规则与软性规范之分：前者具有约束力，但遭到部分国家反对的可能性较大；后者不具有约束力，因而更容易得到各国广泛认可，但运行的实际效果需视情况而定。为此可在具体制度设计上，首先探索建立一些以利益相关主体广泛参与为基础的多边"软机制"，以实现与现有全球、区域和专门组织及机构的良性互动。此类机制创新需要考虑与现有全球和区域治理机制之间的角色分工，尽可能避免因机制重叠造成不良竞争甚至冲突。在这方面，中国主动承担国际公共产品合作供给机制建设的主要初始成本，倡导打造了亚洲基础设施投资银行、丝路基金、金砖国家新开发银行等新型制度平台，并在二十国集团合作机制、金砖合作机制、东亚"10+3"合作机制、中阿合作论坛、中非合作论坛、中国—拉共体论坛及其他次区域合作机制中扮演着活跃的建设者角色。[2]

新兴国家群体的崛起带来了全球治理体系权力的分散和转移，它们在全球层面具有的共同利益关切日益增多。下面就以金砖国家合作机制为例，来剖析一下中国如何以此为全球经济治理变革提供更多制度性公共产品。首先，金砖合作机制为中国深度参与全球治理提供了可行路径，为国际社会尤其是广大发展中国家提供公共产品创设了平台。作为金砖机制的关键推进者，中国期望以高绩效的新兴大国协作治理来促进既有全球治理结构改革。为此，中国推动确立更为实质化、制度化的战略合作模式，向国际社会提供新型合作治理方案与全球公共产品，扩展金砖机制在全球治理增量改革中的影响力，从而不断完善金砖治理机制。[3] 作为一个成员较少的国家集团，金砖各国之间拥有较强的身份认同感以及巨大的机制化合作潜力，其已有的区域间经贸、金融、生态环境合作正在成为缓解当前全球治理集体行动困境的重要机制之一。在这个意义上，金砖国家合作机制具有区域间国际公共产品的特征，其对全球公共产品供给具有明显的促进作用。金砖国家合作机制坚持并践行多边主义，推动全球治理结构从霸权治理向合作共治转变，在一定程度上顺应了国际社会对于制度类公共

---

[1] 张辉．中国在全球经济治理规则体系变革中的角色、理念与路径［J］．区域与全球发展，2017（1）．

[2] 王同新．构建人类命运共同体：全球性公共产品的视角［N］．中国社会科学报，2020-05-27．

[3] 刘毅．金砖机制与当代中国外交的合作治理战略［J］．重庆交通大学学报（社会科学版），2019（3）．

产品的需求。特别是,中国倡导的"金砖+"合作模式更是对全球治理机制建设的创新贡献,该模式注重拓宽地域范围,秉持灵活渐进、发展优先策略。通过引入更多跨区域发展伙伴,新兴市场国家密切了与其他发展中国家的合作,扩大了金砖合作的辐射和受益范围,夯实了金砖国家作为新兴市场国家的集体身份认同,也使金砖国家合作机制的全球影响力得到拓展。[1] 作为这一合作模式的重要进展,2022年5月,中方主持了首次金砖国家同新兴市场和发展中国家外长对话会,除金砖五国外,哈萨克斯坦、沙特阿拉伯、阿根廷、埃及、印度尼西亚、尼日利亚、塞内加尔、阿联酋、泰国等国外长与会。展望未来,金砖机制的扩员将为广大新兴市场国家和发展中国家提供更为开放包容的新型合作平台。当然,其他发展中国家"搭便车"是这一机制发展过程中可以被接受的阶段性问题,在时机成熟时,这些发展中国家或新兴经济体可以跨越"搭便车"阶段加入供给行动,从而使金砖合作机制更广泛地代表发展中国家的利益诉求。

金砖合作机制是推进南南合作的重要力量,目前它正在加强自身凝聚力,从而为全球治理提供某种新的领导力。在第二个"黄金十年"里,该机制不断扩大共同利益,包括寻求在信息技术等新兴领域的合作,通过进一步的制度化提升治理绩效与治理合法性。2020年12月,金砖国家新工业革命伙伴关系创新基地在中国厦门正式启动,它有助于释放"金砖+"机制潜能,特别是通过加强科技创新合作,促进产业转型、贸易和投资、数字经济等领域高质量共同发展。此外,金砖国家新开发银行和应急储备安排的建立不但构成对现有全球经济治理体系的有益补充,还在其决策机制设计上实现了创新:它在国际金融组织中首次采用平权而非加权的投票权分配模式,并在重大议题上首次采用了共识而非多数表决制的决策规则。[2] 新开发银行在真实权力的结构上处于完全均等和平衡的状态,而金砖国家应急储备安排在投票权分配上虽然采用了加权投票制

---

[1] 王明国."金砖+"合作模式与中国对全球治理机制的创新[J].当代世界,2019(12).
[2] 金砖国家新开发银行是根据金砖国家领导人会晤做出的有关决定建立的,2015年正式开业,总部位于中国上海。其宗旨是为金砖国家及其他新兴经济体和发展中国家的基础设施建设与可持续发展项目动员资源,并作为现有多边和区域金融机构的补充,促进全球增长与发展。该行初始认缴资本为500亿美元,初始法定资本为1000亿美元。初始认缴资本在创始成员间平均分配,各成员的投票权也等于其在银行股本中的认缴股份。而金砖国家应急储备安排是根据2014年金砖国家签署的相关条约建立的,旨在补充和强化由国际货币基金组织、区域金融安排、双边货币互换协议及各国自有国际储备构成的全球金融安全网,促进全球金融稳定;其初始规模为1000亿美元,其中中国出资410亿美元,拥有的投票权为39.95%。参见汤凌霄.完善金砖国家应急储备安排[N].中国社会科学报,2017-06-07.

(其中，中国拥有最多的投票权），但涉及高级别和战略性决策时要求的共识规则又使得各成员国的真实权力再度"平权"。① 自开业以来，金砖国家新开发银行高效务实地采取了一系列有利于金砖国家共同发展的举措。截至 2021 年 11 月，金砖国家新开发银行已累计批准 80 个项目，投资总额超过 300 亿美元，并撬动了数千亿美元的其他资金投向清洁能源、交通运输、城市发展、水资源卫生、社会基础设施和数字基础设施等领域。特别是，新冠疫情暴发以来，金砖国家新开发银行迅速成立了 100 亿美元的抗疫紧急援助贷款机制，向金砖五国提供紧急贷款支持。② 不过，金砖国家仍需在改革世界贸易组织及国际货币基金组织、完善二十国集团机制等重要议题上加强立场协调，并更系统明确地提出"金砖方案"，以提升新兴经济体和发展中国家在全球治理变革中的话语权。

（二）创新区域及次区域合作机制

从区域公共产品供给来看，机制类公共产品的供需也不平衡，难以满足地区秩序构建对于"小多边"规则的需求。在空间布局方面，周边地区的制度创建应予以优先考虑。当前，中国周边地区的大国竞争呈加剧之势，不确定性及不稳定性凸显。特别是，在区域安全领域，同盟形态的俱乐部产品供给过剩或供非所需，而更为包容的非俱乐部产品供给不足；观念类产品供给主导权竞争激烈，其中，安全共同体已成为地区国家的重要偏好。中国可抓住区域安全公共产品供给格局变动尤其是霸权供给者能力与意愿下降的契机，以安全共同体为供给导向，把握好成员构成、议程设置、规则设定等制度设计要素，强化机制、理念等具体产品的包容性，促进中国供给模式与其他供给模式的兼容共处，从而为构建周边命运共同体奠定安全基础。③

与强调准入门槛以及制度约束力而不利于保持多样性的模式不同，中国采取更务实、更包容和差异化的制度构建策略，寻求通过不断深入的合作行动为规则生成和制度建构奠定实践基础。制度创新是提高全球及区域治理有效性的重要路径，作为中国发起的首个新型周边次区域合作机制——澜湄合作机制已在经济和可持续发展等领域不断深化，典型反映了中国在区域小多边治理结构中的规则制定与议程设置能力，也促进了区域治理结构的制度变革。该机制彰显了中国供给区域（及次区域）公共产品的创新与特色，随着中国倡导的更多新型制度和规范在本区域扩展，其作为新兴公共产品供给者的角色也将得到更

---

① 罗杭，杨黎泽. 国际组织中的权力均衡与决策效率：以金砖国家新开发银行和应急储备安排为例［J］. 世界经济与政治，2019（2）.
② 杨逸夫. 2021 金砖国家治国理政研讨会［N］. 光明日报，2021-11-19.
③ 陈翔. 周边区域安全公共产品供需变迁及中国应对［J］. 社会主义研究，2020（4）.

普遍的认同。从机制创设的动力来看，澜湄合作是中国推动自身利益与湄公河国家利益相适应，在"共同但有区别的责任"原则指导下发挥力所能及的作用，从而积极构建"利益—责任—规范""三位一体"区域机制的过程。目前，增强澜湄合作发展动力还受到区域内国家间的利益分歧、"中国责任"与"他方期待"不对称、地区规范建构缓慢等因素的制约。为此需要推进更高层面的制度设计和集体认同建设，并处理好合作机制相对稳定性与制度灵活性之间的关系。① 澜湄合作模式具有鲜明的发展为先、务实高效、项目为本特点，有助于该区域形成协同联动的发展格局。例如，在打造区域产业链供应链方面，中国与湄公河国家加快建设"快捷通道"和"绿色通道"网络；中方积极促进与五国的经贸投资关系，超过300家中国农业企业赴湄公河国家投资兴业，并扩大进口后者的优质农产品。中方提供的优惠及专项贷款，支持了柬埔寨暹粒新国际机场、老挝万象电网现代化改造和越南永新燃煤电厂等次区域40多个重大基建项目。中方还分享深圳经济特区建设经验，启用老挝、缅甸、柬埔寨云计算创新中心，开展卫星遥感、大数据平台等创新项目，促进区域产业升级和现代化城市建设。

中方践行互利共赢、开放包容的合作理念，推动澜湄合作与伊洛瓦底江—湄南河—湄公河三河流域经济合作战略机制、大湄公河次区域经济合作、湄公河委员会等机制相互促进、协调发展，共同助力东盟共同体建设，为完善区域治理贡献"澜湄方案"和"澜湄智慧"。作为区域合作制度的后来者，澜湄合作机制要突破"制度拥堵"困局，不仅需要克服制度竞争给制度本身及地区治理带来的负面影响，还要避免单纯制度合作伴生的效率低下问题。为此可选择"制度竞合"的发展路径，即制度竞争与制度合作的融合，通过结合二者的优势、超越二者的缺陷，实现"竞合"各方的双赢乃至多方共赢。澜湄合作机制的发展路径选择将为中国在制度创设和规则创新等方面提供参考和借鉴，也将在实践层面推动澜湄国家命运共同体建设，进而成为构建周边命运共同体和人类命运共同体的重要探索和先行区。②

比较而言，前述大湄公河次区域经济合作机制局限于区域经济合作议题而未能及时涵盖近年来下游国家关注的水资源分配议题以及上游国家关注的跨境区域安全议题，由此导致机制的适应性与有效性下降；而澜湄合作机制从一开

---

① 卢光盛，聂姣. 澜湄合作的动力机制：基于"利益—责任—规范"的分析[J]. 国际展望，2021（1）.
② 卢光盛，金珍. 超越拥堵：澜湄合作机制的发展路径探析[J]. 世界经济与政治，2020（7）.

始就将区域经济合作、水资源合作和区域安全合作纳入议题范围，即通过扩大议题范围的思路实现制度收益的相对平衡，从而有效缓解了上下游国家对于次区域合作中分配问题的关切。从执行力角度来看，国际制度的集中程度越高，对国际协议的执行就越能形成有效的监督。对于澜湄合作机制而言，政府间主义的自上而下运作模式有力地提升了运行效率，领导人引领、各部门参与以及得到改进的秘书处建设也保证了其执行效率（见表3）。[①] 作为澜湄合作的具体支撑机制，2017年以来，澜湄水资源合作中心、澜湄环境合作中心、澜湄综合执法安全合作中心、澜湄青年交流合作中心等先后在北京、昆明和上海等地成立，彰显了中国对于次区域水资源合作、生态环境保护、跨境安全以及青年人文交流等所做的开创性贡献。不过，鉴于增强流域治理有效性、解决流域涉水集体行动问题等现实需要，有必要进一步加强澜湄合作机制相关法律基础建设，而这将是作为主导国提供公共产品的重要体现。[②]

表3 澜湄合作与大湄公河次区域经济合作的制度特征比较

机制名称	议题范围	集中程度
澜湄合作	议题全方位覆盖区域经济合作、区域安全合作和水资源合作，形成"3+5+X"框架，即政治安全、经济和可持续发展、社会人文三大支柱，互联互通、产能、跨境经济、水资源、农业和减贫五大优先领域，以及城市化、数字经济、环境保护、海关、青年等扩展领域	机制运行采用"领导人引领、各部门参与"模式，具有更高政治性；国别秘书处统一设在各国外交部，便于相互沟通协调，并将建设独立的国际秘书处
GMS	议题集中在交通、能源、通信、农业、环境、旅游、贸易和投资便利化、人力资源开发、经济走廊等区域经济合作领域	机制运行主要由各职能部门来引领；国别秘书处设置在政府不同部门，相互协调难度大，且国际秘书处只能"挂靠"在亚洲开发银行

资料来源：朱杰进，诺馥思. 国际制度设计视角下的澜湄合作[J]. 外交评论，2020（3）.

例如，在水资源合作领域，中方充分发挥澜沧江水利工程的调节作用，启动通报澜沧江全年水文信息，2020年11月开通澜湄水资源合作信息共享平台网站，帮助下游国家应对洪旱灾害。中方高效实施大坝安全、农村供水、绿色水电等合作项目，累计为湄公河国家提供1000余人次水利人才培训，其中，仅

---

① 朱杰进，诺馥思. 国际制度设计视角下的澜湄合作[J]. 外交评论，2020（3）.
② 何艳梅. 流域组织视野下澜湄合作机制的法律基础建设[J]. 太平洋学报，2022（3）.

2020年就在老挝完成农村供水示范工程建设22处。教育、卫生、妇女、减贫等民生领域更是澜湄合作的重点，特别是《澜湄合作五年行动计划（2018—2022）》的实施促进了湄公河国家的民生福祉发展。六国充分发挥澜湄合作专项基金作用，已在上述领域开展了近540个惠民项目。中国政府奖学金资助了3万余名湄公河五国学生来华学习，澜湄职业教育培训基地在云南培训4万余名来华务工人员，缅甸"咖啡增产项目"培训超过1.1万名咖啡农。中方还为湄公河国家建设乡村校舍，提供光伏发电设备，并在澜湄合作专项基金框架下设立公共卫生专项资金，同各国加强信息交流并派出医疗专家组，尽己所能提供新冠病毒抗疫物资和疫苗援助。六国还实施"热带病防控行""健康心行动""本草惠澜湄"等项目，通过视频会议、远程教学等方式开展疟疾、心血管疾病和中医针灸培训工作，共同加强公共卫生能力建设。[①]

通过提供此类区域公共产品，中国与作为传统供给者的发达国家共同塑造着区域秩序，其关键在于中国参与相关规则制定和制度建构，而不是仅仅停留在事务性参与层面。这种制度变革将使区域内国家享受到由此产生的制度红利，有助于实现域内的平衡发展。特别是，覆盖地域更广泛的"一带一路"倡议也日益注重通过国际制度及集体认同建设为世界提供公共产品，生动诠释了中国从国际制度体系参与者向塑造者和倡领者的转型；这一由新兴国家发起的重大国际制度实践涵盖公平合理的制度理念、多元合作的制度模式、兼容并包的制度体系及循序渐进的制度路径等要素，为国际规范演化注入更多中国元素，推动着国际制度体系向更加多元、开放、包容的方向发展，进而形塑多元主体共同参与的全球治理新格局。[②]

三、提升规范类产品供给能力

（一）规范（或理念）类产品的供给意义

国际规范通过约定俗成或明确规定的准则以及被普遍接受的价值倡议，影响、塑造或制约着国际社会中主权国家等行为体的行为，特别是促成多方合作等集体行动。在物质和制度层面上，向国际社会贡献有吸引力的价值规范，是提升中国国际公共产品供给能力的必然要求。近年来，中国基于世界观、行为准则和制度体系三个层次，进行了丰富的国际规范倡议和创新，如开放、融通、

---

① 中华人民共和国外交部. 王毅谈疫情背景下澜湄合作新进展［EB/OL］.（2021-06-08）［2021-08-07］. https://www.fmprc.gov.cn/web/wjbzhd/t1882251.shtml.

② 杨慧，刘昌明. "一带一路"倡议与国际制度体系转型：基于国际议程、规则、规范三个维度的分析［J］. 青海社会科学，2019（4）.

互利、共赢的合作观，平等、互鉴、对话、包容的文明观。规范供给和创新既为中国崛起和复兴奠定合法性与正当性基础，也是中国向国际社会贡献和平发展力量的重要内容。① 当前，中国对待国际规范已由单向适应向适应与主动塑造并行转变，且重心日益向后者转移。为此，中国需要以更具建设性和创造性的姿态参与国际规范变革进程，② 特别是进一步发挥人类命运共同体理念的引领作用，以更具认同力的理念类公共产品满足国际社会的期待，从而更平衡地发展中国参与全球治理的"软能力"与"硬能力"。

面对当前国际规范的深刻调整和变迁，中国在国际安全、国际经济、人权和环境保护等领域主动塑造规范，包括从全球和地区两个层面同时推进，推动全球治理体系的内在价值转型。其中，国际组织是中国塑造和扩散新国际规范的重要平台，通过采取积极参与、融入和创建等策略，中国的嵌入式议题设置能力得到提升。与西方国家相比，传统上中国更重视非正式机制及其"软约束"、开放性与包容性功能，并致力于发起多元价值基础上的任务导向型合作进程。③ 而与国际组织的互动关系日益成为考量中国参与和引领全球治理能力的重要维度，其国际组织外交经历了从自主学习、自主参与到自主创新的发展阶段，特别是上海合作组织、亚洲基础设施投资银行的创建改变了当今世界由发展中国家主导的地区性国际组织稀缺的局面。④ 鉴于当前以世界贸易组织为代表的一系列重要国际组织的法治根基遭到严重侵蚀，"规则导向"的功能机制出现失灵、失序，国际体制的组织化、法治化特别是司法化进程亟待重新赋能。如前所述，国际法是指导国家对外交往、和平解决国际争端的共同规范，是实现全球治理、维护世界和平与发展的重要保障。对于处在当代国际法律秩序变革中心场域的中国而言，需要坚定法治化方向和立场，推动国际法治重回正轨与创新发展。⑤

（二）基于国际安全规范的典型分析

在安全多边主义实践进程中，中国一直是国际安全共有规范的倡导者、扩散者和贡献者。中国曾倡导了和平共处五项原则并将其扩散至全球多边层面，

---

① 尹继武. 中国的国际规范创新：内涵、特性与问题分析 [J]. 人民论坛·学术前沿，2019（3）.
② 崔荣伟. 中国参与塑造国际规范：需求、问题与策略 [J]. 国际关系研究，2015（3）.
③ 孙德刚，韦进深. 中国在国际组织中的规范塑造评析 [J]. 国际展望，2016（4）.
④ 李晓燕. 中国国际组织外交的历史发展与自主创新 [J]. 东北亚论坛，2020（2）.
⑤ 肖冰. 国际法治、国际法律秩序变革与中国的角色：兼及世界贸易组织的危机与改革 [J]. 外交评论，2021（2）.

最终成为国际关系基本准则和国际法基本原则。在世纪之交，以"互信、互利、平等、协作"为核心的"新安全观"凝练而成，并通过东盟地区论坛、上海合作组织、中非合作论坛等机制实现了区域和跨区域多边化扩散。[①] 这一安全观具有灵活多样的实践形式，如具有较强约束力的多边安全机制、论坛性质的多边安全对话、旨在增进信任的双边安全磋商，以及智库层面的非官方安全对话等。作为中国高校智库为全球安全治理贡献智慧的积极尝试，2020年12月，上海政法学院与联合国区域间犯罪和司法研究所签署系列合作备忘录，双方寻求在跨区域及跨国有组织犯罪研究、构建打击经济金融犯罪全球性框架等方面开展合作。双方计划在上海政法学院设立"区域间预防犯罪与安全治理国际合作研修中心"，为联合国成员国官员提供区域间犯罪监测预警和金融安全治理相关培训；以及共同创办国际学术刊物，通过联合学术研究为各成员国提供实际解决方案。

作为中国在国际安全规范层面的新贡献，共同、综合、合作、可持续的安全观虽然起初以"亚洲安全观"形式出现，但很快便实现了全球多边化扩散，直至升华为支撑人类命运共同体构建的"普遍安全世界"理念。"一带一路"建设、中非合作论坛、联合国大会等不同层次机制促进了这一规范从区域到全球的多边化扩散，进而在实践中形塑着地区和国际安全新架构，推动全球安全治理体系朝着更加公平、合理、有效的方向发展。这一国际安全新规范是习近平主席在2014年亚洲相互协作与信任措施会议第四次峰会上提出来的，它是新时代条件下对和平共处五项原则和上述"新安全观"的继承与发展，在某种意义上也是中国总体国家安全观的一种外部延伸。作为中国创新性提供的一项理念类公共产品，其强调安全应该是普遍、平等和包容的，为此要统筹维护传统安全与非传统安全，通过对话合作促进地区与国际安全，并诉诸发展以实现持久安全。[②]

在世界多极化快速发展背景下，安全公共产品供给需要在规范层面不断改革创新，以更好地服务建制、改制与创制需要，填补霸权式供给的内在缺陷导

---

① 在2002年东盟地区论坛上，中方提交了《中国关于新安全观的立场文件》，全面系统地阐述了中国"新安全观"的理念和政策主张。2006年，《中非合作论坛北京峰会宣言》也对此予以认可，并指出要合作应对全球性安全威胁和非传统安全挑战，"按照互信、互利、平等、协作的精神，维护全体发展中国家的共同利益"。

② 郑先武. 为全球安全治理提供"中国方案"：新中国70年安全多边主义的规范贡献[N]. 中国社会科学报，2019-12-03.

致的地区及国际安全公共产品供给缺位。① 作为中国特色软实力的积极外溢，国际规范供给需要与全人类共同价值深度结合。以非洲地区"维和""建和"为例。中国基于自身经验积极介入该地区和平与稳定建设，通过自我表述、话语批判和实践行动等机制传达了"自主发展和平"新理念；它契合了非洲的本土规范和现实需求，重塑着国际和平建设规范格局。② 在更普遍的意义上，中国为国际规范建设提出符合人类共同利益和长远利益的方案，促进了其全球治理理念与国际规范塑造的相互对接。因此，中国对国际新秩序的塑造不仅体现在物质性贡献上，更体现在对规范格局的重塑上。例如，被写入《2005年世界首脑会议成果》的"保护的责任"（responsibility to protect）规范，中国在其扩散和制度化的演进过程中始终参与并扮演着建设性角色。③

四、抓住新兴领域规则供给契机

近年来，中国积极拓展新领域的国际公共产品供给，特别是主动参与和引领深海、极地、太空、网络等新兴领域国际规则制定，为完善全球治理体系发挥着建设性作用。这些新兴领域在治理主体、治理主导权和治理复杂性等问题上都不同于传统的全球治理议题，各相关方的治理理念存在较大分歧。不过，与重塑传统领域的既存规则相比，中国在新兴领域开展规则创设、推进建章立制方面的倡议空间相对较大。鉴于守成大国在各新兴领域中拥有的权力地位及相关国际制度的弹性存在差异，中国采取了叠加型、规避型、替代型等不同改革策略，从而呈现多样化的制度供给进路。④

（一）全球网络治理规则供给

随着全球治理议程不断扩大，既有全球治理体系的盲点也更加凸显。以传统的条约体系和国际法原则为基础的治理模式难以在新兴的网络空间治理中发挥作用，构建一套适当的网络空间安全规范显得尤为迫切。国际规范与特定领域的集体期望、行为标准及游戏规则有关，其确立过程通常包括规范升成、扩散和内化阶段，最终具备约束和规定各行为体行为，使之符合各方预期的社会

---

① 程铭，刘雪莲．共生安全：国际安全公共产品供给的新理念［J］．东北亚论坛，2020（2）．
② 王学军，张军．中国与国际和平规范格局的重塑：以非洲为分析对象［J］．区域与全球发展，2018（3）．
③ 阙天舒．论中国对国际规范的塑造：以"保护的责任"为例［J］．国际观察，2017（6）．
④ 朱杰进，孙钰欣．新兴领域国际制度改革的路径选择［J］．太平洋学报，2022（5）．

化功能。当前网络空间治理的国际规范正处于生成期,中国在相关普遍性规范的建构过程中可扮演更突出的角色。① 面对复杂多维的网络空间安全威胁,中国主张建立多边、民主、透明的治理体系,构建网络空间命运共同体。随着网络空间治理中国方案的陆续提出与实践,中国已经从网络空间治理的参与者转变为引领者。全球网络空间实质上是一项全球基础设施,它具有全球公共产品属性,相关的规则建设对于网络空间治理而言意义重大。而当今互联网领域发展不平衡、规则不健全、秩序不合理等问题日益凸显,世界各国尤其是发展中国家的网络主权、安全和发展利益面临着诸多威胁和挑战。一方面,网络治理的主体更加多元,治理的议题复杂性和利益敏感性更加突出;另一方面,美国等西方国家因其技术、设施和规则优势而在其中占有突出的主导地位②,广大发展中国家往往只能被动接受规则。

其中,数据是数字时代的重要战略资源,全球主要互联网国家已将其上升至国家安全层面来看待。近年来,有些大国通过"数据战"来获取对于数据的排他性独占地位,这对国际经贸、科技、政治和安全等层面造成诸多影响。鉴于"数据战"带来的"数字失序"状态,全球数据治理被日益提上日程。③ 全球数据治理主要面临以下挑战:主权国家间在数据权属、数据跨境流动等议题上的主张相异,并竞相提出各自的数据发展战略,各国理念差异导致治理碎片化;个人、企业与主权国家间数据权益存在失衡,亟需有效机制进行协调。为了推动全球数据治理体系走向有序、规范和协调,一方面,应推动数据主权、数据保护与数字经济发展相统一,鼓励各主权国家及区域组织参与全球数据治理并构建相应治理规则;另一方面,应构建系统的数据协调治理机制,以协调个人、企业和主权国家之间的数据利益。④ 针对各国对数据安全、数字鸿沟、个人隐私、道德伦理等多重关切,中国在自身数字建设经验基础上逐渐形成了关于全球数字治理的中国方案,即以构建"数字命运共同体"为基本目标,秉持以人为中心、基于事实的价值导向,以多边主义、公平正义、兼顾安全与发展为基本原则,支持联合国就此发挥领导作用,共同探讨制定全球数字治理规则,携手打造开放、公平、公正、非歧视的数字发展环境。

在全球数字治理领域的建章立制方面,近年来,中方积极参与联合国信息

---

① 王向阳. 网络空间治理的国际规范研究 [J]. 情报杂志,2021(7).
② 赵重阳. 从全球治理的角度看拉美地区网络空间治理及中拉合作 [J]. 拉丁美洲研究,2020(6).
③ 杨楠. 大国"数据战"与全球数据治理的前景 [J]. 社会科学,2021(7).
④ 蔡翠红,王远志. 全球数据治理:挑战与应对 [J]. 国际问题研究,2020(6).

安全政府专家组、开放式工作组开展的相关规则制定工作，并通过二十国集团等多边机制凝聚数字经济规则共识，倡导二十国集团、世界贸易组织、金砖国家等治理机制共同努力，推动国际社会尽早形成一套"软法""硬法"相结合、适应数字社会稳定与可持续发展的全球规则框架。① 在价值规范层面上，数字命运共同体是网络空间命运共同体的延伸，是数字全球化时代人类命运共同体理念的体现。为此需要国际社会尽快完善国际数字规则体系，破解全球数字霸权困境。2020年9月，中国发起《全球数据安全倡议》并向联大提交，旨在推动国际社会制定相关规则，改革滞后于现实的现有治理机制，共同构建和平、安全、开放、合作、有序的国际网络空间。在该倡议基础上，2021年3月，中国与阿拉伯国家联盟共同发表《中阿数据安全合作倡议》。这有利于推进数据安全领域国际规则制定，也标志着发展中国家在携手推进全球数字治理方面迈出了重要一步。②

为推进全球互联网治理体系变革，2011年，中国同上海合作组织相关成员国共同向联合国大会提交了全球首个关于网络空间国际行为准则的系统文件——《信息安全国际行为准则》，并于2015年推出新版③；2018年，中国又联合40多个国家推动联合国大会启动关于《联合国打击为犯罪目的使用信息和通信技术公约》的谈判④。这也是联合国首次在网络犯罪领域主持制定国际公约，中国则是联合国网络犯罪政府间专家组的发起者、支持者和推动者。针对现有网络空间全球治理机制存在的"互联网自由"、主权排斥、单方安全等信息霸权问题，中国强调应尊重彼此网络主权和安全利益，通过开展多边协商合作和相关多边制度及规则建设来治理"黑客"攻击、网络犯罪等全球网络公害，进一步凝聚构建网络空间命运共同体的价值共识。而世界各国特别是发展中国家对网络空间治理的平等参与和利益分享，是促进全球网络均衡健康发展的关键所在。

以互联网为基础的数字经济正在成为新一轮全球化的重要驱动力量，为此中国发挥自身在创新驱动和数字经济领域的独特优势，积极引领网络科技朝着增进全球福祉的目标发展。这包括支持全球数字基础设施建设，推动各国互联网和数字经济发展，消除全球数字鸿沟，从而使更多国家和人群从中分享红利。

---

① 耿召. 积极参与新兴议题国际规则构建 [N]. 学习时报，2021-10-08.
② 和音. 开启全球数字治理新篇章 [N]. 人民日报，2021-03-30.
③ 龙坤，朱启超. 网络空间国际规则制定：共识与分歧 [J]. 国际展望，2019 (3).
④ 张路遥. 联大通过决议授权谈判制定打击网络犯罪全球性公约 [J]. 中国国际法年刊，2019 (1).

中国积极参与数字经济国际合作，主动参与国际组织数字经济议题谈判，诉诸世界贸易组织等多边机制、APEC等区域机制以及双边自由贸易协定等多元路径推动国际电子商务规则谈判。中国还通过开展双多边数字治理合作，促进国家间数字经济政策协调，维护和完善多边数字经济治理机制，及时提出机制建设的中国方案来推动全球数字治理范式转变和制度创新。2021年11月，中方正式申请加入《数字经济伙伴关系协定》。作为全球首个数字经济伙伴关系协定，《数字经济伙伴关系协定》涵盖商业和贸易便利化、数据问题、新兴趋势和技术、创新与数字经济、中小企业合作等模块，对国际数字经济活动和交流提出了比较全面的规则安排，有望成为未来全球电子商务和数字经济多边规则的亚太蓝本。该协定于2021年1月正式生效，中国的加入将产生极大的带动作用，为数字贸易国际规则的多元发展注入中国元素，推动全球数字经济从区域规制向多边规制转型升级。

在技术层面，数字人民币的推出和应用为国际货币体系多元化改革提供支持；而人民币跨境支付系统建设，也有助于维护国际贸易和金融的安全稳定。作为数字经济领域的先发国家，中国数字治理的经验和实践有利于其在全球数字经济治理相关规则制定中发挥重要作用，并在这一过程中促进国际、国内规则的协调与互动，通过国内规则外化为国际社会提供参照范本，从而不断提升中国在该领域的制度性话语权。特别是，在金融科技、云数据、量子通信、区块链和人工智能等新技术应用领域，中国可以为相关全球规则与标准制定做出突出贡献，如主权数字货币、电子货币的发展与监管等。鉴于数字全球化在推动全球经济发展的同时带来了与数据跨境流动相关的安全挑战，中国可考虑在二十国集团框架下发起成立某种"全球数据组织"，首先在这些数字经济相对发达的经济体中凝聚共识，引领制定相关规范和标准，进而推动形成全球层面的规制。[1] 总之，中国为构建全球网络治理新秩序提供的方案彰显了治理理念的进步性，同时促进了制度的有效供给，契合国际社会共治共享的普遍诉求。

（二）其他全球公域治理规则供给

随着全球化深入发展，全球新公域议题治理的紧迫性也日益显现。作为利害攸关方，中国深度参与极地、海洋等领域的机制建设和规则制定，成为相关国际规范的重要贡献者。中国着眼于提升国际规则制定话语权的战略高度，使自身的立场与观念得到有效表达，从而推动基于人类命运共同体理念的规则之治，为现有治理体系的完善贡献规范性话语和解决方案。1983—2006年，中国

---

[1] 王辉耀. 完善全球治理需要国际组织发挥更多积极作用［N］. 北京青年报, 2021-03-27.

先后加入《南极条约》《关于环境保护的南极条约议定书》《南极海洋生物资源养护公约》等国际条约体系，并作为南极条约协商国、南极海洋生物资源养护委员会成员国全方位参与南极治理。全球气候变化对北极海洋生态环境的影响也使国际社会认识到保障北极海洋生态安全的重要性。鉴于当前北极治理态势仍存在着"域内自理"与"国际协同"的矛盾，中国可从治理理念倡导、多主体网络打造、国际治理标准制定、北极治理法律体系构建和科研能力提升等方面入手，结合"冰上丝绸之路"倡议的推进，搭建北极海洋生态安全协同治理平台。① 作为北极理事会观察员国，中国依据国际法参与北极事务，努力为北极发展贡献中国智慧和中国力量，如对北极海洋生态安全治理的技术支持和制度参与，从而成为北极事务重要利益攸关方。近年来，中国政府先后发布了两份白皮书：2017年，中国国家海洋局发布《中国的南极事业》，这是中国政府首次发布白皮书性质的南极事业发展报告；2018年，中国国务院新闻办公室发布《中国的北极政策》，这是中国政府在北极政策方面发布的第一部白皮书。

  近年来，气候变化、人类资源开发等导致的各类新型海洋环境问题不断出现，而相关的全球治理规范极不完善，亟待填补治理标准与规则制定的空白。鉴于当前与全球海洋环境治理相关的国际条约出现了主体多元化、内容前瞻化、规则动态化、谈判复杂化、冲突严重化以及效力扩张化的发展态势，中国秉持构建海洋命运共同体理念，深度参与全球海洋环境治理国际造法，积极推动并引领以全球海洋环境治理为代表的全球海洋治理领域的国际法治进程。② 2017年，在海洋调查领域的 ISO 标准尚属空白的情况下，中国向国际标准化组织（ISO）提出制定该国际标准的提案并获立项通过，其他 8 个国家也积极参与进来。2021 年 12 月，由中国主持制定的《海洋环境影响评估（MEIA）—海底区海洋沉积物调查规范—间隙生物调查》国际标准经 ISO 批准正式发布，标志着中国海洋调查技术标准国际化实现了重要突破。中国还积极参与国家管辖范围以外区域海洋生物多样性国际协定谈判，参与国际海底开发规章制定，推动制定公平合理、权责平衡的深海采矿制度。

  中国深度参与联合国框架下的全球海洋治理，主动提供更多高质量的海洋公共产品，特别是引领国际海洋法规则的重塑与完善，树立负责任的海洋大国形象。在当今全球海洋治理领域，存在着环境污染、资源过度开发、地缘政治

---

① 杨振姣，牛解放．北极海洋生态安全协同治理策略研究［J］．太平洋学报，2021（6）．
② 刘惠荣，齐雪薇．全球海洋环境治理国际条约演变下构建海洋命运共同体的法治路径启示［J］．环境保护，2021（15）．

竞争激烈、制度碎片化与执行力不足、规则和制度体系亟待革新等诸多问题。全球海洋治理体系的变革需要主要行为体更新其治理理念，平衡彼此利益关系，淡化治理规则的非中性现象，降低治理规则的碎片化程度。中国为之提供的治理方案是建设性的，即在肯定现有海洋治理体系正面效应的基础上构建一个更加公平合理的国际海洋秩序，为此需要提升中国及广大发展中国家在国际海洋规则制定中的话语地位。① 当前，中国倡导的海洋命运共同体理念是人类命运共同体理念在海洋领域的具体体现，它包括海洋政治、安全、经济、文化和生态等层面的丰富内涵，为全球海洋治理特别是国际海洋法的创新发展提供了新的价值指引。为此，中国将海洋命运共同体理念融入全球海洋治理制度建设，维护以联合国为核心的全球海洋治理框架，积极参与全球、区域与国家间海洋治理合作，挖掘"21世纪海上丝绸之路"建设的巨大潜力，提供科研支持、交流平台、海上执法、能力建设等多种形式的公共产品。②

海洋命运共同体理念追求海洋善治、维护海洋安全，倡导各国遵照普遍、平等、包容原则提供相关公共产品，共同应对传统与非传统威胁。它反映了全球海洋治理理念从西方中心主义走向包容性多边主义和参与主体多元主义的进步，凸显了中国海洋议题设置与规则制定的话语能力。为此，需要推动从理念构想到制度设计再到实践行动的不断深化③，推动各国共同参与新的海洋规则与机制建设，塑造开放包容、共商共建共享的全球海洋秩序，在海洋资源开发、海洋环境保护、海上通道安全和海上防灾减灾等领域提供系统的公共产品。在这方面，诸如"南海行为准则"等南海区域规则与北极区域规则都是构建海洋规则与秩序的有益探索。④ 随着海洋风险日趋复杂化，海洋安全要素范畴不断扩大，不同安全议题的相互作用愈加频繁，使得现行国际治理秩序的局限性更加凸显。对此中国着眼于多元行为主体和多层治理模式完善海洋安全治理路径，加强应对海洋安全风险的能力建设，推动全球海洋安全治理秩序的发展和完善。⑤ 对于现有国际海洋治理机制，中国坚持建设性参与、引导与创新相结合，视具体情况采取不同策略。对于那些明显不利于中国及发展中国家共同利益的

---

① 叶泉．论全球海洋治理体系变革的中国角色与实现路径［J］．国际观察，2020（5）．
② 刘晓玮．全球海洋治理的现实困境与中国行动［J］．江苏海洋大学学报（人文社会科学版），2022（1）．
③ 张琪悦．构建海洋命运共同体与维护海洋安全的辩证思考及实现路径［J］．中国海商法研究，2022（1）．
④ 朱锋．从"人类命运共同体"到"海洋命运共同体"：推进全球海洋治理与合作的理念和路径［J］．亚太安全与海洋研究，2021（4）．
⑤ 关孔文，闫瑾．全球海洋安全治理困境及其应对策略［J］．国际展望，2022（3）．

平台和机制，首先通过加强引导来抑制其负面影响，待条件成熟时再推动其发生有利转变。为此可从低敏感领域入手，在海洋资源开发利用、海洋生态环境保护及污染防治、应对海平面上升及防灾减灾等方面积极承担责任，倡导和创制更多规则类公共产品。①

相关国际规范的变革有助于实现上述领域的良法善治，促进国内层面与国际层面的规范互动。这将使全球公域秩序得到更公正合理的塑造，从而更加符合中国的和平发展与人类的长远利益，同时使中国的软实力得到提升。② 为此，中国可积极倡导构建全球公域人类命运共同体并为之提供更多公共产品，实现人类在全球公域诸领域中的安全、繁荣与权利等目标。这包括寻求降低国家间尤其是大国间在全球公域的权力竞争态势，将国际组织建设成全球公域治理体系的稳定因素；着眼于人类共同利益，寻求开拓新的全球公域治理路径；推动民族国家及其公民的全球主义转向，构建全球公域治理的责任共同体；在人类共同利益和责任取得进展的基础上，逐渐将全球公域打造成真正的"人类公域"。③

五、夯实国内供给的基础地位

（一）以国内治理现代化奠定供给能力基础

国际公共产品供给通常需要供给国具备良好的国内公共产品供给能力，而国内公共产品供给的增加在许多情况下有助于国际公共产品的增加。④ 因此，国内公共产品的研发和生产能力构成了国际公共产品的供给基础，国际公共产品则可被视为国内公共产品在国际层面上的投射。为此需要及时总结和升华国内公共产品的供给经验，使之转化为国际公共产品供给能力的核心构成部分。具体而言，从国内公共产品到国际公共产品的研发、生产和转换，是一项涉及物质、制度与观念层面的综合性能力，在某种意义上能够反映一国的治理能力和水平。改革开放以来，中国在自身治理实践中不断探索现代化建设规律、国家治理规律、人类社会发展规律，积极与各国共享发展经验，共同实现良政善治。一个国家在全球治理体系中的地位、作用及能力在很大程度上是其国内治

---

① 刘巍. 海洋命运共同体：新时代全球海洋治理的中国方案[J]. 亚太安全与海洋研究，2021（4）.
② 杨泽伟. 新时代中国深度参与全球海洋治理体系的变革：理念与路径[J]. 法律科学，2019（6）.
③ 陈秋丰. 全球公域治理与人类命运共同体构建[J]. 国际论坛，2021（3）.
④ 曾国安，吴琼. 关于国际公共物品供应的几个问题[J]. 经济评论，2006（1）.

理水平和能力的延伸。特别是，大国的国家治理与全球治理在目标上紧密联系，其国家治理的成效关系到全球治理进程能否顺利推进、全球治理目标的实现与否以及全球治理体系变革的成败。① 根据 2021 年 11 月华东政法大学政治学研究院发布的《国家治理指数 2021 报告》，中国是 190 多个国家中唯一跻身国家治理指数排名前 20 的发展中国家。② 为使既有全球治理更有效地应对全球性挑战，中国正将国家善治的合理原则（如法治、政府与社会良性互动等）延伸运用至国际层面，推动国际社会达成基于共同价值和尊重多样性的集体行动。

处理内外部发展与治理多重挑战的"灵活度"，特别是适时调整和介入经济全球化与全球治理的能力与实效，已成为评判一国核心竞争力的最终标准。③ 其中，大国作为全球治理的主要成员与关键少数，其国家治理能够连接国内社会与国际社会，更是负有对本国人民负责与对人类贡献的双重使命；大国治理有助于推进全球治理进程，贡献全球治理方案并引领全球治理变革，以及促进全球治理的协调联动。④ 国家治理能力对于一国的全球治理能力而言具有基础性意义，为此中国一贯注重国内、国际两个层面的统筹协调，以合作和负责任的态度处理全球性问题，力求全球治理与国内治理在结构上的相互支持。⑤ 随着全球治理与国内治理之间的相互联系和相互影响日益加强，中国推进自身国家治理体系和治理能力现代化与参与国际体系和国际秩序变革能力之间的互补共进效应也不断凸显。在"中国之治"的基础上推动全球治理，提供更多制度及规则类、理念类等公共产品是关键进路。中国有必要进一步统筹全球治理与国家治理，实现面向全球治理的国家治理现代化，以开放型经济推动中国国家治理与全球治理的有效协同。特别是，通过高水平制度型开放使国内制度的某些要素上升为国际规范、国际标准，不断提高国内规则国际化的能力，从而将更多中国规则通过多边组织及其他国际机制转化为普遍性国际规则。制度型开放会促使中国主动对接乃至积极引领国际经贸规则，进而向共建更广泛领域的全球治理新规则拓展。在这个意义上，中国通过良好的国家治理为全球治理提供大批公共产品，从而实现国家治理与全球治理的有机统一。⑥ 特别是，中国

---

① 郭树勇. 论 100 年来中国共产党全球观念变迁的主要规律 [J]. 国际观察，2021（1）.
② 查建国，陈炼. 中国在全球治理中表现亮眼 [N]. 中国社会科学报，2021-11-29.
③ 吴白乙，张一飞. 全球治理困境与国家"再现"的最终逻辑 [J]. 学术月刊，2021（1）.
④ 左雪松，辛亚宁. 大国治理推动全球治理的重大意义与实现路径 [J]. 观察与思考，2021（12）.
⑤ 苏长和. 中国与全球治理：进程、行为、结构与知识 [J]. 国际政治研究，2011（1）.
⑥ 马小军. 中国：给不确定世界贡献稳定性和建设性力量 [N]. 学习时报，2020-01-03.

在发展、减贫、环境保护、粮食安全等领域的体系性国内治理经验，为国际组织及其开展的全球及区域治理提供知识产品，从治理互动的意义上日益"反哺"世界。

（二）国内公共产品的积极溢出效应

基于国内治理与全球治理在价值目标和能力提升上的紧密关系，可将国际公共产品视为国家治理产生的某种正外部性。特别是，在全球化视域下，大国财政是大国治理的基础和重要支柱，也是国家能力的重要体现。为此，中国需秉持内外统筹的国家治理理念，将现代财政制度建设内嵌于国家治理能力与治理体系现代化的大格局中，进一步构建新时代大国财政。大国财政关乎该国国际经济与政治战略的实现，为此要立足国内治理能力提升，把国家财政制度建设与财经政策设计置于全球治理框架下统筹考虑。循着从大国治理到全球治理的逻辑拓展路径，为全球治理承担相关国际公共产品供给责任、应对全球性风险挑战，都离不开大国财政的引领和支撑。[①] 体现在物质支持层面上，中国经济社会的快速发展极大地改善了国内公共产品的供给状况，如中国青少年发展基金会主导的"希望工程"项目国内需求缩小，"走出去"开展更多国际项目便成为其顺应趋势的选择。其中，"希望工程走进非洲"是中国青少年发展基金会于2010年发起的对非教育援助项目。该项目首期在坦桑尼亚、肯尼亚、纳米比亚、布隆迪和卢旺达等国开展希望小学援建，惠及数以万计的非洲儿童。中国还支持非洲广播电影电视产业发展，积极落实"为非洲1万个村落实施收看卫星电视项目"（"万村通"项目），尼日利亚、塞内加尔、卢旺达、刚果（布）等20余个非洲国家偏远地区的民众从中受益。

新时代的发展逻辑充分表明，中国的发展对世界是一项重大机遇。中国致力于使自身发展在更高水平上惠及全球，这种"惠及"政策的设计也会充分考虑国内发展利益与国际公共产品供给之间的协调。中国在自身经济发展和国内治理成功经验基础上推动全球治理机制创新，从发展能力提升入手促进与其他国家尤其是发展中国家的共同发展和共同繁荣。例如，中国的创新、协调、绿色、开放、共享新发展理念同样具有突出的世界意义，也可以为其他国家经济

[①] 刘尚希，李成威．大国财政：理念、实力和路径［J］．地方财政研究，2016（1）；郝宇彪，侯海萌．国际公共产品供给视角下的大国财政分析［J］．复旦国际关系评论，2018（1）；马海涛，陈宇．全球治理背景下的大国财政研究［J］．经济研究参考，2019（24）．

社会发展所分享。① 总之，一系列具有中国特色的全球化方案，从理念、制度到实践为更多国家提供了可优质共享的新选择，而不再是继续由所谓"新自由主义"来垄断全球化话语。

第三节 中国供给国际公共产品的主要平台

为有效解决全球性问题而主动提供全球公共产品的素质和技能，是一个国家全球治理能力的主要表现。② 在具体层面上，中国特色的国际公共产品供给战略离不开一定的政策实施体系作为支撑。建设持久和平、普遍安全、共同繁荣、开放包容、清洁美丽的世界，每一项都需要系统的行动计划来加以落实。例如，2018年，在整合商务部、外交部对外援助有关职责的基础上组建了CI-DCA③，成为中国顺应趋势采取的一项国际公共产品供给机制新创举。

一、与中国特色大国外交相结合

国际公共产品的供给与消费是不对称的，为承担更多国际责任提供公共产品是一个大国增强其领导力的重要方式，为此需要在供给竞争中发挥自身在物质力、制度力、倡导力等方面的比较优势，并实行灵活多样的差异化供给策略。在当前全球治理机制变革的关键历史当口，为国际社会贡献反映中国智慧的治理理念与治理方案，其重要性不亚于对物质型公共产品的供给。

（一）大国成长的国际领导力指征

理念与行动的有效转化，离不开相关平台建设，如全球、区域、跨区域及次区域等不同层次的合作机制，以及国际组织、全球或区域论坛、多边协调机构等具体形态。那些能够为国际社会提供规则、基础设施和其他公共产品的国家是某种意义上的"平台型国家"，这类国家通常具有突出的领导力。鉴于一个国家的供给能力是有限的，应平衡考虑不同层次的国际需求与自身优势，有效

---

① 蔡昉. 全球五分之一人口的贡献：中国经济发展的世界意义［J］. 世界经济与政治，2019（6）.
② 吴志成，王慧婷. 全球治理能力建设的中国实践［J］. 世界经济与政治，2019（7）.
③ CIDCA主要负责拟定对外援助战略方针、规划、政策，统筹协调援外重大问题并提出建议，推进援外方式改革，编制对外援助方案和计划，以及确定对外援助项目并监督评估实施情况等。不过，援外的具体执行工作仍由其他相关部门按分工承担。

对接供给与需求，按照一定的轻重缓急顺序安排国际公共产品成本投入和供给。① 为此，可立足于中国到 2035 年乃至 21 世纪中叶的中远期发展规划，确立统筹考虑国内、国际层面、分步展开供给的路径策略。这就需要着眼于人类命运共同体构建的阶段性任务，理顺国内公共产品、区域公共产品和全球公共产品的逻辑关系，实现自身发展、国际领导力与国际公共产品供给形态的协调并进。其中，区域公共产品的供给是中国朝着全球性大国成长的必经阶段。中国首先积极参与亚洲地区多边治理，并在相关进程中扮演着倡议者、推动者甚至主导者角色；通过在地区制度框架下与其他相关方的正向互动，中国与本地区日益实现高水平的利益与规范共享，并首先在互联互通、自由贸易、数字经济、生态环保等一系列功能领域为构建以共同体为目标的地区秩序打下基础。

在上述基础上，中国的国际公共产品供给可以在全球层面展开布局，并在这一过程中兼顾重点与全面。如何在全球治理中发挥新型领导作用，即做与其大国地位相称的非霸权式国际领导者，中国通过"一带一路"、亚洲基础设施投资银行等新型国际机制做出了最好诠释。其中，"一带一路"国际合作走向制度化且在空间上不断拓展，尤其是与联合国议程深度对接，使其全球公共产品属性得到强化，从而成为一段时期中国国际公共产品供给能力提升的主要抓手。中国的国际领导力日益由区域向跨区域、全球层面全面提升，其国际公共产品供给优势日臻全面和均衡，最终将成长为一个成熟且富有世界情怀与感召力的全球公共产品供给者。

（二）找准中国特色大国外交的发力点

中国特色大国外交的时代命题，就是要主动塑造中国作为一个世界大国应有的外交体系和外交能力。从认识论与实践论相统一的视角来看，国家外交能力是认知能力、决策能力、治理能力、财政能力、话语能力等维度的有机统一。② 新时代中国外交能力建设着眼于国内、国际两个大局，以外交体制机制建设为基础，以外交理论创新为引领，以外交布局谋划和推进为主线，以战略实施能力全面提升为支撑。③ 中国特色大国外交既要服务民族复兴，也要促进人类进步，推动建设新型国际关系，推动构建人类命运共同体。具有中国特色、中国气派和中国风格的大国外交，正持续为全球发展注入信心，为国际争端解

---

① 曹德军. 论全球公共产品的中国供给模式 [J]. 战略决策研究，2019（3）.
② 白云真，张旗. 外交能力的概念、方法及其议程 [J]. 中共中央党校（国家行政学院）学报，2022（2）.
③ 罗建波. 世界大变局下中国外交能力建设：目标与路径 [J]. 云梦学刊，2022（1）.

决提供中国方案，为其他国家发展提供机遇，为全球治理体系变革注入动力。① 中国特色大国外交在体制创新的基础上，贯彻多元、开放、包容的多边主义路线，做全球重要议题的行动派，展示出"国之大者"胸怀，从而不断夯实责任外交的内涵。② 归结到一点，为全球治理创造性地供给更多优质国际公共产品，是考量新时代中国外交能力的重要维度。而国际公共产品的创新供给能力通常包含物质资源投入的硬能力、叙事话语塑造的软能力以及整合协作的创造性能力等层面，其中，物质实力构成一国参与全球治理能力的基础，以话语叙事与理念倡导论证行动合法性的软能力是全球治理能力的核心，而创造性能力则将硬能力与软能力联系起来以达到增效目的。③

当前，中国特色大国外交以元首外交为战略引领，中国方案得到国际社会更多认同，中国在推动全球治理体系变革中的关键作用进一步凸显，国际公共产品供给角色进入新境界。高密度的元首外交彰显了中国始终做世界和平建设者、全球发展贡献者、国际秩序维护者的决心和行动，中共十八大以来，习近平主席已出访40余次，实现了对五大洲重要地区、国家和国际组织的全覆盖，一系列主场外交更是发出了中国声音、传播了中国理念。④ 在新冠疫情时期则密集开展"云外交"，通过战略沟通凝聚合作共识——仅在2021年，习近平主席同外国领导人和国际组织负责人通话就达79次，以视频形式出席重大外事活动40起，推动全球伙伴关系网络更加全面、更为坚实，为构建人类命运共同体汇聚了强大合力。⑤ 在2020年11月亚太经合组织工商领导人对话会上，习近平主席发表主旨演讲，系统阐释中国构建新发展格局的深刻内涵与世界意义，强调中国的对外合作将不断深化，同世界各国实现更高水平的互利共赢。2021年4月，习近平主席在博鳌亚洲论坛年会上指出，未来中国将同各方继续高质量共建"一带一路"，弘扬开放、绿色、廉洁理念，努力实现高标准、惠民生、可持续目标，特别是把"一带一路"建成"减贫之路""增长之路"，为人类走向共同繁荣做出积极贡献。

2022年4月，习近平主席在博鳌亚洲论坛年会上首次提出全球安全倡议。

---

① 林敬平，方忠. 新时代中国特色大国外交的全球贡献［J］. 人民论坛·学术前沿，2020（2）.
② 陈云. 中国特色大国外交的理论创新和责任之举［J］. 人民论坛，2022（6）.
③ 曹德军. 增强中国国际公共产品供应能力［N］. 中国社会科学报，2021-09-16.
④ 王毅. 高举习近平外交思想光辉旗帜，书写民族复兴壮丽篇章［N］. 人民日报，2021-10-20.
⑤ 新华社. 王毅接受新华社和中央广播电视总台联合采访［N］. 新华每日电讯，2021-12-31.

这是继 2021 年在联合国提出全球发展倡议后，习近平主席提出的又一顺应当今时代需求的重要公共产品。具体到亚洲地区，就是要把亚洲发展好、建设好，将其打造成世界的和平稳定锚、增长动力源、合作新高地。2022 年 9 月，习近平主席出席上海合作组织成员国元首理事会第二十二次会议并发表重要讲话，倡议拓展安全合作，深化务实合作，推动本地区落实全球安全倡议与全球发展倡议。为此，中方愿在未来 5 年为成员国培训 2000 名执法人员，建立中国—上海合作组织反恐专业人才培训基地，强化各方执法能力建设；在产业链供应链、科技创新等领域打造共同发展的新引擎，包括建立中国—上海合作组织大数据合作中心等；中方还将在未来 3 年为成员国民众免费实施 2000 例白内障手术，提供 5000 个人力资源培训名额。① 2022 年 11 月，习近平主席先后参加了二十国集团领导人第十七次峰会和亚太经合组织第二十九次领导人非正式会议。习近平主席在二十国集团领导人第十七次峰会第一阶段会议上强调，要推动更加包容、普惠、有韧性的全球发展，为此中方在二十国集团提出了数字创新合作行动计划、国际粮食安全合作倡议，并和印度尼西亚等伙伴国一道发起"构建稳定和富有韧性的产业链供应链国际合作倡议"，与多国共同倡导建立全球清洁能源合作伙伴关系。在本次 APEC 工商领导人峰会上习近平主席指出，中国的发展受益于亚太，也用自身发展回馈亚太、造福亚太；中国将坚定不移推动构建亚太命运共同体，为亚太稳定繁荣做出更多贡献。

在全球卫生及人道主义领域，元首外交也传承和拓展了中国与国际社会相互支持、守望相助的优良传统，这在 2014 年西非埃博拉疫情、2015 年尼泊尔震灾以及 2018 年印度尼西亚地震海啸灾情等案例中都有生动体现。面对近年新冠疫情的严峻挑战，在元首外交引领下，中国开展了大规模的全球人道主义行动，为全球抗疫贡献中国智慧与力量。2021 年 5 月，习近平主席出席全球健康峰会并提出五点意见，为构建人类卫生健康共同体勾勒出基本架构：坚持人民至上、生命至上；坚持科学施策，统筹系统应对；坚持同舟共济，倡导团结合作；坚持公平合理，弥合"免疫鸿沟"；坚持标本兼治，完善治理体系。

习近平主席还大力倡导国际社会共同构建人与自然生命共同体，多次呼吁各国加强"绿色合作"，推动"绿色发展"，助力"绿色复苏"。在 2020 年举行的第七十五届联合国大会一般性辩论以及气候雄心峰会上，习近平主席提出了中国提高国家自主贡献力度的 2030 年、2060 年等重大阶段性目标。2021 年 4

---

① 杜尚泽，张朋辉.习近平出席上海合作组织成员国元首理事会第二十二次会议并发表重要讲话［N］.人民日报，2022-09-17.

月，习近平主席在领导人气候峰会上为加强全球生态环境治理提出中国方案，推动构建公平合理、合作共赢的全球环境治理体系，引领共建全球生态文明。习近平主席一再强调维护和践行真正的多边主义，在2021年世界经济论坛"达沃斯议程"对话会上，指出多边主义的要义是"国际上的事由大家共同商量着办，世界前途命运由各国共同掌握"。①

此外，随着中国日益走近世界舞台的中央，中国的主场外交活动日益频繁，业已成为中国特色大国外交的重要组成部分。特别是，中共十八大以来，中国特色大国外交实现了一系列理念（涵盖与世界各国合作共赢的发展观、邻里观、安全观、秩序观、全球治理观等）与实践创新，大力开展主场外交，中国通过在本国举办APEC峰会、博鳌亚洲论坛、二十国集团杭州峰会、"一带一路"国际合作高峰论坛、上海合作组织峰会、金砖国家峰会等多边外交活动，塑造国际共识并促进共同行动，进而提升自身的国际话语权、加强对国际制度的参与和塑造，以及优化国际形象和增加国际贡献。② 这从顶层设计层面促进了中国供给国际公共产品的实践创新，由此向国际社会输送更多为世界认同和接纳的理念，引领新的治理规则制定。在宏观层面上，主场外交有助于中国统筹国家治理与全球治理，服务国家发展（治理）能力和国际公共产品供给能力的提升；在具体层面上，主场外交有助于协调多方力量，编织跨国合作关系网络，拓展关系治理。③ 未来，中国主场外交要处理好器物、制度和理念层次的平衡关系，以此提高国际机制创设能力，增强中国理念的转化能力，进一步彰显主场外交视野下的大国责任。④

二、以公共产品供给赋能"一带一路"建设

在供给渠道上，中国可发挥双边、区域与全球供给的互补组合优势，并与伙伴关系、周边外交、多边外交等有机结合起来。尤其在当前复杂的全球及周边形势下，区域合作有助于冲抵外部压力，为此可在"一带一路"建设基础上创新跨区域合作治理，引领各国在国际公共产品供给差异与需求差异之间实现良性协调与匹配。⑤ 基于利益而选择合作是构建伙伴关系的首要逻辑，而以

---

① 韩梁. 中国元首外交的世界交响［N］. 新华每日电讯，2021-07-05.
② 凌胜利. 主场外交、战略能力与全球治理［J］. 外交评论，2019（4）.
③ 陈拯. 国家治理、外交能力与中国主场外交的兴起［J］. 世界经济与政治，2021（5）.
④ 方长平. 主场外交彰显中国大国责任［J］. 人民论坛，2019（28）.
⑤ 任琳，彭博. 全球治理变局与中国应对：一种全球公共产品供给的视角［J］. 国际经济评论，2020（1）.

"一带一路"建设为纽带构建广泛的利益共同体，有助于整合碎片化的区域合作机制，并在此基础上培育某种身份认同。

(一) 强化"一带一路"建设的国际公共产品属性

中共十九届六中全会审议通过的《中共中央关于党的百年奋斗重大成就和历史经验的决议》指出，"我国坚持共商共建共享，推动共建'一带一路'高质量发展，推进一大批关系沿线国家经济发展、民生改善的合作项目，建设和平之路、繁荣之路、开放之路、绿色之路、创新之路、文明之路，使共建'一带一路'成为当今世界深受欢迎的国际公共产品和国际合作平台"。"一带一路"倡议在某种意义上是新时期中国经济发展经验的正向外溢与国际化实践，其致力于打造政治互信、经济融合、文化包容的利益共同体、命运共同体和责任共同体，彰显了中国的全球化新理念。[1] 从设计理念到操作框架、从愿景到行动，"一带一路"倡议都体现出鲜明的中国特色，其推动了全球治理理论的多重创新，丰富和发展了国际合作理论和全球价值链理论，彰显了发展、和平、文化、合作等方面的典范价值。[2] "一带一路"建设不但有力地推动了开放、包容、平衡、普惠、共赢的新型全球化，更是创新性地促进了区域经济一体化，对于沿线国家产生了显著的贸易促进和减贫效应。"一带一路"公共产品起初是面向特定区域或跨区域的国际机制，随着其外溢效应日益具有全球性（目前已涵盖了亚、欧、非等五大洲上百个沿线国家），现已成为现有全球及区域治理机制的重要补充和完善。围绕着"一带一路"建设形成的新型国际合作体系，最大限度地吸收了那些具备潜力及意愿的供给方，并通过开展广泛的发展合作保证了相关国际公共产品的供给效能。

作为新时代中国探索全球治理模式的重要实践以及参与全球治理的重要平台，"一带一路"建设涵盖了器物、制度和观念等多个维度。它与全球治理的互动是一个复杂多样的过程，"一带一路"与全球治理的初始理念相互契合，并嵌入后者的正式制度，而非与之形成"平行制度"；不过，在非正式制度方面，"一带一路"存在较大的独立创新空间。[3] 在当前国际公共产品供给严重不足或无法满足区域差异化需求的背景下，"一带一路"建设从供给侧优化了公共产品供需结构。这不仅反映在物质层面上，作为其高质量发展的表现，"一带一路"

---

[1] 张永庆. "一带一路"倡议：中国经验、国际方案、世界贡献 [J]. 东北亚经济研究, 2018 (6).
[2] 王亚军. "一带一路"倡议的理论创新与典范价值 [J]. 世界经济与政治, 2017 (3).
[3] 谢来辉. "一带一路"与全球治理的关系：一个类型学分析 [J]. 世界经济与政治, 2019 (1).

建设还在加强有效的制度供给。更为实质性和高水平的多边化将使"一带一路"在塑造新的国际规则和规范方面发挥更大作用，其自身也将成为更全面和纯粹的国际公共产品。

"一带一路"国际合作反映了中国对发展领域国际公共产品的引领性供给，类似"主导加众筹"的公共产品供给模式强化了中国作为建设者和倡领者的全球治理角色。[1] 通过共同推动基础设施合作、经贸合作、开发合作等机制化建设，中国与沿线国家一道探索构建国际公共产品供给新机制，促进了国际公共产品供给体系的完善，其高质量建设有助于克服世界市场失灵。在这个意义上，"一带一路"机制化建设将引领包容性国际经济治理体系的构建与完善，促进现有全球治理机制变革，推动形成更加公正合理的全球治理规范，最终有利于利益共同体、责任共同体、规则共同体与命运共同体的形成与发展。[2] 鉴于"一带一路"倡议实施以来国际治理环境发生了急剧变迁，法治化越来越应成为该倡议可持续实施的保障。这种以规则为导向的治理架构，不仅有助于实现"一带一路"的高质量发展，而且有助于推进真正的多边主义，更好地分享经济全球化的成果。为此需要着眼于国际软法与硬法相结合的多元化治理，充分汲取相关国际和区域法治资源，妥善利用现有双边、区域和多边国际法律机制；并着眼于长远的制度供给，准确把握相关国际法特别是国际经贸规则的发展趋势，创新性地提高投资和贸易等领域的规则与制度供给能力。[3]

（二）推进"一带一路"国际合作的多边化与制度化

"一带一路"建设是一个渐进的制度化过程，其高质量发展必然面对与现有国际制度的协调对接问题，相关策略选择取决于"一带一路"涉及的议题差异程度、政策调整深度和任务区分程度。[4] 其实践体现了对嵌入式多边主义全球治理的创新应用，嵌入首先是指将"一带一路"放到现有多边体系中并汲取后者的积极因素，特别是利用现有国际规则进行区域经济合作，在此基础上成长

---

[1] 吴志成，韩笑."一带一路"：以国际合作推进全球治理变革［J］．人民论坛·学术前沿，2017（8）．
[2] 沈铭辉，张中元."一带一路"机制化建设与包容性国际经济治理体系的构建：基于国际公共产品供给的视角［J］．新视野，2019（3）．
[3] 石静霞."一带一路"倡议与国际法：基于国际公共产品供给视角的分析［J］．中国社会科学，2021（1）．
[4] 王明国."一带一路"与现有国际制度的对接：基于制度复杂性的视角［J］．当代亚太，2021（6）．

为一个新型的大规模区域及跨区域经济合作平台。① 多边主义路径是"一带一路"高质量发展的重要保障，它有助于增强相关国家对"一带一路"及中国角色的认可和接受度，对冲霸权国主导的伪多边主义的挑战。② "一带一路"倡议作为中国为全球治理所做的一项创新制度贡献，自实施以来已与全球及区域层面的众多国际组织实现有效对接，相关理念也融入联合国、二十国集团、亚太经合组织等国际组织的议程中，表明了"一带一路"已从中国倡议转化为全球公共产品和全球性行动。作为主动参与和推动全球及区域治理的一项顶层设计，2016年以来，中国先后与联合国开发计划署、世界卫生组织、联合国亚太经社委员会、联合国人口基金等全球多边机构达成了共建"一带一路"协议，彰显了该平台对于包容性全球化及区域经济一体化的促进作用。特别是，联合国作为共建"一带一路"的重要伙伴，发挥了国际支持、务实参与和第三方协调的重要作用，堪称国际组织共建"一带一路"以及"一带一路"多边合作的典范。当前，联合国议程与"一带一路"倡议的对接内容主要包括可持续发展、南南合作和绿色发展。在此基础上，联合国秘书处、联合国大会、联合国经济及社会理事会等相关机构以及联合国15个专门机构立足自身专业领域，积极参与"一带一路"建设并取得了一系列共建成果。③ 其中，中国—加纳/赞比亚—联合国开发计划署可再生能源技术转移项目是联合国高质量共建"一带一路"的代表性项目之一。2020年12月，中国同非洲联盟委员会签署了《中华人民共和国政府与非洲联盟关于共同推进"一带一路"建设的合作规划》，这是中国同区域性国际组织签署的第一份共建"一带一路"规划类合作文件。由此"一带一路"建设实现了治理主体的极大拓展，其治理目标放在尊重自主性的共同发展上，以渐进式路径塑造相关国际规则，反映了具有中国特色的国际制度创建模式不断走向成熟。

"一带一路"发展合作致力于发挥和塑造参与国的比较优势，目前已形成融合、嵌入、嵌套、对接等机制供给路径，呈现出丰富多元的内容设计，其对沿线国家和全球发展合作的效用也逐渐显现。其中，嵌套路径主要涉及"一带一路"与联合国及其他全球治理机制的嵌套，如上述达成共建协定、对接议程等举措。与多边发展框架的机制嵌套，首先有助于扩大认同、化解部分国家的疑

---

① 程大为. 美国治下全球贸易体系的变化及中国贸易治理对策 [J]. 政治经济学评论，2018 (4).
② 叶海林. 以多边主义推动"一带一路"高质量发展：认知视角 [J]. 战略决策研究，2021 (6).
③ 刘乐. 联合国与"一带一路"建设 [J]. 国际论坛，2021 (4).

虑，从而提升"一带一路"相关行动的国际道义高度。其中，作为当今世界最大的推进企业可持续发展的国际组织，联合国全球契约组织（The United Nations Global Compact）在约160个国家拥有15000多家企业以及3000多家非企业成员，并在60多个国家设立了地方性网络，从而促进了市场主体对全球治理的负责任参与。作为"一带一路"倡议与联合国2030年可持续发展议程协同合作的体现，联合国全球契约组织"可持续基础设施建设助力'一带一路'，加速实现可持续发展目标"行动平台于2020年6月成立，迄今已在公共卫生领域和能源等基础设施、环境和气候行动、绿色金融和经济发展等方面推动着南南合作以及全球知识共享取得进展。特别是，围绕着企业可持续发展和公私伙伴关系等议题，2022年6月联合国全球契约组织发布了《中国战略》，加大对"一带一路"和"全球发展倡议"的支持力度。这一战略支持中国"十四五"规划和《联合国对华可持续发展合作框架（2021—2025年）》提出的优先发展领域，并为此确定了七大重点工作领域，涉及碳中和、公正转型、可持续供应链等具体目标。

另外，"一带一路"合作强调互利共赢和促进受援国经济增长，其呈现的发展导向特征是由中国自身和平发展和参与经济全球化的内外部环境决定的。鉴于可能出现对某些违反规则行为约束不够的问题，加强"一带一路"合作机制与其他国际机制的规则嵌套有利于构建双重遵约框架，为参与各方提供更稳定的行为预期。① 例如，金融合作是"一带一路"嵌套机制的主要领域，自"一带一路"倡议提出以来，中国已发起设立了金砖国家新开发银行、亚洲基础设施投资银行、丝路基金②以及其他双多边产能合作基金、区域发展基金等10余个新型开发性金融机构和平台，"一带一路"金融合作框架体系初步形成。而"一带一路"绿色投资原则是一套供参与"一带一路"投资的全球金融机构和企业在自愿基础上采纳与实施的行为准则，由中国金融学会绿色金融专业委员会与"伦敦金融城绿色金融倡议"于2018年11月共同发布。"一带一路"绿色投资原则在现有责任投资倡议基础上，将低碳和可持续发展议题纳入"一带一

---

① 沈铭辉，沈陈. 机制供给与"一带一路"发展合作[J]. 外交评论，2021（1）.
② 丝路基金是由中国外汇储备、中国投资有限责任公司、中国进出口银行、国家开发银行共同出资，按照市场化、国际化、专业化原则设立的中长期开发投资基金，2014年12月在北京以有限责任公司形式注册成立。其致力于为"一带一路"框架内的经贸合作和双多边互联互通提供投融资支持（包括采取股权、债权、基金、贷款等多种方式），主要服务于相关国家和地区的基础设施、资源开发、产能合作和金融合作等项目，并遵循对接、效率、合作、开放的运行原则。2017年5月，中国宣布加大对"一带一路"建设资金支持，向丝路基金新增资金1000亿元人民币。

路"倡议,以提升投资环境和社会风险管理水平,进而推动"一带一路"投资的绿色化。截至2021年4月,参与《"一带一路"绿色投资原则》的全球大型金融机构已达39家,掌管资金高达48万亿美元。此外,"一带一路"基础设施投资制度供给也得到进一步加强,并呈现出渐进、包容与互利的内生整合特点,从而在国际投资体制与规则变革中发出更多中国声音,有效改善了全球性及区域性基础设施投资规则相对缺位与整合度不高现状。① 中国已成为"一带一路"国家间金融合作规则的积极供给者和规则体系的开放性建构者,推动着基于共商、共享、开放、包容与创新的规则共同体建设。②

"一带一路"建设在制度领域的发展创新有助于完善既有全球治理机制的架构与规则,为全球发展相关公共产品供给提供创新平台。其在探索实践新型国际合作的基础上着力拓展制度、标准、规则等方面的合作供给,如基础设施建设标准、数字规则、跨境电子商务标准、贸易便利化措施、绿色能源以及绿色金融规范、传染病防控制度等,从而创设了更多具有先进性和普遍适用性的国际公共产品。③ 作为一项旨在实现中国与世界共同发展的宏大设计,在"一带一路"平台上进行的丰富制度创新和实践,正在为破解全球发展难题做出独特贡献。各共建方在权利、规范、原则、决策程序以及相关机制层面开展共商共建共享,推动国际制度变迁和制度赋能,增进各方在地区和国际制度体系中的制度权益,从而供给更多基于国际制度合作的公共产品。"一带一路"相关制度或机制具有动态性、实践引导性和情景针对性等特点,其有效性还有赖于在制度建设中强化价值体系和知识体系建构,以及增强其与既有制度环境的兼容性,从而使自身得到足够赋能。随着"一带一路"国际合作不断深入,中国为区域治理和领域治理贡献更多制度方案或机制性安排,作为制度类公共产品供给者的身份将不断强化。

秉持"丝路精神"和"以合作促发展、以发展促安全"的思路,"一带一路"在整合现有双多边国际机制的基础上,致力于构建更开放包容、富有韧性的国际制度网络(包括创建"一带一路"国际合作高峰论坛等综合性制度平台),在重点合作领域实现以亚洲基础设施投资银行为代表的机制创新,与亚洲

---

① 陈云东,樊帅. "一带一路"基础设施投资制度供给问题与优化路径[J]. 印度洋经济体研究,2022(1).

② 保建云. "一带一路"国家间金融合作的规则供给与规则体系构建[J]. 中国高校社会科学,2019(1);王贵国. 全球治理与规则导向"一带一路"的原则和方向[J]. 经贸法律评论,2019(5).

③ 林跃勤. 加强"一带一路"建设在国际治理中的作用[N]. 光明日报,2022-01-06.

等区域或次区域一体化机制深度对接。① "一带一路"新型国际制度体系逐渐形成，从非正式到正式制度建设不断推进，双边与多边机制并行，以经济机制为核心、以政治机制和人文机制为补充的架构得以确立。"一带一路"相关国际公共产品供给相应呈现出发展导向、政府主导等特征，各种器物类、制度类和观念类国际公共产品正日益均衡地满足相关方的需求，尤其在包容性发展、收入分配公平性、区域间平衡发展和国际经济治理重构等方面价值重大。② "一带一路"建设包含的公平合理的制度理念、多元合作的制度模式、兼容并包的制度体系以及循序渐进的制度路径，推动着全球治理模式及国际制度体系取得更多创新与变革。③ 未来有必要在物质类（如基础设施建设）产品的基础上大力拓展制度类及观念类产品供给，与正确义利观结合起来实现更系统的话语创新，从而形成软硬互补的"一带一路"公共产品结构。

三、与增强制度性话语权同向推进

（一）全球治理中的制度性话语权

在某种意义上，各国的共有需求及共同利益预期催生了国际公共产品，并由不同层级的国际机制共同承担了供给职能。前述区域公共产品是全球公共产品在地区供给层面的补充，二者共同组成了互补性的多层供给结构。当前国际机制处于改革和变动中，中国作为负责任大国需要参与并积极创建新的机制和规则，塑造有利于全球持久和平、公平发展与共同繁荣的国际制度环境。制度性公共产品的供给是一个内外互动的过程，国内制度建设与国际制度改革之间存在着相互制约、彼此转化的关系。因此，一个国家可以通过研发或参与供给此类国际公共产品而获得某种权利，与其他相关方形成的这种权利关系，是一种全球治理语境下的制度性话语权。制度性话语权是国际话语权的重要形式，它能反映一个国家在国际机制中的地位与作用，直接决定着一个国家在国际制度中的代表权、发言权、投票权等具体权利。它具体体现为一国将其倡议通过一系列机制性安排，上升为国际通行规则。④ 全球治理话语权涉及的主体多样（日益不限于主权国家）、客体复杂（从高级政治领域到低级政治领域），且内容覆盖面广、相关平台影响大。在全球议程、发展模式等方面提供基本国际公

---

① 潜旭明．加强"一带一路"建设中的制度研究［N］．中国社会科学报，2020-01-14．
② 马涛，陈曦．"一带一路"包容性全球价值链的构建：公共产品供求关系的视角［J］．世界经济与政治，2020（4）．
③ 张超．"一带一路"战略与国际制度体系的变革［J］．理论探索，2017（3）．
④ 左凤荣．全球治理中的国际话语权［N］．学习时报，2019-11-22．

共产品，是实现全球善治的价值需要。① 为此需要着眼于当前全球治理中存在的国际经济话语权失衡、国际政治话语权失序、国际文化话语权失范等问题，积极应对国际制度与国际规范层面的供给竞争。

一方在国际制度中引领他方，使他方自愿跟从其倡导的治理规则的能力，属于全球治理能力的高阶层次。为此，提高我国参与全球治理的能力，需着力增强规则制定能力、议程设置能力、舆论宣传能力和统筹协调能力。② 一国参与全球治理的深度与其国际话语权的强弱呈正相关关系，掌握国际话语权即意味着该国在全球治理中拥有更大的主动权、发言权和影响力，因此主要大国或国家群体之间围绕着不同治理理念、模式展开激烈的国际话语权竞争。全球治理变革在深层次上反映的是国际制度竞争，因此制度性话语权关乎全球治理的走向。这具体体现在国际公共产品供给的议程设置上，国际议程设置是表达自我偏好、认知和利益的重要手段，是塑造或改变国际话语体系的必要过程，也是创立或修改国际制度的关键路径。③ 在全球治理语境下，规则/规范治理和关系治理是审视制度性话语权构建的两个重要维度，为此需要诉诸一定的平台开展认知性话语生产、观念性话语生产和关系网管理，借以实现制度性话语权的稳定性存在。④ 鉴于国际与区域组织在国际秩序维护与塑造中的作用增强，这些多边平台正成为大国争夺话语权的主要场所。而规则是国际组织的基石，国际组织的权力源自制定规则、传播规范和促使国际行为体遵守规则与规范等活动。⑤ 改制和创制是提升制度性话语权的主要路径，前者是指在原有制度或机制内寻求提升完善，后者则是提出新的制度方案。近年来，中国已在推动现有国际制度改革和建设新型国际制度方面取得重大进展，如推动国际货币基金组织和世界银行改革，创设亚洲基础设施投资银行、金砖国家新开发银行等国际机构以及拓展上海合作组织职能等（见表4）。引领全球治理公正合理转型需要中国进一步增强自身的国际制度扩散和传播能力，着力提升国际法治话语能力，适时主导或参与创设更多契合全球治理需求的新型国际制度及国际组织，提高制度类国际公共产品供给水平。⑥

---

① 吴志成，李冰．全球治理话语权提升的中国视角［J］．世界经济与政治，2018（9）．
② 习近平．习近平谈治国理政：第2卷［M］．北京：外文出版社，2017：450．
③ 张发林．全球金融治理议程设置与中国国际话语权［J］．世界经济与政治，2020（6）．
④ 刘娟，赵永华．全球治理视角下中国制度性话语权构建的路径选择［J］．国际传播，2018（6）．
⑤ 巴尼特，芬尼莫尔．为世界定规则：全球政治中的国际组织［M］．薄燕，译．上海：上海人民出版社，2009：8-9．
⑥ 王明国．全球治理转型与中国的制度性话语权提升［J］．当代世界，2017（2）．

表4 总部（或秘书处）设在中国的国际组织

序号	国际组织名称（英文简称）	成立年份	总部或秘书处	政府间/非政府	主要职能	备注
1	国际竹藤组织（INBAR）	1997	北京	政府间	推动竹藤两种林产品的绿色发展	首家总部设在中国的国际组织
2	博鳌亚洲论坛（BFA）	2001	海南琼海	非政府	促进亚洲及其与其他地区的经济交流与合作	
3	上海合作组织（SCO）	2001	北京	政府间	促进欧亚地区的综合性合作	首家秘书处设在中国的大型国际组织
4	联合国可持续农业机械化中心（CSAM）	2002	北京	政府间	推动全球农业机械化发展	首家总部设在中国的联合国机构
5	国际数字地球学会（ISDE）	2006	北京	非政府	推动地球数字化技术应用	
6	亚太空间合作组织（APSCO）	2008	北京	政府间	推动成员国空间技术与应用多边合作	
7	金砖国家新开发银行（NDB）	2014	上海	政府间	促进金砖国家间的金融货币合作	
8	亚洲基础设施投资银行（AIIB）	2015	北京	政府间	重点支持亚洲基础设施建设、促进区域互联互通	首家由中国倡议设立的多边金融机构
9	联合国教科文组织教师教育中心（UNESCO-CTE）	2017	上海	政府间	推动全球教育改革与教育公平	第二家总部设在中国的联合国机构
10	国际调解院	筹备中	香港	政府间	为和平解决国际争端提供调解法律服务	

资料来源：笔者根据相关材料整理。

（二）以国际公共产品供给促进国际话语权提升

新中国成立70余年来，其国际话语权先后经历了曲折构建、缓慢发展、稳步提升三个阶段，其中，加强对外援助、承担国际责任构成重要的道义基础，而构建多边合作机制、开展主场外交则是重要平台。① 特别是，中共十八大以来，中国日益重视国际话语权建设，通过不同路径不断提高中国的国际话语权，着力提升在全球治理各领域的制度性话语权。② 中国不仅在相关国际公共产品供给实践上与西方国家存在重要区别，而且在话语表达尤其是制度倡议上日益超越西方既有话语体系。近年来，中国提出的一系列顺应时代发展的理念与规则日益为国际社会所接受，这些国际公共产品在维护和增进人类整体利益的同时，有助于提升我国的国际话语权特别是制度性话语权。随着在多边制度领域的外交能力日臻成熟，中国应对国际制度竞争的策略日益灵活多样。例如，在国际货币制度领域，中国立足于国内货币政策改革，以制度替代、制度叠加、制度偏离与制度转变等方式，促进了全球货币治理组织结构及体制的渐进变革。③ 在外空和平利用领域，中国推动建立了前述的亚太空间合作组织，并秉持《外层空间条约》确立的共有和公平分享原则，促进本地区发展中成员国之间的卫星应用等太空技术合作，加强成员国相关能力建设。2013年7月，中国国家航天局与亚太空间合作组织签署《关于对地观测卫星数据合作的协定》。成立十余年来，亚太空间合作组织在资源共享、联合研究、能力建设、与其他国际组织合作等方面取得了丰硕成果。又如，在前述新兴的国际互联网领域，中国通过主办世界互联网大会等形式为创设国际规则和扩大共识搭建平台，参与全球网络空间治理机制的创设。④ 世界互联网大会始于2014年，由中国倡导并每年在浙江嘉兴乌镇举办，旨在搭建中国与世界互联互通的国际平台和国际互联网共享共治的中国平台，推动世界各国采取更加积极、包容、协调、普惠的政策。世界互联网大会反映了中国为全球互联网治理承担更大责任的意愿与能力，以及在国际互联网治理体系变革与规则制定中话语权的提升。2021年9月

---

① 殷文贵，王岩. 新中国70年中国国际话语权的演进逻辑和未来展望［J］. 社会主义研究，2019（6）.
② 孙吉胜. 中国国际话语权的塑造与提升路径：以党的十八大以来的中国外交实践为例［J］. 世界经济与政治，2019（3）.
③ "制度替代"主要是指人民币对美元的部分功能替代，以及中国主导建立的国际或区域货币组织对既有组织功能的部分替代；"制度叠加"主要表现在人民币双边互换、人民币纳入SDR货币篮子以及中国货币组织融入全球货币治理体系等方面；"制度偏离"表现为"去美元化"趋势渐强和"美元循环"趋势弱化；"制度转变"表现为中国特色的货币制度在国际收支调节、国际汇率稳定等方面的积极影响。参见张发林. 全球货币治理的中国效应［J］. 世界经济与政治，2019（8）.
④ 余丽，赵秀赞. 中国贡献：国际机制理论视域下的世界互联网大会［J］. 河南社会科学，2019（5）.

举行的世界互联网大会乌镇峰会首次倡导"数字文明",旨在深化数字技术合作,完善全球数字环境治理,维护网络安全和数据安全,共享数字经济红利,推动构建网络空间命运共同体。而作为人工智能发展大国,自2018年以来,中国国家发展改革委、工信部、科技部、上海市人民政府等相关部门联合主办的"世界人工智能大会"已在上海连续举行了四届。这一机制反映了中国与世界各国在该领域共推发展、共护安全、共享成果的积极意愿,从创新策源、应用示范、制度供给等层面为世界人工智能发展贡献力量。

增强国际话语权需要着眼于自身实力,在实践中不断总结经验,将自身发展优势进一步转化为国际话语优势。尤其要强化新创国际制度的恰适性,使之与国际社会特别是不同区域的发展需求实现更好匹配。例如,中国推动创立亚洲基础设施投资银行并为其运行提供各种支持,满足了国际社会尤其是发展中国家对于基础设施投资领域公共产品的迫切需求。随着其成员普遍性不断增强,亚洲基础设施投资银行业务范围日益拓展,并在磨合中提升与现有国际金融体制的契合度,其将更好地承担起提供全球公共产品的职能。[1] 又如,通过与澜湄合作等区域机制参与方之间的话语互动,中国成为区域性国际规范的积极塑造者,进而为更高层次、更大规模的国际规范建设历练能力。在不同全球治理领域,中国采用差异化的话语策略来重新定义既有规范或创建新的规范,在全球治理话语权提升基础上推动地区和国际议程与规则制定,进而重塑现存全球治理体系。[2] 随着未来更多领域的中国倡议、中国方案转化为被广泛接受的国际规范和国际议程,中国的制度性话语权将得到持续提升。

---

[1] 彭代琪格. 试析中国在基础设施投资领域提供公共物品的角色:以亚洲基础设施投资银行(AIIB)为例[J]. 区域与全球发展,2019(4).

[2] Yi Edward Yang. China's Strategic Narratives in Global Governance Reform[J]. The Journal of Contemporary China,2021,30(128):299-313.

第三章

中国在全球发展领域的公共产品供给

全球治理由多个不同领域的基础机制组成,这些制度体系彼此开放、复杂互动,由此形成规模巨大的机制复合体。根据要解决的全球性问题领域不同,全球治理可以分为全球贸易治理、全球金融治理、全球贫困治理、全球安全治理、全球环境治理、全球卫生治理、全球公域治理等。其中,全球贸易治理、全球金融治理、全球贫困治理等构成了广义上全球经济及发展治理的核心内容,它们为其他重要领域的治理奠定了物质基础。当前,全球经济治理部分机制失灵,相关公共产品有效供给不足,各国发展需求缺口巨大。鉴于此,习近平主席在2021年第七十六届联合国大会一般性辩论上提出了包括坚持发展优先、坚持以人民为中心、坚持普惠包容、坚持创新驱动、坚持人与自然和谐共生、坚持行动导向等六个方面的"全球发展倡议",并把减贫、粮食安全、抗疫和疫苗、发展筹资、气候变化和绿色发展、工业化、数字经济、互联互通等作为重点合作领域,推动实现更加强劲、绿色、健康的全球发展,从而展现了继续以中国的新发展为世界提供更多新机遇和公共产品的宽广胸怀。作为源自中国、属于世界的具有创新意义的国际公共产品,全球发展倡议为破解全球发展难题、促进共同发展提供了整体性方案,也为构建全球发展共同体指明了方向。[①] 聚焦发展问题并呈现出鲜明的发展取向,成为中国供给国际公共产品的一大优势特色。本章着眼于这一视角,对中国如何参与和引领全球经济及发展治理并为之提供贸易、金融及发展援助等特色公共产品做出探讨。

第一节 以公共产品供给推进全球经济治理

全球经济治理在广义的全球治理中占有基础性地位,这是因为全球性经济问题往往涉及国际社会的基本利益分配,且与国际政治、安全、社会等其他领

[①] Wang Lei. Global Development Initiative: An International Public Goods to Promote Common Development [J]. China Economist, 2022, 17 (4): 13.

域的问题交织在一起,容易引起全球治理全局性的变化。具体来看,国际货币体系、全球及地区金融机制、国际及区域性贸易投资机制、二十国集团等国际协调机制以及区域经济一体化机制,都是当今全球经济治理体系的构成要素。总体而言,当前全球经济治理体系涉及问题广,相关方利益关系复杂,碎片化现象与相互依存之间结构性矛盾突出,与其他领域相比,变革需求显得尤为迫切。而完善当前全球经济治理,尤其需要共同构建公正高效的全球金融治理格局、开放透明的全球贸易和投资治理格局、绿色低碳的全球能源治理格局以及包容联动的全球发展治理格局。

一、全球经济治理存在的问题与变革方向

(一) 全球经济治理存在的结构性问题与"赤字"

当前,世界经济正处在新旧动能转换的关键阶段,规则竞争呈加剧之势。二战后形成的所谓自由主义国际经济秩序建立在霸权国对国际公共产品的设计和供给基础之上,这意味着国际经济秩序从建立之初便带有结构性权力的色彩,首先反映的是霸权国利益。[1] 由美国等西方国家主导的全球经济治理体系受制于背后的资本扩张逻辑,不可避免地出现各种赤字和失灵。在这一秩序下,现有全球经济治理机制日益面临效率低下、代表性不足等困境,主要相关方在贸易、投资等重要规则及其发展方向上难以达成共识,致使全球性贸易安排进展受阻。传统的全球经济治理公共产品的功效受到普遍质疑,全面经济伙伴关系正在取代过去各种区域或跨区域层次的自贸区,全球经济治理的新兴领域不断出现。鉴于此,解决全球公共产品的公正性、全球经济治理的持续收益性以及行为主体内部治理与外部治理制度的协调性问题,成为当下全球经济治理变革的要务。[2]

特别是,美国在国际公共产品供给上日益加重的"私物化"倾向,加剧了国际公共产品供给不足和分配不均困境,发展中国家对现存国际经济秩序的不满加剧,探索符合自身利益的国际公共产品供给模式成为它们的合理选择。在一些西方发达国家从全球多边贸易、投资及金融治理体系退缩的背景下,中国等新兴国家为保持和促进国际经济开放性及世界发展均衡性提供了明确的政治推动力。新兴国家的塑造力和贡献力集中体现在如何推动既有多边治理组织改

---

[1] 黄河,王润琦. 公共产品与国际经济秩序:起源、当前挑战与重塑 [J]. 太平洋学报,2021 (5).

[2] 胡键. 经济全球化的新态势与全球经济治理的变革 [J]. 国际经贸探索,2022 (8).

革,以及倡导构建新的多边治理规则与平台机构上。为此,全球经济治理变革需要着力调整权力结构,提升新兴国家赋权特别是制度性话语权,以更好地反映世界经济格局新现实,增强治理的正当性、协调性和有效性,更有力地规制各主体特别是新兴国家与发达国家之间的利益关系。①

当前有关治理主体间的经济政策协调性不足,特别是一些发达经济体实施的宏观政策负向溢出效应问题突出,更是增加了全球经济的不确定性风险。而现有多边治理机制因规则设计缺陷导致治理权力结构失衡扭曲,存量规则"破而不立",不能及时反映各方经济实力变化,造成聚合力下降而难以胜任集体行动的需要。全球经济治理的结构性改革有赖于规则和机制层面的变化,包括改造旧规则及倡建新规则,从而重构权力和利益分配格局。鉴于此,中国在维护和完善现有多边经济治理基本框架的同时,积极推动国际货币基金组织、世界银行和世界贸易组织三大国际经济组织改革,通过强化基于国际规则的多边治理来制约个别发达国家的过度自利行为。提升新兴国家和发展中国家的制度性话语权,除了对全球经济治理存量进行适度变革外,还要寻求增量创新并争取掌握主导权,特别是提出具有引领性的规则制度等公共产品。不过,现阶段这些国家在全球经济治理体系发起的制度建设和创新仍主要是补充性而非替代性的。

(二) 中国对于全球经济治理的方向引领

鉴于当前全球经济治理机制存在严重的运转失灵问题以及较突出的碎片化风险,中国立足国内经济治理,加快建设高水平开放型经济新体制,通过深化开放合作推动全球要素资源自由流动,为促进国际经济开放性进而提升全球经济治理效率做出贡献。在更深层次上,收入分配的区域、国别以及内部群体差距过大制约着全球化持续均衡发展。对此,中国立足于自身国际公共产品新兴供给者身份,推动国际社会协调解决世界发展的不均衡问题,以更好地促进全球经济治理体系的代表性改革。② 在这方面,包含重要新兴及发展中经济体在内的二十国集团机制具有很大潜力,中国在该机制议题设置、机制建设和推动全球治理体系改革等方面扮演着引领角色。目前,二十国集团议程已经不限于经济增长、金融稳定等核心议题,而是进一步向包容性、可持续发展领域拓

---

① 林跃勤. 全球经济治理变革与新兴国家制度性话语权提升研究[J]. 社会科学, 2020 (11).
② 陈建奇. 全球经济治理体系的变革逻辑与趋势[N]. 学习时报, 2019-12-27.

展。① 作为一项非正式机制，二十国集团治理模式的有效性有赖于与其他国际机制的合作治理。中国作为诸多相关机制的核心参与者，可以发挥自身独特的桥梁作用，促进相关议题领域的跨机制协作。此外，此类国际协调机制的强化有助于约束美国等发达国家的国内宏观政策，降低其负向溢出效应，保障全球经济治理体系的健康运行。

受2008年国际金融危机、2020年新冠疫情等全球性挑战的冲击，近年来，主要发达国家国内政策分化严重，这也加剧了全球经济治理制度框架的碎片化。一些西方大国基于对自身利益的强调而诉诸干预主义与保护主义，其政策重心从全球多边主义机制退却，转而向带有"安全"（特别是供应链方面）偏好以及割裂和对抗特点的区域性架构加大资源投入，从而动摇了全球经济治理的理念和制度基础。在全球治理重返大国中心的背景下，全球关键供应链有走向区域结盟和大国对抗的趋势，但非关键供应链则在继续延展，并将更多的国家纳入全球化进程。相应地，主要国家的贸易政策也在两个方向上并行不悖地发展：一方面，区分盟友和非盟友，通过更具排他性的协定和单边措施，干预和掌控关键供应链的布局；另一方面，通过加强贸易与非贸易领域政策和措施的整合，以及区域内重叠交叉的伙伴关系，稳固和提升其在全球贸易体系中的地位。②

中国在全球供应链中具有举足轻重的地位，其致力于全面深化改革开放，把握全球价值链扩展与重构的机遇，积极参与国际宏观经济政策协调机制，日益成为全球经济治理重要的参与者、贡献者和引领者。中国在参与全球经济治理过程中日益形成自身特色的路径范式——从"接受"+"内化"国际规则，到"接受"+"借鉴"国际规则，再到"参与"+"接受"国际规则，直至"参与"+"引领"国际规则，中国完成了从主动对接国际经贸规则到积极参与国际经贸规则制定的角色转换，并逐渐增强其引领能力。③ 中国统筹国际、国内规则并在更深层次上实现接轨，使自身经济体制更加适应参与国际规则制定的需要，从而提高相关国际公共产品的供给能力。尤其是在与国际经济的联动过程中，中国负责任的宏观经济政策充分考量全球发展的平衡性、协调性与可持续性，获得了国际社会的高度认可。总体而言，中国在维护和引领经济全球化过程中，强调自身发展转型与世界联动发展相统一，弥补全球发展赤字，为

---

① 项南月，刘宏松．二十国集团合作治理模式的有效性分析［J］．世界经济与政治，2017（6）．
② 王中美．新干预主义背景下全球经济治理的变革［J］．国际经贸探索，2022（5）．
③ 赵蓓文．"互动"与"磨合"：全球经济治理中的西方模式与中国模式［J］．国际经贸探索，2021（12）．

经济全球化创造新动能；以及提供更多全球治理公共产品与推动完善国际经济治理体系相统一，弥补全球治理赤字，改善经济全球化的外部环境。①

二、为全球经济治理提供优质公共产品

改革开放以来，中国经济已与世界经济深度融合，对世界经济增长贡献率不断上升。2020 年，中国对外投资规模超过 1300 亿美元，成为全球第一投资大国。中国不但是现有全球经济治理规则和安排的遵行者，还日益提出自己的全球治理理念并为世界广泛认同。2017 年，第七十一届联合国大会通过有关决议，首次将"共商共建共享"纳为改善全球经济治理的原则。通过 IMF、世界贸易组织、世界银行、金砖国家合作、二十国集团等机制以及各类区域合作、国际性会议和论坛等途径，中国已成为全球经济治理体系改革的积极参与者和推动者，日益向世界提供器物、制度、规则、理念等新型公共产品。②

（一）中国的全球经济治理战略取向

当前，全球经济治理机制及治理模式正在从一中心向多元化转变，治理范围从传统领域向新兴领域拓展，治理价值取向日益"社会化"，治理规制则不断从国际层面向国内层面渗透。这形塑了中国参与全球经济治理体系改革的基本路径：国内制度型开放—国内与国际制度互动—全球经济治理制度建设与创新，即从内部的对外开放到与国际层面的双向互动，最终促成全球经济治理的制度建设与创新。③ 可以说，改革开放使中国从过去被动嵌入由西方国家主导的全球化体系，转变为全球化的主动塑造者。在这个意义上，双循环的实质是一种内需驱动型全球化，通过国内循环激发经济增长潜力，与外循环联动重塑世界经济格局，驱动新一轮全球化进程。④ 特别是，进入制度型开放阶段以后，中国主动对接国际经贸规则，整合国内、国际规则，统筹推进与经济规制相关的国内法治与涉外法治，积极引领国际经贸规则，向着共建全球治理新规则拓展。⑤ 作为中国参与全球经济治理的制度路径，制度型开放是一个不断深化和

---

① 郝身永，胡宇曦. 中国维护经济全球化理念与实践的内在逻辑与思维方法 [J]. 当代经济管理，2021（11）.
② 汤莉，翁东玲. 中国参与全球经济治理的途径与策略 [J]. 亚太经济，2019（6）.
③ 胡键. 角色定位、制度创新、重点方向：关于中国积极参与全球经济治理体系改革的几个问题 [N]. 北京日报，2021-08-30.
④ 王义桅，廖欢. 改变自己，影响世界 2.0：双循环战略背景下的中国与世界 [J]. 新疆师范大学学报（哲学社会科学版），2022（5）.
⑤ 赵蓓文. 制度型开放与中国参与全球经济治理的政策实践 [J]. 世界经济研究，2021（5）.

升级的过程。当前，中国作为积极主动的构建者和引领者，尤其重视以规则和理念等倡导力推动全球经济治理体系的调整优化，不断创新经济领域的全球和区域公共产品供给模式。另外，中国在具体领域开展国际制度供给也面临着与原有制度及其主导国产生竞争的问题，为此需要推动兼容开放的制度建设，促进更加公平正义、治理有效的制度供给，包括区域制度的持续性供给。当然，中国首先反映的是发展中国家对于全球经济治理公共产品的需求偏好，比如，对这些国家基础设施融资需求的有效满足，以及设立"中国气候变化南南合作基金"等。

全球经济治理体系变革应坚持多边主义、开放包容、互利合作和与时俱进，为此中国积极促成相关集体行动，推动构建广泛的利益共同体，使世界各国能够更均衡地从全球产业链供应链中受益。特别是，习近平主席提出的全球发展倡议堪称中方着眼各方特别是新兴市场国家和发展中国家面临的挑战、对接和落实联合国2030年可持续发展议程提供的又一全球公共产品。早在2015年联合国发展峰会上，习近平主席便指出，"我们要争取公平的发展，让发展机会更加均等。各国都应成为全球发展的参与者、贡献者、受益者。不能一个国家发展、其他国家不发展，一部分国家发展、另一部分国家不发展"。[1] 全球发展倡议是对全球发展合作的再动员，其重视提升全球发展的公平性、有效性和包容性，不让任何一个国家掉队，鲜明的共同发展取向体现了中国经验底色。[2] 作为新阶段缩小南北鸿沟、破解发展不平衡问题的路线图，全球发展倡议高度契合各方需要，提出后便迅速得到联合国以及上百个国家的积极响应，先后被写入中国—太平洋岛国外长会、中国—东盟建立对话关系30周年纪念峰会、中非合作论坛第八届部长级会议、中拉论坛第三届部长会议等相关成果文件。该倡议通过联合国、二十国集团、金砖国家等多边合作机制以及各种区域和次区域平台凝聚共识，推动实现互联互通与共同发展（其既致力于提高发展中国家的自主工业化水平，促进新兴市场国家的优势产能、装备与技术输出，也助力西方发达国家的贸易、投资与就业增长，从而促进更具包容性的世界经济转型，最终形成世界各国及其人民合作共赢、命运与共的良性循环）。[3] 2022年1月，全球发展倡议之友小组在纽约联合国总部正式成立，共有20多家联合国机构、100多个国家的代表出席，反映了该倡议的核心理念、合作方向与行动潜力已得到

---

[1] 习近平.谋共同永续发展，做合作共赢伙伴：在联合国发展峰会上的讲话[N].人民日报，2015-09-27.
[2] 和音.推动全球发展事业不断向前[N].人民日报，2022-03-24.
[3] 姚遥."全球发展倡议"为因应世界变局擘画蓝图[J].红旗文稿，2022（4）.

广泛国际认可。中国着力推动全球及区域经济治理平台建设，逐渐形成了较为成熟的全球经济治理经验和理念，在金融、贸易等领域的话语权明显提升，特别是在全球互联网金融规则的制定方面处于领先地位。不过，目前中国在全球经济治理中的话语权多体现在区域性规则的制定方面，在全球性规则制定方面还有很大潜力可挖。

（二）以"一带一路"公共产品供给撬动全球经济治理

"一带一路"倡议是中国向世界提供的极具包容特质的新型国际公共产品，其在供给理念、形式与项目等多个维度实现了创新和突破。① 相关的器物型、制度型和观念型国际公共产品供给有助于构建和扩展包容性全球价值链，从而满足各国对于共同发展、公平发展及均衡发展的需求，推动全球经济治理体系的重构。"一带一路"倡议注重协调需求端和供给端以提高合作效率，实现各方合理收益，一些参与国"搭便车"在一定程度上是被允许的，而在西方发达国家主导的全球经济治理模式下，相关规则体系基于这类国家的利益偏好而建构，并首先反映了它们奉行的资本逻辑和竞争逻辑。近年来，这些传统供给者减少公共产品供给并增强其私物化倾向，加剧了全球公共产品的供需矛盾，阻碍着全球经济的健康发展。中国遵循共同发展逻辑，提出以"一带一路"为代表的全球经济治理具体方案。作为新型国际合作发展观的生动体现，该方案以和平、开放、平等为基础，以正确义利观为价值引领，贯彻共商共建共享原则，坚守"发展"这一合作导向，着力破解全球治理的"发展缺位"难题。它能够更均衡地反映各方利益和关切，在更高水平上实现了国际公共产品供给决策的非排他性、行动的可持续性以及收益分配的非竞争性。②

由此可以把服务"一带一路"特定区域或跨区域、其成本又是由区域内或区域间国家共同分担的安排、机制或制度，称为"一带一路"公共产品③，其以合作供给为基础，在基础设施类公共产品供给方面具有核心竞争力。"一带一路"公共产品显著改善了全球公共产品供给不足的困局，推动着沿线各国发展战略的对接与耦合，从而形成一个以中国为中心节点、日益广泛的合作体系网。各国发展战略与该合作网络的深度对接遍及亚、欧、非等大洲，如哈萨克斯坦

---

① 王亚军．"一带一路"国际公共产品的潜在风险及其韧性治理策略［J］．管理世界，2018（9）．
② 刘传春，李远．"一带一路"倡议与全球治理的完善：以国际公共产品有效供给为视角的分析［J］．理论导刊，2019（10）．
③ 黄河．公共产品视角下的"一带一路"［J］．世界经济与政治，2015（6）；黄河、戴丽婷．"一带一路"公共产品与中国特色大国外交［J］．太平洋学报，2018（8）．

"光明大道"新经济政策、俄罗斯主导的欧亚经济联盟、蒙古国"草原之路"倡议、波兰"负责任发展战略"、希腊"国际物流中转枢纽"战略、沙特阿拉伯"2030愿景"、埃及"振兴计划"、斯里兰卡"繁荣与辉煌愿景"、泰国东部经济走廊计划、老挝"变陆锁国为陆联国"战略、柬埔寨"四角战略"、印度尼西亚"全球海洋支点"战略、菲律宾"大建特建"计划、文莱"2035宏愿"、马来西亚"经济转型计划"等。截至2023年1月底，中国已同151个国家和包括19个联合国机构在内的32个国际组织签署了200多份"一带一路"合作文件。这一全球最大国际合作平台在新冠疫情冲击下仍然呈现强大韧性，显著促进了各参与国经济社会发展和民生改善。①

"一带一路"公共产品供给有助于实现经济资源在区域乃至全球层面的有效配置，促进区域和全球经济的联动增长。首先，"一带一路"倡议强调"开放合作"的共建原则，既不建立封闭性的小集团，也不设定特殊的利益惠及对象，力求平等公正地分配利益，这彰显了其非排他性特征。基于沿线国家加强联系和推进经济一体化的要求，该倡议强调只要参与合作过程，就能平等享受区域一体化带来的发展利益，同时一国所能获得的利益空间也不会因其他国家参与而有所减损，这就使得该倡议具有了非竞争性特征。其次，"一带一路"倡议强调区域公共产品多元行为体联合供给原则，提倡主权国家和非国家行为体在平等协商基础上，通过灵活多样的方式达成供给合作机制，而不是沿袭传统的霸权供给模式。这种多元化的新型供给模式以供给主体的平等参与替代统一的"权威中心"，并通过高质量的一体化发展使域外域内联合供给模式逐渐向以域内供给为主的模式过渡，从而有效缓解公共产品供给实践中的"搭便车"困境，避免供给过程中的领导者缺失以及公共产品"私物化"风险，最大限度地保障区域公共产品的有效供给。最后，"一带一路"倡议强调政策沟通、设施联通、贸易畅通、资金融通和民心相通"五通"建设，这反映了中国向沿线国家供给的区域公共产品具有综合性特征（见表5）。其中，属于发展援助类产品的基础设施互联互通是中国供给区域公共产品的优先领域，将基础设施联通作为构建区域经济增长机制的主导路径，能够直接促进沿线国家人流、物流和信息流的升级，进而扩大和深化沿线区域的经济合作与一体化效应。例如，中欧班列堪称"一带一路"倡议下国际公共产品的一大供给创新，中国作为先导国率先积

---

① 这150多个参与国广泛分布于亚洲、非洲、欧洲、大洋洲和拉丁美洲。参见中国一带一路网．已同中国签订共建"一带一路"合作文件的国家一览［EB/OL］．（2022-08-15）［2023-01-31］．https：//www.yidaiyilu.gov.cn/xwzx/roll/77298.htm。

极投入资源，有助于降低其他各方参与门槛，最终促成使各方受益的集体行动。① 在此类"硬联通"基础上推进其他"四通"政策目标，进而向沿线国家提供安全、经济、金融类区域公共产品，在多个层次上满足沿线各国的公共产品需求，"一带一路"高质量发展最终将实现共商共建共享共赢的合作格局。② 特别是，促进规范层面的软性互通意义重大。例如，在"一带一路"国际商事争端解决机制构建方面，2018 年，中国最高人民法院在深圳和西安相继设立了两个国际商事法庭，供国内外当事人在国际商事活动中约定管辖。中国可着眼于仲裁规则改革创新，与沿线国家联合制定和适用满足"一带一路"需求和发展新趋势的仲裁规则与合作协议，推进参与国仲裁机构和组织的内部改革，打造"一带一路"国际商事仲裁共同体。③

表 5　"一带一路"互联互通涵盖的主要内容

五通	代表性成果
政策沟通	"一带一路"国际合作高峰论坛、"一带一路"绿色发展国际联盟、"一带一路"法治合作国际论坛、"一带一路"（中国）仲裁院、"一带一路"税收征管合作机制、中国—中东欧国家合作机制、澜湄合作机制等
设施联通	新亚欧大陆桥、中欧班列、西部陆海新通道、沿线国家"信息高速路"等"六廊六路多国多港"架构、"一带一路"国际交通联盟等
贸易畅通	境外经贸合作区、中国—东盟自贸区"升级版"、区域全面经济伙伴关系协定（RCEP）、第三方市场合作等
资金融通	亚洲基础设施投资银行、丝路基金、金砖国家新开发银行、沿线国家双边本币互换、人民币国际化等
民心相通	共建"一带一路"教育行动、"一带一路"高校战略联盟、孔子学院、海外"鲁班工坊""一带一路"新闻合作联盟、"健康丝绸之路""一带一路"疫苗合作伙伴关系倡议、"一带一路国际光明行"项目、"丝路沿线民间组织合作网络"等

资料来源：笔者根据相关材料整理。

在"一带一路"建设中实现高水平的多方参与和共同受益，特别是与联合

---

① 陈海曦．"一带一路"国际公共产品供给的实践与创新：以中欧班列为例［J］．宏观经济研究，2022（6）．
② 侯冠华．区域性公共产品视角下的中国—中亚国家"一带一路"合作［J］．晋阳学刊，2021（2）．
③ 帅奕男．构建和完善涉外纠纷解决机制［N］．学习时报，2021-08-13．

国 2030 年可持续发展议程进行有效对接，有助于化解部分国家的疑虑，提升参与国和友善群体的国际站位及道义高度。以参与共建的 10 个太平洋岛国（均已建交）为例。在"一带一路"倡议框架下，中国通过发展援助、项目援助、企业投资等方式，向它们推出债务减免、优惠贷款、免除关税等一系列优惠政策，改善当地落后的基础设施，并主动向它们开放市场、增加进口，从而务实有效地促进这些脆弱国家的经济社会发展。① 通过更深入的理念对接、领域对接和机制对接把该倡议进一步推向世界，有助于提升中国参与全球治理的能力，增加优质国际公共产品供给，促进全球可持续发展进程特别是助力沿线发展中国家落实可持续发展目标。② 由此，"一带一路"建设成为连接国内公共产品与全球公共产品的桥梁和纽带。它传播了中国的新发展理念，提高了中国的国际话语能力特别是国际制度及规则塑造力，其对于全球发展治理产生的正外部性及其体现的理念普适性与目标务实性，为全球治理机制注入更多新价值，增强了全球与区域层面公共产品供给的衔接性，特别是促进了区域治理体制与全球治理体制的互洽。

为全球经济治理提供制度公共产品，首先需要夯实各方的利益基础，使参与方从中获益；其次需要一定的理念和价值作为制度运行的内在逻辑。通过区域层面的突破带动全球层面的调整，通过对既有国际制度的改造带动新型国际制度的建立，是构建更加公正合理国际制度的稳健路径。"一带一路"建设在多元性、复合性、开放性、关系性及互补性维度上体现了对现有国际制度的创新，其走深走实客观上需要相关合作进一步制度化，打造更高水平的国际合作机制。③ 作为一种兼容贸易、金融、货币、发展等治理议题的多边制度，"一带一路"建设的创新性设计使之具有减少交易成本、提高资源配置效率、提升经济合作绩效等制度功能。这不仅有助于完善全球治理体制，还可以增进中国与国际制度之间的良性互动，加速自身向制度供给者的身份转变。

随着中国为区域治理和领域治理提供的制度方案不断增加，一些区域发展问题将得到更根本的解决，中国与有关国家及国际组织的互动也将因这些制度

---

① 此外，近些年来，中国还向太平洋岛国提供教育、气候、卫生等多领域援助，如向南太平洋区域环境规划署提供资助、为岛国执法机构举办能力建设培训、帮助岛国开发人力资源、设立中国—太平洋岛国应急物资储备库等。参见安峥. 首次中国—太平洋岛国外长会意义非凡 [N]. 解放日报，2021-10-22.
② 朱磊，陈迎. "一带一路"倡议对接 2030 年可持续发展议程：内涵、目标与路径 [J]. 世界经济与政治，2019（4）.
③ 陈伟光. 共建"一带一路"：一个基于制度分析的理论框架 [J]. 当代亚太，2021（2）.

的存在而更加顺畅。为此,"一带一路"制度建设需要克服以同盟体系为基础的旧有国际秩序的干扰,处理好与沿线国家的文化或制度安排之间可能产生的摩擦,从价值体系和知识体系建构入手增强新建制度的兼容性与有效性。① 比如,在贸易争端方面,2018 年,中国发布了《关于建立"一带一路"国际商事争端解决机制和机构的意见》,为中外市场主体在平等协商基础上解决争端、维护合法权益提供了制度保障。就区域经贸合作而言,"一带一路"建设还可与"区域全面经济伙伴关系协定"乃至"全面与进步跨太平洋伙伴关系协定"寻求规则、理念等层面的某种对接,为区域国家的共同发展创造更有利的机制环境。这将使中国更有能力推动全球高标准经贸规则制定,从而成为全球多边贸易体制的重要支柱。

第二节 全球金融与贸易治理的公共产品供给

金融和贸易是全球经济治理的两大支柱,货币金融要素与经济贸易一体化进程之间存在着密不可分的关系。而既有全球金融治理结构已无法满足各国尤其是新兴经济体金融发展的需求;国际贸易领域的全球治理也已经发生历史性变化,西方发达国家逐渐失去掌控全球贸易治理体系的能力。当前,中国着力构建国内国际双循环相互促进的新发展格局,积极参与全球金融和贸易治理,在理念、制度、规则、器物等层面贡献越来越多的中国智慧、中国方案和中国主张。通过相关公共产品的创新性供给,中国推动着全球金融和贸易治理体系的改革完善,为全球价值链供应链的包容协调和可持续发展发挥着建设性作用。

一、全球金融公共产品供给

(一)变革和完善全球金融治理机制

国际金融稳定和效率是全球金融治理追求的目标,也是国际金融公共产品的核心内容,由此可将国际金融公共产品定义为具有金融效率和金融安全意义上跨国界外部性的资源、服务以及制度体系。② 当前,全球金融公共产品供求矛盾仍然突出,一方面,经济全球化向纵深发展,互联网金融等新形态崛起,国际与区域金融危机时有发生,相关国际金融治理与协调机制缺位或低效;另

---

① 杨剑,张明."一带一路"建设与中国的制度性收益[J].国际展望,2019(4).
② 姚远.国际金融公共产品类型化与中美错位供给[J].当代亚太,2021(6).

一方面，国际社会对全球金融公共产品的需求在不断上升。全球金融治理体系亟待进行深层变革，特别要解决现行国际货币体系缺少内在稳定机制、全球金融政策协调机制缺失、国际金融风险监管体系不健全以及全球金融治理制度性话语权配置失衡等突出问题。作为全球金融治理机制的建设者，中国的参与有助于从多元化、区域化、系统化、均衡化、权威化、法制化等多个维度强化全球金融治理。[1] 而国际金融制度塑造（包括改革旧制度和建设新制度），是金融公共产品供给的关键所在。中国向区域乃至全球提供具有中国元素与范式特征的金融公共产品，谋求与相关经济伙伴的共赢发展，需要着力提升国际金融公共产品的设计与供给能力。这包括在强化现有机制平台的基础上有序推进人民币国际化，提升全球金融资源配置力，最终突破由美国主导设计的国际金融秩序框架限定，以不同于美国机制化霸权供给的范式提供国际金融公共产品。[2] 作为这方面的重要进展，自 2016 年 10 月起，人民币被纳入国际货币基金组织特别提款权（SDR）货币篮子。2022 年 5 月，根据国际货币基金组织最新做出的 SDR 定值审查，人民币在 SDR 货币篮子中的权重上调至 12.28%，仅少于美元（43.38%）和欧元（29.31%）。但目前人民币在国际储备货币中占比仍然较低，距国际货币体系多元化的目标尚有很大距离。

比较而言，具有现实关怀性和可操作性的中国方案更易为国际社会广泛接受，为此可推动将那些具有广泛共识性、较高负外部性和急迫性的国际金融问题列入全球金融治理的优先议程，并就此提出针对性的解决方案。[3] 其中，防范全球系统性金融风险一度为国际货币制度变革带来动力，但其有限进展仍远不能满足全球货币治理的需求。当前，全球金融治理存量改革主要基于国际货币基金组织与世界银行两大多边机构，增量改革则以亚洲基础设施投资银行为典型代表，二者之间的优势互补有助于打造更为均衡的国际金融治理结构。既有国际金融组织是全球金融治理中实施选择性激励的基本制度安排，它们主要供给货币合作与政策协调、规则制定、发展融资等国际公共产品。中国对国际货币基金组织、世界银行、国际清算银行、金融稳定理事会等机构的深度参与，在国际金融援助、标准与准则制定、金融稳定与监管、全球及区域经济发展平衡性等方面提升了全球金融治理的合法性与有效性。[4] 未来可诉诸理念与制度

---

[1] 刘力臻. 全球金融治理的困境、变革及中国参与方式［J］. 社会科学战线，2020（11）.
[2] 章玉贵. 全球金融公共产品供给与中国金融资本力锻造［J］. 国际观察，2015（2）.
[3] 张发林. 全球金融治理议程设置与中国国际话语权［J］. 世界经济与政治，2020（6）.
[4] 熊北辰. 国际金融组织在全球金融治理中的作用［N］. 学习时报，2021-01-01.

创新，着力化解主权冲突与监管体系碎片化、领导缺位与产品供给霸权化等结构性问题，推动有效的争端解决机制建设。特别是，在制度型国际金融公共产品供给方面，中国可把握国际金融创新趋势，积极推动法定数字货币跨国使用，参与金融科技国际标准规则制定，引领新兴经济体国家参与以国际清算银行为核心执行平台的治理体系。① 在培育共识方面，作为全球金融治理机制的一项创新，国际金融论坛是一个总部设在中国的非营利、非官方独立国际组织，由中国、美国、欧盟、联合国等20多个国家、地区及相关国际组织的领袖于2003年共同发起成立，迄今已与全球50多个国家和地区、50多家国际和地区组织、200多位全球财经领袖建立了紧密联系。作为中国与新兴经济体的国际金融合作及战略智库平台，该机制探讨以金融治理促进中国与世界经济的可持续发展，促进了全球金融领域的高级别对话与交流，推动着国际金融新格局的形成。②

（二）通过区域金融公共产品供给寻求突破

各国在金融领域的相互依赖关系是不对称的，传统的公共产品供给国往往也是主要的规则制定者，如二战后美国在全球金融领域的主导地位本质上是一种制度霸权。但近年来美国在全球金融治理中的制度收益下降，其提供相关国际公共产品的动力趋弱，转而采取更直接和不负责任的方式行使其金融权力，如滥用金融制裁，从而对全球金融秩序造成消极影响。随着新兴国家尤其是金砖大国在二十国集团中的作用越来越突出，全球金融治理结构逐渐发生改变，但相应治理规则的重塑将是一个漫长的博弈过程。基于自身实力地位的阶段性成长，金砖国家的全球金融治理参与战略从适应、学习到融入不断内化既有全球性规范，再到对既有规范的有效性提出批判而选择主动创设国际规制，并从局部层面的创制寻求突破。对此，中国采取区域金融治理优先的创新路径，着力供给区域金融公共产品，以突破全球金融治理既有的制度依赖，弥补全球金融公共产品供给不足。当前，大国在国际金融安全、金融资源和国际制度等领域的公共产品供给竞争仍是有限的，彼此总体上呈现错位供给关系。中国超越霸权供给旧路，秉持合作共赢、责任分担、协作领导、公正平等原则，在探索政府间更有效的区域金融治理机制方面取得了重要进展。这种供给实践最大限

---

① 周帅，付争．金融科技与全球金融治理体系变革：基于国际金融公共产品理论的再探索［J］．东北亚论坛，2022（6）．
② 国际金融论坛．关于IFF［EB/OL］．（2020-01-01）［2022-09-06］．http：//www.iff.org.cn/php/list.php?tid=1.

度地避免了国际金融公共产品的"私物化",也有效化解了供给动力不足问题。[①] 当前,无论是广大发展中国家还是美欧等发达国家,都存在大量的基础设施建设需求。在亚洲基础设施投资银行成功运行的基础上,可考虑适时启动将其升级为世界性的基础设施投资银行,以满足全球对于基础设施投资的需求,从而为全球发展治理与国际金融体系完善注入活力(见表6)。

表6 亚洲基础设施投资银行与亚洲开发银行之比较

机构名称	成立时间	总部地址	注册资本	治理结构	投票权分布（前3位）	宗旨	主要业务形态	成员情况*	基本性质
亚洲基础设施投资银行	2015年	中国北京	1000亿美元	理事会、董事会、管理层	中国占26.6%,印度占7.6%,俄罗斯占约6%	支持亚洲及其他地区基础设施建设,促进互联互通	贷款、股权投资以及提供担保等	103个,其中,域外成员超50%	新兴大国倡导的区域性政府间多边开发机构,包容性强
亚洲开发银行	1966年	菲律宾马尼拉	1650亿美元	理事会、董事会、代表处	日本占12.78%,美国占12.78%,中国占5.45%	促进亚太地区发展中成员的经济社会发展	贷款、股本投资、技术援助、联合融资和担保	68个,其中,域外成员不到30%	发达国家主导的区域性政府间金融开发机构

注:* 表示成员情况截至2021年7月,其中,域外成员是指除亚洲和大洋洲之外的参加者。
资料来源:笔者根据相关材料整理。

西方国家对于既有全球金融体系的主导及其对于相关全球金融治理机构改革的消极态度,直接或间接导致全球金融公共产品供给与发展中国家需求的不匹配,也造成了相关全公共产品供给不足的困境,这使得区域金融公共产品的出现具有必然性。区域层面的供给不但是对全球金融公共产品的重要补充与完善,更是推动全球金融体系治理变革的垫脚石。区域金融公共产品供给旨在合理配置区域金融资源和有效防范金融危机,为此供给国需要考虑成本、收益和外部性等因素。自20世纪末以来,中国供给区域金融公共产品经历了被动供给、主动参与和倡导供给三个阶段,目前面临的主要挑战是需求偏好匹配困难、稳定供给与金融风险防范两难选择以及国内金融发展水平与对外金融合作水平

[①] 张雪滢. 国际公共产品与中国构建国际机制的战略选择［J］. 复旦国际关系评论,2018（1）.

不协调等问题，而解决的关键则在于恰当的供给路径选择以及供需的有效对接。① 通过区域金融公共产品供给，可以推动新兴区域金融机构与传统国际金融机构嵌合到统一的治理架构中，从而完善全球金融治理的多层次网络结构。中国倡建的以亚洲基础设施投资银行、金砖国家新开发银行为代表的新型金融机构，为相关国家间的投融资合作提供了机制平台。它们反映了发展中国家尤其是新兴大国为全球金融治理体系的多元化和包容性发展所做的独特贡献。其中，亚洲基础设施投资银行的治理模式在问责机制、注重外部协作等方面实现了创新，自身应对冲击的能力稳步提高。特别是，在开展绿色金融方面，亚洲基础设施投资银行通过支持绿色基础设施建设投资，推进经济绿色复苏和绿色转型（见表7）。这包括亚洲基础设施投资银行积极参与世界银行和国际货币基金组织发起的新气候倡议，并设立了到2025年气候融资占比达50%的目标。②

表7　2016—2020年亚洲基础设施投资银行批准项目的行业分布　　（单位：项）

年度	能源	金融机构	交通	水利	城市建设	信息与通信技术	金融/流动性	经济韧性/政策融资	公共卫生	其他	合计
2016	4	0	3	0	1	0	0	0	0	0	8
2017	6	3	3	2	0	1	0	0	0	0	15
2018	2	3	3	3	1	0	0	0	0	0	12
2019	7	9	4	3	2	1	0	0	0	2	28
2020	3	3	5	3	1	3	7	12	8	0	45
小计	22	18	18	11	5	5	7	12	8	2	108

资料来源：欧明刚. 亚洲基础设施投资银行五年：回顾与展望［J］. 银行家，2021（2）.

鉴于主要守成大国试图迟滞全球金融治理体系的深层结构变革，中国在区域层面积极寻求突破，包括在促成区域共识基础上倡建新的金融合作机制，以及探索推进人民币区域化。在东亚地区，清迈倡议多边化的演进反映了区域金融制度建设的不断升级。在先后两次金融危机刺激下，东亚国家产生了关于建

---

① 张彬，胡晓珊. 区域性国际金融公共产品的中国供给：缘起、问题与对策［J］. 太平洋学报，2020（6）.
② 赵媛. 亚洲基础设施投资银行推进全球经济治理［N］. 中国社会科学报，2021-02-24.

立地区救援机制和危机管理机制的强烈需求。从供给端来看，地区领导国供给区域金融公共产品的能力与意愿取决于区域权力结构及其变化。① 作为本地区第一大经济体，中国在区域金融合作机制建设方面扮演着关键角色，这体现在提供货币载体、推动政策协调及创设监督机构等方面。以本币区域化为载体，货币合作的主导者实质上扮演了区域金融公共产品供给者角色。稳步推进人民币区域化是人民币国际化的重要一环，即首先使之成为某种可及、便利、稳定的区域公共产品。人民币国际化始于 2008 年中国为应对国际金融危机采取的政策措施，这一进程主要受制于美元霸权对其他货币的排他效应、政治关系对货币政策的外溢效应和人民币国际化的国内根基偏弱，破除这些阻力不仅要有宏观战略，更要有针对不同国家的国别策略。在某种意义上，人民币国际化的国别策略是推动全球货币治理体系变革的中国方案，其不仅有助于稳步推动人民币国际化，也将为全球货币治理改革提供有益启示。② 作为"一带一路"公共产品的应有之义，人民币国际化将有效服务于"五通"建设目标。③ 为此可借助"一带一路"建设拓展人民币在沿线国家的支付、结算、储备等功能，以适当的制度及政策创新，如紧急金融援助、人民币良性内外循环等机制创新，来满足沿线经济体的人民币需求，使人民币真正成为沿线地区除美元和欧元之外又一可得、便利、稳定的国际公共产品。由此，通过完善区域货币金融治理、分享货币投资收益、协调资本流动监管、制衡美元过度特权等，人民币区域化将释放出更强的积极溢出效应。④

中国推动和引领的区域金融治理机制建设，为全球金融治理网络注入更多稳定性、平衡性和可持续性因素。特别是，亚洲基础设施投资银行有望从一个嵌入现有国际金融体系的力量杠杆发展为凝聚广泛全球共识的新开发金融机制，从而在倒逼既有全球金融公共产品改革的同时，促进新一轮金融全球化动力机制的生成。在这一基础上，相关的公共产品供给逻辑进一步贯通国家、区域与全球层面，其中区域层面是一个中观纽带，由此发生的彼此间正向互动将促进国际金融治理的机制转换和规则变革。而新的制度合法性主要源于相关国际金融组织的决策机制及内部治理结构变革带来的效率与公平的平衡共进，相应的

---

① 李巍，吴娜. 东亚金融地区主义的制度升级：从"10+3"对话到"AMRO"[J]. 世界政治研究，2019（2）.
② 张发林，杨明真，崔阳. 人民币国际化的国别策略与全球货币治理改革[J]. 国际经贸探索，2022（2）.
③ 李婧. 人民币国际化与"一带一路"建设：公共产品提供的视角[J]. 学海，2016（1）.
④ 李俊久. "一带一路"沿线的货币地理与人民币崛起战略[J]. 社会科学，2020（12）.

权力结构调整与规则重塑将为中国与国际社会构建更为紧密的金融治理共同体打下基础。这对于中国作为新兴金融大国的能力提升提出了新要求,为此需要探索创新国际公共产品融资机制安排,进一步丰富现有国际金融公共产品供给类型,提升供给层次。

二、全球贸易公共产品供给

（一）推动全球贸易制度与规则改革

加强全球贸易治理、寻求多边方案与国际合作,是化解当前各种国际贸易问题、促进全球贸易稳定发展的理性选择。自由贸易制度堪称当代最重要的国际公共产品之一,其供给模式从最初的美国霸权供给到美国—欧盟合作供给再到日益多元化供给,既有国际经贸制度和规则长期反映的是作为传统供给者的美欧等发达国家的取向。进入21世纪以来,国际经贸格局发生深刻变化,全球贸易治理体系呈现制度安排滞后（导致治理效率低）、收益分配不均（造成公正性缺乏）以及治理机制碎片化（区域合作协议日益增多彼此交叠）,这突出反映在多哈回合谈判困局上。而造成这一困局的根源首先是传统大国对于全球贸易公共产品供给能力和意愿均出现下降,其单边主义和贸易保护主义有所抬头；其次是GATT/WTO机制自身存在"公平赤字",从而导致了效率和公平性更高的区域贸易公共产品供给兴起。不过,世界贸易组织代表的国际贸易公共产品供给机制并不会走向"死亡",它们只是需要适应由传统的辐射全球的单一霸权供给模式向多元混合供给模式的转变,进而提升自身的政策协调与规则整合能力。在后一种模式下,霸权供给形态虽未消失,但合作供给形态显著增强,且区域性与全球性供给呈并行推进之势。① 在这一背景下,全球贸易治理领域公共产品供给需要将多边主义与各国国内经济社会发展目标更好地结合起来,促进全球贸易治理机制改革,推动构建更加开放、包容、透明、非歧视的国际经贸规则体系。

当前,世界贸易组织相关规则体系总体上仍停留在反映传统贸易阶段,无法适应互联网和数字技术发展等诸多新领域新议题的规范需要。此外,各国在世界贸易组织争端解决机制（上诉机构运作）、发展中国家身份待遇、透明度原则、产业补贴政策规范运用、国有企业竞争政策等议题上分歧严重。在某种意义上,世界贸易组织改革是在传统供给者不愿继续承担治理成本而导致制度权

---

① 张帆. 国际公共产品理论视角下的多哈回合困境与WTO的未来[J]. 上海对外经贸大学学报,2017(4).

威下降的情况下世界贸易组织重塑自身权威的过程。尤其是美国偏离制度霸权模式偏好，为谋取自身现时利益最大化而选择将国际经济治理体系的制度化程度从"规则倾向性"降至"契约倾向性"，从而在很大程度上与该体系的制度变革方向相背而行。① 鉴于原有美国—欧盟合作供给模式已难以为继，中国等新兴力量参与并发挥更大作用已是趋势所需。中国维护多边贸易体制的权威性和有效性，坚持世界贸易组织的非歧视性、开放性、透明性等基本原则，支持对世界贸易组织进行必要改革，使其更好地发挥全球贸易治理主渠道作用。在全球经贸规则重塑进程中，中国围绕着世界贸易组织改革提供了一系列理念、方案、平台等公共产品。2019年6月，习近平主席在二十国集团领导人第十四次峰会上指出：世界贸易组织要进行与时俱进的改革，以更有效地践行其开放市场、促进发展的宗旨；改革应当有利于维护自由贸易和多边主义，收窄发展鸿沟。② 在同年中国向世界贸易组织提交的《中国关于世界贸易组织改革的建议文件》中，从解决危及世界贸易组织生存的关键和紧迫性问题、增加世界贸易组织在全球经济治理中的相关性、提高世界贸易组织的运行效率、增强多边贸易体制的包容性等方面提出了相关主张。

近年来，国际贸易投资规则的再构建正以前所未有的方式和路径展开，双边、区域和诸边谈判成为新规则形成的重要平台。在实体内容上，新一代规则比现有世界贸易组织规则涵盖的范围扩大、标准更高、可执行性更强，客观上反映了数字经济、服务贸易、绿色贸易等全球价值链进一步发展的趋势要求。对此，中国除多边谈判平台外，还积极述诸上述多种平台，参与和引领全球贸易新规则的构建，推动全球贸易投资自由化进程。③ 在世界贸易组织既有的协商一致多边谈判原则面临困境的背景下，诸边讨论机制成为世界贸易组织改革的可行方式。目前，中国参加了世界贸易组织框架下所有正在进行的诸边谈判（JSI），并在很多议题上积极参与发起提案。例如，2020年，中国与欧盟等10余个世界贸易组织成员联合发起《多方临时上诉仲裁安排》，以及倡议启动一项有关投资便利化的开放式诸边讨论，并寻求促成这些诸边讨论的成果目标与世界贸易组织体系相衔接。由于世界贸易组织谈判功能的效用被严重降低，特别是最近一轮多哈回合谈判长期没有结果，造成了过去十多年来各类区域性、跨区域或区域内诸边、双边贸易协定大量出现。基于当前国际贸易体系中全球主

---

① 徐崇利. 变数与前景：中美对国际经济治理模式选择之分殊［J］. 现代法学，2019（5）.
② 习近平. 习近平谈治国理政：第3卷［M］. 北京：外文出版社，2020：474.
③ 石静霞. 国际贸易投资规则的再构建及中国的因应［J］. 中国社会科学，2015（9）.

义与地区主义双层框架并存的现实,中国除了通过与欧盟等重要力量合作领导世界贸易组织改革外,还广泛参与地区层次的贸易协定,以弥补既有多边贸易体系的不足,促进自由贸易制度这一公共产品在世界范围的有效供给。① 为此,中国夯实自身治理能力基础,通过深化改革开放优化国内治理机制,将国内贸易和投资治理形成的经验与区域全面经济伙伴关系协定、中欧全面投资协定等区域合作平台对接共享,进而寻求向全球贸易规则的转化和升华。② 此外,合作伙伴关系建构有助于增进中国在自由贸易协定谈判中的制度输出能力,提升在全球投资制度安排中的影响力。

越来越多的经贸国际文本、规则和标准打上了中国印记:中国促进世界贸易组织《贸易便利化协定》的签署和实施,积极参与"世界贸易组织投资便利化部长联合声明倡议",推动建立包括贸易和投资在内的完整的全球经贸治理体系。中国于2007年启动加入《政府采购协定》谈判,还是《环境产品协定》谈判的发起方之一,并在《信息技术协定》扩围谈判等领域做出了和发达国家类似力度的承诺。2021年12月,中国、美国和欧盟等60余个世界贸易组织成员方宣布达成"服务贸易国内规制联合声明倡议",并制定了《服务贸易国内规制参考文件》。作为关键参与方,中国推动该项诸边谈判取得成功,使服务贸易国内规制成为世界贸易组织近20年以来首次以诸边谈判方式取得重大突破的议题,长远来看有助于重振世界贸易组织谈判功能。在2022年6月举行的世界贸易组织第十二届部长级会议上,中国发挥协调促谈的建设性作用,推动会议达成了世界贸易组织改革、渔业补贴、粮食安全、疫苗知识产权豁免、电子商务等一揽子协议。

加入世界贸易组织20余年来,中国不但是多边贸易体制的受益方,更成为多边贸易体制的最大贡献者,其通过大幅度降低关税、贸易规则透明化、开放市场等举措有力地促进了国际贸易发展。中国是该组织中承诺对最不发达国家97%的出口产品实行零关税待遇的极少数发展中成员之一,2008年以来一直是最不发达国家的主要出口目的地,吸收了后者约25%的出口。③ 中国积极响应

---

① 黄河,何家萱,纪昊楠. 中国与世界贸易组织改革:国际公共产品的视角[J]. 复旦国际关系评论,2020(1).
② 张娟. 区域国际投资协定规则变化、成因及全球投资治理的中国方案[J]. 世界经济研究,2022(2).
③ 严玉洁. 专家:加入世界贸易组织20年中国为世界经济做出重大贡献[EB/OL]. (2021-05-15)[2022-09-15]. https://china.chinadaily.com.cn/a/202105/15/WS609f3565a3101e7ce974f4fe.html.

世界贸易组织促贸援助倡议，于2011年设立了"最不发达国家加入世界贸易组织中国项目"，10余年来帮助众多发展中国家特别是最不发达国家融入多边贸易体制。未来，在继续坚持发展中国家地位的同时，中国可结合国内改革开放情况，适时主动放弃或减少在世界贸易组织中享受的发展中成员待遇。作为过去数十年来最成功的发展中国家，继续要求承担与一般发展中国家相同的义务对自身长远发展也不利。中国有能力进一步推进贸易自由化，同时不会和其他发展中国家竞争给予发展中成员的各种优惠。近十年来，中国在全球贸易中的地位大幅提高。2020年，中国对外贸易总额达5.3万亿美元，首超美国成为全球第一大贸易国，其中，出口贸易占全球15%；2021年，中国对外贸易总额增至6.9万亿美元，继续保持世界第一。从2019年4月至2021年12月，中国陆续不再享受日本、欧亚经济联盟成员国、欧盟成员国、英国和加拿大等30多个国家曾给予的普惠制关税优惠待遇，这种普惠制通常是发达国家给予发展中国家及地区出口制成品和半制成品的普遍、非歧视、非互惠的关税优惠制度。未来，中国可逐步调整在世界贸易组织中的立场，着眼长远、辩证平衡地看待自身发展利益、发展中成员的整体利益以及与发达成员的贸易关系。为此中国可以有选择地接受发达国家提出的加强透明度等改革动议，虽然相应的惩罚性措施可能加重部分发展中成员的负担，但透明度提升对于多边贸易体制的持续健康发展来说是有益的。至于发达成员提出的产业补贴等其他改革建议，也可结合国内改革开放进程做出积极回应，以免在相关规则制定中陷入被动。另外，鉴于多边贸易体制只是一种贸易自由化和治理的基准情形，近期中国在资源投入上可向双边贸易以及区域贸易协定构建倾斜。①

（二）成长为国际贸易公共产品的主要供给者

立足国内经济的高质量发展，中国主动适应并引领全球及区域层面新的贸易规则制定，大力拓展对国际贸易公共产品的供给。② 首先，中国主动扩大高水平开放，积极扩大进口，为世界其他经济体的增长提供了重要的需求支撑。21世纪以来，中国已成为全球上百个经济体最大的贸易伙伴，其对世界货物贸易的贡献率跃居全球之首，堪称当今国际经济体系及其循环的最大参与者和推动者。特别是，在2019年业已成为120多个国家最大贸易伙伴的基础上，2020年中国又同时成为世界最重要的两个贸易体：美国和欧盟的最大贸易伙伴，并累计与26个国家和地区签署了19项自贸协定，承担起全球新冠疫情冲击背景

---

① 宋泓. 多边贸易体制制度设计与改革前景［J］. 世界经济与政治，2020（10）.
② 何敏. 国际贸易的全球治理与中国的贡献［J］. 社会科学，2017（2）.

下推动世界贸易复苏的积极角色。① 作为全球第二大进口国，中国正日益成为全球最重要的最终产品市场之一，2020年中国商品进口占世界商品进口比重已达11.8%，为保障全球产业链供应链稳定、推动世界经济复苏做出了重要贡献。其中，中国国际服务贸易交易会始于2012年，是全球唯一的国家级、国际性、综合型服务贸易平台，其涵盖了服务贸易十二大领域，每年定期在北京举行，并得到世界贸易组织、联合国贸易和发展会议、经济合作与发展组织等国际组织的支持。而首届中国国际进口博览会始于2018年，截至2022年在上海定期举行了5届，已成为中国向世界分享市场机遇、提供贸易类公共产品的新型平台，外溢效应不断扩大。同为与世界分享中国市场机遇之举，2021年5月，首届中国国际消费品博览会在海南海口举行，其定位为全球消费精品展示交易平台，为世界经济复苏和增长做出贡献。

　　这些成就为中国在制度和规则层面上参与并推动国际经济秩序重构提供了物质基础，进而创新性地供给制度和理念公共产品，获得与其实力相匹配的全球贸易治理话语权。作为投资便利化、中小微企业、绿色投资、数字经济等新兴议题领域的规则制定者，中国在全球及地区框架上倡导和践行真正的多边主义，推动构建自由、公平和开放的全球贸易和投资体系。这包括积极参与制定更具约束力的国际贸易规则，利用自身独特地位促成发展中国家与发达国家有关公正、发展的共识，推动全球贸易治理机制的变革与整合。自由贸易与公平贸易不是根本对立的，自由贸易应当是公平贸易的前提，没有自由贸易，公平贸易也无从谈起；而自由贸易的深入与可持续发展越来越需要公正性因素的加持。展望未来，如何把自由贸易与公平贸易的价值要素平衡、有机地结合起来，并着眼贸易治理与全球减贫、公共卫生、气候变化等领域治理密切关联的发展趋势，构建涵盖全球贸易治理前沿问题的规范话语体系，是中国引领全球贸易发展、促进区域贸易并为之提供制度、规则等公共产品所要积极考虑的问题。

　　在具体层面上，中国推动二十国集团从最初的危机应对向长效治理、从周期性政策向结构性改革转型，不断完善该机制在全球贸易等领域的协商治理功能。而"一带一路"国际合作以国家间互利共赢为基础，为全球贸易治理提供了新的多边合作平台。该倡议通过国际贸易公共产品的优质供给，实现国家间资源的高效配置与优势互补，促进经济要素有序自由流动，对于参与国产生了明显的贸易增长效应。经贸类区域公共产品的创新供给特别是制度性供给，有助于把冗杂的经贸规则整合到相对统一的规则体系内，打造开放、包容、均衡、

---

① 何伟文.中国的世界贸易地位再上台阶[N].环球时报，2020-12-31.

普惠的区域经济合作架构,为全球贸易治理机制变革提供具有引领和推广价值的区域范本。

第三节　全球发展治理的公共产品供给

发展是解决一切问题的总钥匙,在这个意义上,发展应居于全球治理的中心,促进发展、保障民生,使发展成果更多地惠及各国人民,应置于全球宏观政策的突出位置。目前由发达国家长期主导的不平衡的全球化已遇到瓶颈,前述全球金融和贸易治理机制变革也越来越需要置于更综合的发展视域加以审视,谋求基于公平之上的包括广大发展中国家在内的共同发展。2022年6月,习近平主席在全球发展高层对话会上强调,国际社会要共同构建团结、平等、均衡、普惠的全球发展伙伴关系。为此,中国重视提升全球发展的公平性、有效性和包容性,提出构建全球发展命运共同体,并积极提供具有中国特色的全球发展公共产品。

一、从对外援助到发展合作的范式转型

（一）国际援助体系变革视域下的中国角色

对外援助（或称国际援助）是全球治理领域为促进公平发展而采取的重要政策工具,通常可分为经济援助、人道主义援助等种类,其中,国际经济援助最为常见。国际发展援助是当前国际经济援助的主要形式,而官方发展援助又是国际发展援助的主要渠道。经合组织界定的官方发展援助有三个要件:援助主体是（国家及其）政府;援助主要目的是促进发展中国家经济发展和福利增加;援助形式主要是赠款或提供低于市场利率的贷款,其中,在以贷款方式提供的援助中,赠款比例不应少于25%。当前国际发展事业聚焦联合国2030年可持续发展目标,各方的官方发展援助也随之向该目标倾斜,发达国家控制国际发展议程的能力有所减弱。在资源供给方面,除官方发展援助外,其他形式的发展资源也日益增多;一些新兴的发展筹资机制着眼解决官方发展援助资源不足问题,并从融资安排上深刻影响着后者的融资模式及其利用方式。在现有可持续发展目标框架下,如何改革官方发展援助以缓解国际发展筹资压力、增加资源供给,将在很大程度上影响未来国际发展援助体系的走向。①

---

① 刘宁. 国际发展援助的转变:目标、资源与机制[J]. 国际展望,2019(2).

当代国际援助体系一直存在着资源不足、机制扭曲和碎片化等问题，这造成以往实施的官方发展援助并不能显著促进发展中国家的经济增长。① 近年来，新兴援助国基于自身比较优势积极开展新型发展合作，引发了全球发展援助领域的结构性变化，进而推动"国际发展合作"概念日益取代以往长期使用的"国际发展援助"概念。在实践层面上，国际发展援助体系也不再是过去由发达国家主导的对外援助，而是由传统援助国、新兴经济体、其他发展中国家、国际组织、私营部门及慈善机构等多元主体共同参与的国际发展合作体系。这种国际发展合作是上述国际行为体基于平等伙伴关系开展的一种以消除贫困、提振当地经济为导向的行动，与之相适应的新的机制与规则逐渐形成，发展中国家特别是新兴国家在其中的重要性日益凸显——发展中国家不仅是援助的客体，更是落实发展政策的实践主体。中国等新兴援助国为国际发展合作转型注入了新理念和新动力，它们将自身发展经验和南南合作理念注入国际发展合作，在构建发展伙伴关系、创新发展知识与发展范式、改革国际发展合作制度以及推动"发展—安全"良性互动、以发展促和平等方面进行了丰富探索。②

进入 21 世纪，中国对全球发展体系的融入突出体现在为联合国发展系统所做的贡献上。2008 年以来，中国对联合国开发计划署等多边机构提供的各类资金支持迅速增长，在联合国发展援助总资金（含联合国各相关机构、基金和项目）中所占的份额甚至远高于一些传统捐助国。传统援助国也日益认识到有必要向新兴国家学习，这反映在近年来一些发达国家相关机构改革及其对外援助内容的变化上。发达国家越来越多地与中国及其他新兴国家开展三方合作，在对外援助中强调经济发展的重要性，并在政策叙事上尝试将援助议程转变为发展议程。③ 特别是，中国提出的创新、协调、绿色、开放、共享新发展理念与联合国可持续发展目标具有内在一致性，其成功实践业已产生广泛的外溢效应。在发展融资方面，中国积极顺应相关国际机制日益多元的趋势，由双边官方援助向多边援助、南南合作以及市场主体、非政府组织互补供给模式拓展。④ 特别是日益发展的政府、企业、NGO"三位一体"的多元合作伙伴关系，也有助

---

① 郑宇. 援助有效性与新型发展合作模式构想［J］. 世界经济与政治，2017（8）.
② 魏玲. 大变局下的中国与国际发展合作［J］. 亚太安全与海洋研究，2021（1）.
③ 李小云. 疫情后国际发展合作走向扁平化［N］. 环球时报，2021-06-24.
④ 万泰雷，张绍桐. 浅析联合国发展融资机制改革创新及对中国参与国际多边发展援助的影响［J］. 国际经济评论，2019（1）.

于优化援助实施绩效。①

长期以来,全球发展治理体系被由西方发达国家组成的经济合作与发展组织发展援助委员会主导,这些传统援助国主导的"南北合作"模式主要使用"援助有效性"指标来评价对外援助质量。与其规范存在很大差异,新兴援助国开展的南南合作更关注"发展有效性",即对外援助对受援国经济增长和减贫的实际影响。不过,规范互动与学习是全球发展治理领域一种趋势性现象。2005年,中国参加了经济合作与发展组织举办的第二届"援助有效性高层论坛",签署了《关于援助有效性的巴黎宣言》,对本国对外援助事业做出国际承诺。十余年来,中国在贯彻自主、对接、协调、结果管理、相互问责等《巴黎宣言》五项原则方面积累了丰富经验,日益适应和融入全球援助体系。同时着眼于国际援助体系的改革方向,中国既重视援助过程的规范性,更关注援助目标指向的经济增长和减贫结果。为此,中国不断总结自身经济发展和减贫经验,凝练对外援助优势与特色,推动援助有效性与发展有效性评价标准的结合融通。2011年,在韩国釜山召开的援助有效性高级别会议议题由最初的援助有效性改变为发展有效性,意味着国际社会比以往更加注重援助目标的实现路径,中国等新兴国家的发展合作模式得到认可。此外,会议发表的《釜山宣言》还提出了透明度等共同原则,对于各类援助国的对外援助管理体制提出了更高要求。

随着国际援助理念由追求援助有效性向追求发展有效性转变,发展与援助实现了制度化结合,并形成了包括经济合作与发展组织发展援助委员会、世界银行所属的国际开发协会、联合国开发计划署、地区性开发银行、主要援助国相关机制、非政府组织等在内的多元多层全球援助体系。特别是,联合国先后推动国际社会达成千年发展目标和2030年可持续发展目标,标志着传统的发展援助向国际发展合作新范式演化。在这种更重视发展有效性的国际发展合作范式下,参与主体和方式趋于多元,尤其是受援方的参与度和自主性显著提高,更多新型的水平式援助开始取代传统的垂直式援助,单向输血式援助日益转变为援助与投资、贸易深度融合,全球发展规范得到重新塑造。

在供给实践中,中国越来越注重平衡兼顾对象国经济增长与其社会民生发展,也更加重视多边平台的供给作用。在2015年联合国成立70周年系列峰会上,习近平主席除了宣布提供包括减贫、农业合作、生态环境、医疗保健、教

---

① 杨义凤,邓国胜. 国际 NGO 参与对外援助的变迁及对中国的启示 [J]. 中国行政管理,2014(3).

育培训、促贸援助等一系列项目外①，还宣布设立南南合作援助基金、中国—联合国和平与发展基金、南南合作与发展学院和中国国际发展知识中心等。②其中，南南合作援助基金是支持发展中国家可持续发展以及平等参与全球经济治理的创新工具。中国除了向其首期注资20亿美元外，还在2017年"一带一路"国际合作高峰论坛上宣布增资10亿美元。在2022年6月举行的全球发展高层对话会上，习近平主席又提出把南南合作援助基金整合升级为"全球发展和南南合作基金"，并在已有30亿美元基础上增资10亿美元。在该基金项下，中国与联合国开发计划署、世界粮食计划署、联合国难民署、联合国儿童基金会、世界卫生组织、国际红十字会等政府间或非政府间国际组织开展合作，利用它们的专业能力和渠道优势，迄今已在30多个国家实施了200余个发展合作项目。中国还不断加大对中国—联合国和平与发展基金的投入，截至2020年底，中国—联合国和平与发展基金2030年可持续发展议程子基金相继启动实施34个项目，涵盖经济、社会、环境三大领域，为全球落实议程注入强大动力。③2021年10月，习近平主席在第二届联合国全球可持续交通大会开幕式上宣布将成立"中国国际可持续交通创新和知识中心"，在可持续交通知识共享、为发展中国家提供能力建设机会方面做出贡献。特别是，前述的"全球发展倡议"为重振全球发展事业提供了中国方案，其寻求与各国、各地区和各机制对接，促进现有发展合作机制协同增效。东盟、太平洋岛国、拉美和加勒比国家共同体、非洲联盟等区域组织或国家纷纷做出积极回应，目前已与非盟"2063年议程"、太平洋可持续发展路线图和蓝色太平洋2050战略等区域发展机制达成对接。

（二）新型南南合作框架下发展领域的产品供给

新兴经济体的群体性崛起为南南合作的发展注入了强劲动力，南南合作日益与南北合作并驾齐驱，形成了一系列具有引领性的新型合作理念和经验。作为南南合作框架下互信互助互利的践行者，中国的援助提升了中国与受援国在贸易与投资领域的合作水平，进而促进了后者的经济增长。特别是，中国尊重

---

① 这些项目可概括为"6个100"，即5年内向发展中国家提供100个减贫项目、100个农业合作项目、100个促贸援助项目、100个生态保护和应对气候变化项目、100所医院和诊所以及100所学校和职业培训中心。

② 2016年4月，南南合作与发展学院在北京大学成立，并由中国商务部主管；2017年3月，中国政府批准国务院发展研究中心设立中国国际发展知识中心。

③ 中华人民共和国国务院新闻办公室. 中国共产党尊重和保障人权的伟大实践［N］. 人民日报，2021-06-25.

受援国的发展议程与自主选择，坚持发展和民生导向，展现了相对更高的发展有效性。[1] 作为全球发展领域公共产品供给模式的一种创新，由中国、传统供给者（发达国家及国际组织等）和受援方（发展中国家）构成的三方合作，彰显了新形势下南南合作及南北合作的多赢性。三方合作充分利用各参与方的优势，通过政府居间协调提供公共产品，创新性地实现发展要素与市场要素的复合，更加贴合东道国实际需求，从而将南南合作与南北援助框架有效对接起来。该模式有利于增强新兴援助国和发展中国家在全球发展治理中的话语权，激发受援国的能动性，提升全球发展的公平性、有效性和包容性。[2] 实证研究表明，中国与发达国家的援助资金在促进受援国经济增长方面是互补而非替代关系，这在非洲地区有着典型体现。[3] 例如，中国与西方发达国家、国际组织以及比尔及梅琳达·盖茨基金会等非官方援助方开展农业、卫生等领域的三方合作，使众多非洲国家民生受益。为此，中国还增加向世界银行国际开发协会、亚洲基金会（The Asia Foundation）、全球环境基金等机构的捐资额度，与世界银行、亚洲开发银行等金融机构加强针对发展中国家的联合融资，这也有助于化解传统供给者对于新兴供给者的疑虑。

新型南南合作的突出功能是为发展中国家的可持续发展提供公共产品，中国着眼于全球发展治理的趋势特点，主导塑造了一系列与之相适应的新型国际发展机制，如前述的"一带一路"建设、亚洲基础设施投资银行、金砖国家新开发银行等。这些机制不但促进了全球发展治理的民主化，而且改善了全球发展治理的绩效。[4] 中国在南南合作框架下的供给行动具有弘义融利、平等互惠、增进公益等特点，从而兼具了资源运用的合理性与价值理念的正当性。[5] 特别是，以构建人类命运共同体为指引，中国实现了从对外援助到全球发展公共产品供给的理念升华，这有助于打破西方国家对于国际发展话语权的主宰，推动

---

[1] 罗建波.中国对外援助模式：理论、经验与世界意义[J].国际论坛，2020（6）.
[2] 张颖，汪心宇.三方合作：现状、路径及全球治理的多元化[J].区域与全球发展，2019（6）.
[3] 卢晨，张树涛.中国对外援助构成了对传统国际援助的替代吗：基于经济增长效应的视角[J].国际商务研究，2021（3）.
[4] 张春.新型国际发展机构与新时代的全球发展治理[J].中国社会科学评价，2021（2）.
[5] 姜默竹，李俊久.朋友与利益：国际公共产品视角下的中国对外援助[J].东北亚论坛，2016（5）；王钊.中国的基础设施建设援助与国际发展援助的"共生"：援助国产业结构差异的视角[J].外交评论，2020（2）.

国际发展援助体系的价值转型。① 反映在供给路径上，中国坚持不附带任何政治条件，尊重对象国自主发展，而不苛求后者做出制度变革。为此，中国立足自身的成长经验，提供的公共产品尽可能基于非洲、亚洲等国家的需求而设计，尤为重视后者交通、能源、通信等领域的基础设施建设。② 此外，中国的发展类产品供给除重视对象国的经济增长效应外，也越来越重视其在安全、社会和生态环境等领域的溢出效应，从而使自身特色的供给模式更具时代性。

未来，中国要想进一步融入国际发展合作体系并在规范塑造和规则构建中发挥更大作用，还需要不断完善自身对外援助管理体制，适当提高无偿援助（赠款）所占比例，增加援助过程的透明度，加快从以双边供给为主导向双多边供给相结合的范式转变。为此，除了推进与传统供给者的合作伙伴关系外，团结广大发展中国家尤其是新兴经济体对于提升中国在全球发展治理中的话语权意义重大，这有助于打造更为公平有效的国际发展援助及合作体系。

二、构建重能力多渠道的援助体系

（一）发展能力建设成为援助新重点

发展知识分享已成为继经济和技术援助之后的第三大国际发展支柱，它是指国际发展参与主体以生产、传播和推广应用行之有效的知识经验来促进发展，特别是提升发展中国家的发展能力。③ 随着近年来中国对外援助范式转型，知识产品与物质产品在供给结构中的比重趋于均衡。中国的援助供给按照对象国"提出""同意""主导"三原则开展，并秉承"授人以渔"理念，加大技术和人力资源开发合作等方面援助力度，为发展中国家能力建设贡献中国经验和中国方案，帮助后者提升治理水平，增强自主发展能力。④ 为此，中国与非洲开发银行、西非开发银行、美洲开发银行、美洲国家组织等设立能力建设基金、奖学金，以及发布联合研究报告、举办相关国际研讨会等。为了搭建国际发展知识经验交流平台，2022年11月，CIDCA还成立了全球发展促进中心，积极打造全球发展知识网络。

---

① 黄永富. 国际发展援助体系改革和中国的作用 [J]. 全球化，2019（9）.
② 王健，李婧，张玲玉. 中国与OECD国家对非援助比较研究 [J]. 经济问题，2021（4）.
③ 徐佳利. 知识分享、国际发展与全球治理：以世界银行实践为主线 [J]. 外交评论，2020（5）.
④ 中华人民共和国国务院新闻办公室. 新时代的中国国际发展合作 [N]. 人民日报，2021-01-11.

中国的发展经验是建立在数十年丰富实践基础之上的，其体系性与可通约性不断增强，具体如基础设施先行、经济特区建设、政策实验方式等。而中国经济发展优先、在发展中逐步调整制度以使其更符合自身实际这一基本经验，更是可以成为其他发展中国家借鉴的知识型产品。随着中国知识生产能力的加强和包容性合作的深化，包括减贫、增长在内的更多中国发展及治理经验将成为富有吸引力和竞争力的全球公共产品，进而促进全球不同谱系发展知识的融合。2018 年，第七十三届联合国大会通过《消除农村贫困以执行〈2030 年可持续发展议程〉》决议，把中国农村扶贫开发经验同联合国可持续发展议程有效对接起来，集中反映了全球贫困治理的中国智慧。

在能力的物质支撑层面，60 余年来，中国向 160 多个国家和国际组织提供援助，派遣 60 多万名援助人员，为 120 多个发展中国家落实联合国千年发展目标提供帮助。① 当前中国稳步扩大对外援助资金规模，并进一步扩大援助范围，援助对象涵盖非洲、亚洲、南美洲、大洋洲和欧洲等广大地区。这些援助作为公共产品的优势特色越来越明显，它们日益向社会福利项目、人力资源开发、公共设施等民生领域倾斜。基于与联合国粮农组织、联合国开发计划署、世界粮食计划署、联合国人口基金等多边机构的合作机制，中国大力加强农业发展与粮食安全、教育培训等相关领域的公共产品供给。为了支持包括非洲国家在内的发展中国家实施农业与农村发展项目，中国于 2009 年出资 3000 万美元设立首期中国—联合国粮农组织南南合作信托基金，2015 年又捐资 5000 万美元设立第二期中国—联合国粮农组织南南合作信托基金。截至 2020 年 8 月，中国在该项目下已向非洲和亚洲 12 个发展中国家派遣了 350 多名中国专家和技术人员。2020 年 9 月，中国宣布将继续设立规模 5000 万美元的第三期中国—联合国粮农组织南南合作信托基金。② 中国基于自身经验和已有的供给支点（如在非洲 10 余个国家援建的农业技术示范中心），可以在发展中国家粮食安全、替代能源发展、可持续工业化等领域与相关国际机构开展更广泛的合作。在投融资平台搭建方面，2014 年，中国人民银行与非洲开发银行建立了 20 亿美元规模的非洲共同增长基金。截至 2021 年 10 月底，非洲共同增长基金共跟投 19 个非洲国家的 36 个项目，涉及农业、供水卫生、交通运输、电力等领域。在 2015 年中非合作论坛峰会上，习近平主席宣布将 2006 年成立的中非发展基金总规模提升为 100

---

① 李云龙. 全球贫困治理的中国方案 [N]. 学习时报，2020-01-17.
② 中国常驻联合国粮农机构代表处. 中国设立第三期中国—FAO 南南合作信托基金 [J]. 世界农业，2020（11）.

亿美元，并另成立首批资金为 100 亿美元的中非产能合作基金。此外，在 2021 年 5 月全球健康峰会和 2021 年 7 月亚太经合组织领导人非正式会议上，习近平主席还两次宣布，未来 3 年内将再提供 30 亿美元国际援助，用于支持发展中国家抗疫和恢复经济社会发展。① 2022 年 1 月，习近平主席在中国同中亚五国建交 30 周年视频峰会上宣布，未来 3 年中国将向中亚国家提供 5 亿美元无偿援助，用于各国民生项目建设；提供 5000 个研修研讨名额，帮助各国培养卫生健康、减贫惠农、互联互通、信息技术等各领域专业人才，增强发展的内生动力。②

鉴于近年来发展中国家特别是最不发达国家的债务问题在全球发展治理中有所凸显，中国积极推动国际债务治理转型，共同打造开放包容的国际融资管理体系与均衡有效的国际债务治理框架。③ 主权债务问题是国际发展长期积累的全球性问题，当前传统的债务治理框架已发生重大变化，债务国、传统债权国和新兴债权国的博弈框架逐渐形成。一些受全球新冠疫情等因素冲击较大的发展中国家主权债务状况出现恶化，而部分西方国家却将该问题不断政治化，通过宣扬"债务威胁论"等对新兴债权国的债务减免施加压力。对此，中国秉持发展的可持续性导向，将国际发展合作实践与主权债务治理体系改革相结合，积极推动全球主权债务治理体系的重构。中国妥善处理多边救助与双边救助、短期救助与中长期债务危机应对、中国贡献与话语构建等多重关系，在充分了解债务国合理减债诉求的基础上，与相关国家开展债务减免和债务重组谈判，确立债务减免的样板国家。④ 作为非洲债务构成和债务救助的重要攸关方，在多边治理框架下，中国积极参与制定二十国集团缓债倡议，并成为二十国集团成员中缓债金额最大的国家。中国还通过双边渠道，多次免除最不发达国家对华债务，数十个国家从中受益。2022 年 8 月，中国外长王毅在中非合作论坛第八届部长级会议成果落实协调人会议上宣布，中国将免除非洲 17 国 23 笔截至 2021 年底到期的无息贷款债务。此外，国际金融机构对非纾困贷款也是中国可以利用的对非债务救助方式。中国欢迎国际货币基金组织增发 6500 亿美元 SDR

---

① 习近平. 携手共建人类卫生健康共同体：在全球健康峰会上的讲话［N］. 人民日报，2021-05-22；习近平. 团结合作抗疫，引领经济复苏：在亚太经合组织领导人非正式会议上的讲话［N］. 人民日报，2021-07-17.
② 习近平. 携手共命运一起向未来：在中国同中亚五国建交 30 周年视频峰会上的讲话［N］. 人民日报，2022-01-26.
③ 周玉渊. 转型中的国际债务治理：过程、功能与前景［J］. 太平洋学报，2020（12）.
④ 周玉渊. 新冠疫情下国际社会对非债务救助与中国的角色［J］. 当代世界，2020（9）.

(SDR),并愿将其转借给受疫情影响严重的低收入国家。为此,王毅外长在上述协调人会议上还宣布,中方将通过国际货币基金组织"减贫与增长信托"以及"韧性和可持续性信托"渠道向非洲转借 100 亿美元 SDR。借助现有的各类发展合作平台,中国寻求加强与其他新兴债权国和新型发展融资机构的协商,致力于消除债务隔阂。①

(二)拓展多渠道、多形式的发展援助供给

区域和跨区域合作机制已成为中国实施援助供给的重要渠道,如上海合作组织、中非合作论坛、中国—阿拉伯国家合作论坛、中国—拉共体论坛、中国—太平洋岛国经济发展合作论坛等。以中非合作为例,中非合作论坛自创立以来发挥的国际公共产品供给平台作用日益明显,实现了从物质性公共产品到观念性公共产品供给的拓展。它充分反映了中国特色的国际公共产品供给之道:包括欢迎"免费搭车"、注重提升自主发展能力、打造稳定的供给制度等,使中非在全球发展治理中的合作伙伴关系不断深化。② 除部长级会议外,中非合作论坛峰会的机制化也已具备了一定的实践基础。③ 在 2015 年中非合作论坛约翰内斯堡峰会上,中方提出同非方重点实施工业化、农业现代化、基础设施、金融、绿色发展、贸易和投资便利化、减贫惠民、公共卫生、人文、和平与安全等"十大合作计划"。在 2018 中非合作论坛北京峰会上,中方宣布重点实施产业促进、设施联通、贸易便利、绿色发展、能力建设、健康卫生、人文交流、和平安全等"八大行动"。在 2020 年中非团结抗疫特别峰会上,中方宣布加快落实中非合作论坛北京峰会成果,将合作重点向健康卫生、复工复产、改善民生领域倾斜。2021 年 11 月,习近平主席在中非合作论坛第八届部长级会议的主旨演讲中提出,中非将共同实施卫生健康工程、减贫惠农工程、贸易促进工程、投资驱动工程、数字创新工程、绿色发展工程、能力建设工程、人文交流工程、和平安全工程等"九项工程",进一步拓展对非洲的援助供给领域。

近年来,非洲进入发展转型期,在国家、地区和全球层次面临着多重风险挑战,成为全球发展治理议程中的突出课题。④ 为此,中国发挥示范引领作用,首先使非洲基础设施建设受到各大国重视(2019 年,英国启动了为期三年的繁荣基金基础设施项目;日本也将扩大海外基础设施投资列为对外援助的首要议

---

① 王金强,黄梅波,崔文星. 新冠疫情下全球主权债务治理困境及其应对分析[J]. 国际经济评论,2021(4).
② 张春. 中非合作论坛与中国特色国际公共产品供应探索[J]. 外交评论,2019(3).
③ 赵晨光. 中非合作论坛峰会的机制化:趋向、基础与发展建议[J]. 西亚非洲,2021(5).
④ 张春,周琼. 非洲地区发展的体系性转型[J]. 现代国际关系,2022(2).

题)。2000—2018 年,中国共参与了非洲 200 多个基础设施项目建设,成为出资和承建非洲项目最多的国家。① 2000—2020 年,通过中国发展援助建成的公路铁路超过 13000 千米,另有 80 多个大型电力设施、130 多个医疗设施、45 个体育馆和 170 多所学校,并为非洲培训各领域人才 16 万余名。② 随着中国对非援助结构的优化升级,相关公共产品供给越来越呈现为"软""硬"兼有的双轨驱动模式。通过将自身发展经验与非洲发展战略的精准对接、提升非洲自主能力以及加强三方合作等方式,中国基础设施类公共产品供给的可持续性得到更大保障,也激发了非洲自主提供区域公共产品的意愿,从而有助于化解非洲区域公共产品供给赤字、供需不匹配和西方大国"私物化"倾向等问题。③

三、为全球减贫治理做出独特贡献

(一) 中国特色反贫困理论的世界意义

在现代化进程中,消除贫困特别是不发达地区的绝对贫困是一项全球性难题。中共十八大以来,中国减贫事业扎实推进,2021 年脱贫攻坚取得全面胜利,提前十年实现《联合国 2030 年可持续发展议程》减贫目标,显著缩小了世界贫困人口的规模。中国的减贫治理突出体现了以增进人民福祉、实现人的全面发展为取向的包容性、均衡化发展思路,并在实践中形成了系统的中国特色反贫困理论。特别是,中国基于本国成功经验积极开展减贫国际合作,促进了这些中国智慧、中国方案、中国经验的积极外溢。对于全球减贫治理而言,这套值得借鉴的理论框架涵盖了对贫困的多维定义、国家减贫战略、减贫机构设置以及减贫政策体系等内容。④ 它至少以下几点可与广大发展中国家分享:注重治理目标的针对性,在治理贫困的同时紧扣社会整体发展的现实需要;保持治理战略的持续性,力促各项贫困治理要素的有机融合;以精准扶贫为抓手,构建多元化和系统化的治理策略。⑤ 其中,中国国际扶贫中心既是现国家乡村振兴局直属事业单位,又是中国政府与联合国开发计划署等国际组织共同发起组建的国际性扶贫机构,因而成为中国政府开展南南合作的重要渠道,以及开展

---

① 德勤(Deloitte)会计师事务所. 2018 年非洲基础建设市场动态 [EB/OL]. (2019-02-21) [2022-07-15]. https://www2.deloitte.com/cn/zh/pages/international-business-support/articles/2018-africa-construction-trends-report.html.
② 中华人民共和国国务院新闻办公室. 新时代的中非合作 [N]. 人民日报, 2021-11-27.
③ 周瑾艳. 中国对非区域公共产品供给评析 [J]. 当代世界, 2020 (4).
④ 王小林. 改革开放 40 年:全球贫困治理视角下的中国实践 [J]. 社会科学战线, 2018 (5).
⑤ 谭志坤. 推进中国贫困治理话语的国际传播 [N]. 中国社会科学报, 2021-07-08.

减贫研究、培训、交流和合作的专门国际平台,依托这一平台机制,2022年11月,中非减贫与发展伙伴联盟宣告成立。此外,中国还积极筹建更广泛的全球减贫与发展伙伴联盟。2018—2020年,中国推动联合国大会连续3年通过农村减贫决议,并于2020年发布《消除绝对贫困:中国的实践》减贫案例选编,成为中国供给发展知识的典型体现。

中国一直力所能及地为其他国家和地区的减贫事业担负起应尽的责任:1950—2016年,中国累计向上述160多个国家和地区提供援助资金4000多亿元人民币;实施各类援外项目5000多个,其中成套项目近3000个;举办1.1万多期培训班,为发展中国家在华培训各类人员26万多名;先后7次无条件免除重债穷国和最不发达国家对华到期政府无息贷款债务;向69个国家提供医疗救助。[①] 以中国特有的菌草技术为例,2001年,中国首个援外菌草技术示范基地在巴布亚新几内亚建成落地。20余年来,这项技术已推广至全球100多个国家,为消除贫困、增进当地民生福祉做出重要贡献。特别是,当下,中国通过支持发展中国家基础设施互联互通建设增强后者自我发展能力,使之更好地融入全球供应链、产业链、价值链,从而为国际减贫事业注入新的活力。这种提供发展机遇和条件的"造血式"帮扶突破了原先"输血式"援助的局限,深化了反贫困领域的国际合作内涵。

(二)多措并举提供全球反贫困公共产品

新冠疫情对全球减贫成果造成很大冲击,至少导致数千万人口返贫;而世界经济复苏不平衡进一步加剧全球不平等,发展中国家遭受重创,南北发展鸿沟持续扩大,其中非洲大陆特别是撒哈拉以南非洲以及一些亚洲国家更是成为全球贫困治理的重点。在这一背景下,加强农业扶贫、实施针对弱势群体的减贫项目等民生领域的"软供给"具有特殊意义。早在2014年,中国就和非洲联盟发表《加强中非减贫合作纲要》,双方就加强减贫合作达成重要共识,鼓励和支持中非开展多主体、多形式的减贫经验交流与务实合作。减贫惠民合作计划被纳入2015年中非合作论坛约翰内斯堡峰会提出的"十大合作计划",中方承诺为此增加对非援助,在非洲实施200个"幸福生活工程"和以妇女儿童为主要受益者的减贫项目,并免除非洲有关最不发达国家截至2015年底到期未还的政府间无息贷款债务。中国还支持联合国性别平等和妇女赋权的全球可持续发展议程目标,在2015年全球妇女峰会上,习近平主席提出向联合国妇女署捐款1000万美元,5年内帮助发展中国家实施100个"妇幼健康工程"和100个

---

① 王玉贵. 从全球史角度审视中国减贫贡献[N]. 中国社会科学报,2021-05-06.

"快乐校园工程",邀请3万名发展中国家妇女来华参加培训,并在当地培训10万名女性职业技术人员等。2020年,习近平主席在联合国大会纪念北京世界妇女大会25周年高级别会议上承诺再向联合国妇女署提供1000万美元捐款,继续设立中国—联合国教科文组织女童和妇女教育奖,并倡议2025年再次召开全球妇女峰会。①

作为非洲贫困治理的主要参与者之一,中国创新农业技术合作方式。截至2020年年底,中国已在非洲援建了24个农业技术示范中心,其融技术转移、人力资源培训、价值链拓展等于一体,惠及所在国50余万民众,间接改善了全球粮食安全。② 中国还积极推动提升非洲议题在二十国集团等国际机制中的重要性,利用机制化的新发展平台引领国际社会向非洲提供更多公共产品。除物质性和制度性产品供给外,中国还为全球发展治理提供了越来越多知识性或思想性公共产品,中国式现代化及其相关的发展知识和经验,为非洲国家的减贫与发展提供了更多选择。着眼于全球发展治理的转型趋势,中国的知识生产更注重经验的适用性及发展战略的对接性,通过提供此类公共产品实现促进非洲自主发展的目的。

与非洲情况有所不同,博鳌亚洲论坛发布的《亚洲减贫报告2020》认为,当前亚洲已进入彻底消除极端贫困的最后阶段。早在2014年,时任总理李克强出席东盟与中日韩("10+3")领导人会议时就指出,缩小差距、减少贫困和改善民生是亚洲地区国家面临的首要任务。中方提议实施"东亚减贫合作倡议",并提供1亿元人民币,开展乡村减贫推进计划,建立东亚减贫合作示范点。为此,中国积极推动与东盟部分国家的减贫合作,2016年启动实施"中国—东亚减贫示范合作项目",并以"整村推进"和"精准扶贫"的中国扶贫开发经验为基础,将缅甸、老挝、柬埔寨三国作为首批重点国家,由云南、广西、四川三省份分别对口承担这些国家的示范项目。

特别是,"一带一路"合作正在产生消除贫困等惠及沿线民众的长期红利,根据世界银行相关报告,到2030年,"一带一路"相关基础设施建设将帮助全球760万人摆脱极端贫困、3200万人摆脱中度贫困。③ 2021年11月,习近平总

---

① 习近平. 在联合国大会纪念北京世界妇女大会25周年高级别会议上的讲话[N]. 人民日报, 2020-10-02.
② 吕强. 非洲多国全力保障农业生产[N]. 人民日报, 2020-11-12.
③ 王毅. 中国发展不以牺牲他国利益为代价,是国际社会可靠的合作伙伴[EB/OL]. (2021-05-26)[2022-09-02]. https://www.fmprc.gov.cn/web/wjbzhd/t1878548.shtml.

书记在第三次"一带一路"建设座谈会上强调,要完整、准确、全面贯彻新发展理念,以高标准、可持续、惠民生为目标,努力实现更高合作水平、更高投入效益、更高供给质量、更高发展韧性。作为一项惠及全球的发展合作框架,"一带一路"更是对其他发展中国家实施援助、共享发展成果的新型合作平台。① 为此,中国政府把支持和帮助共建国家消减贫困作为"一带一路"建设的一项重要内容加以落实,目前在有关国家的扶贫试验已取得了良好效果。特别是,精准扶贫、加强基础设施建设、提供公共服务和技术援助等成功经验的推广,有助于在更大空间范围内拓展"一带一路"的减贫效应,帮助更多国家实现联合国 2030 年可持续发展议程提出的减贫目标。②

在 2017 年首届"一带一路"国际合作高峰论坛上,中方宣布 3 年内向参与建设的发展中国家和国际组织提供 600 亿元人民币援助,以建设更多民生项目。③ 在 2019 年第二届"一带一路"国际合作高峰论坛上,中方宣布实施"一带一路"应对气候变化南南合作计划,深化农业、卫生、减灾、水资源等领域合作,鼓励和支持沿线国家社会组织广泛开展民生合作。④ 中国人民银行、国家开发银行等中国政策性金融机构也积极参与"一带一路"金融合作,为沿线国家基础设施、资源开发、产业合作等互联互通项目提供投融资支持,有力地促进了相关国家的发展和减贫。可以说,共建"一带一路"开拓了国际经济发展新格局,相关公共产品的持续有效供给拓展了沿线国家和区域经济社会发展的新路径。⑤

(三)中国社会组织对于国际发展与减贫事业的积极参与

中国社会组织在参与对外援助实践中积累了紧跟国家发展战略、借力国际援助机构、依托国内实践经验、创新援助模式等经验,日益成为发展类公共产品的重要供给者。中华慈善总会参与 2004—2005 年印度洋海啸救灾,标志着国内首次出现大规模民间力量参与国际人道主义援助。在社会民生项目方面,永续全球环境研究所第一个"走出去"的项目是 2005 年与斯里兰卡农牧业部合作

---

① 屈彩云.新时代中国对外援助提供的公共产品及特点[J].中国发展观察,2018(24).
② 胡必亮.共建"一带一路",促进共同繁荣[N].经济参考报,2021-07-20.
③ 习近平.习近平谈治国理政:第 2 卷[M].北京:外文出版社,2017:515-516.
④ 习近平.习近平谈治国理政:第 3 卷[M].北京:外文出版社,2020:493-494.
⑤ 陈辉,王爽."一带一路"与区域性公共产品供给的中国方案[J].复旦国际关系评论,2018(1).

实施的农村沼气项目。① 2009 年，永续全球环境研究所与老挝政府达成老挝国土资源可持续利用与市场化管理项目，帮助后者加强土地与自然资源管理相关基础设施建设，提高其土地与自然资源综合管理能力，这成为中国社会组织参与国际合作的新模式。

近年来，中国社会组织的跨国活动更加活跃，涉及的国别和地区更广泛，公共产品供给从物资援助、灾害救助、生产性项目建设向经验分享、民生发展、人力资源开发合作、技术输出、志愿服务等领域拓展，供给的可持续性增强。2014 年，中国和平发展基金会积极响应"一带一路"倡议，创建"丝路之友"品牌项目，在老挝、柬埔寨等沿线国家开展惠民项目 11 个，并同步推进在赞比亚和苏丹的惠民项目。中国扶贫基金会紧紧围绕消除贫困、零饥饿、健康福祉、优质教育、清洁饮水和体面工作六项联合国 2030 年可持续发展目标，在缅甸、尼泊尔、埃塞俄比亚、柬埔寨、乌干达等国开展发展援助项目。2017 年，中国扶贫基金会受商务部委托和资助开展了国际志愿者项目，标志着社会组织被首次纳入我国对外援助工作框架。2017 年，中国民间组织国际交流促进会牵头成立了"丝绸之路沿线民间组织合作网络"，迄今已有 60 多个国家的 300 余家同类组织加入。2018 年，亚洲基金会与中国国际民间组织合作促进会、中国扶贫基金会共同推出"社会组织参与国际项目合作自律行为守则"，这是中国社会组织构建同侪网络与行为规范的积极尝试。2020 年，中国民间组织国际交流促进会发起"丝路一家亲"民间抗疫共同行动，推动国内民间力量通过物资捐赠、经验分享、志愿人员派遣等方式向有需要的国家提供力所能及的帮助。2022 年 8 月，在中国民间组织国际交流促进会主办的国际民间社会共同落实全球发展倡议交流大会上，1000 余家非政府组织、智库、企业和媒体共同签署了《国际民间社会共同落实全球发展倡议联合宣言》，宣布启动国际民间减贫合作网络，建立"国际民间社会落实全球发展倡议项目库"。在这一架构下，中国和平发展基金会、中国扶贫基金会（现更名为"中国乡村发展基金会"）推出了包括和平发展基金项目、"民间助力减贫"项目等在内的 30 个务实合作项目，惠及发展中国家民生。

长远来看，随着政策环境、发展基础、援助方式及援助生态等逐步完善，中国社会组织参与对外援助工作的广度和深度将进一步拓展，日益成为全球公

---

① 永续全球环境研究所. GEI 为斯里兰卡引进沼气池可再生能源技术 [EB/OL]. （2009-02-06）[2022-06-26]. http://www.geichina.org/gei-brings-renewable-energy-to-sri-lanka.

民社会相关"倡议网络""支持者联盟"的组成部分,从而促进多主体、多层次、多领域立体援外格局的形成。① 与此同时,更多基于国内发展实践的公共产品以扶贫经验分享、项目合作实施等形式提供给国际社会尤其是发展中国家,在帮助后者破解发展难题的同时使更多当地民众从中受益。

---

① 颜克高. 中国社会组织参与对外援助 70 年:经验、问题与展望 [J]. 国外社会科学, 2021 (1).

第四章

中国在全球其他相关领域的公共产品供给

在全球治理诸领域，有些议题属于传统的"高级政治"范畴，有些议题则属于"低级政治"范畴，对此有必要采取差异化的全球治理路径策略，并构建相应的国际公共产品供给机制及模式。在全球权力转移背景下，新兴供给者与传统供给者之间除存在空间维度上的公共产品供给竞争外，也存在领域维度上的公共产品供给竞争。中国需要基于自身比较优势开展供给行动，同时向竞争回旋空间相对较大的新兴领域拓展。具体来说，中国在全球经济治理、贸易治理、金融治理、贫困治理、卫生治理、气候治理等若干低级政治领域具有较明显的供给比较优势，而在全球安全治理、人权治理、文化治理、海洋治理、互联网与数字治理以及其他全球公域治理领域仍有很大的供给潜力。目前，中国正越来越主动和均衡地参与全球诸领域治理，除前章所述的全球经济和发展领域外，其在全球安全、社会、生态环境等重要领域的国际公共产品供给也日益得到拓展。

第一节 全球安全治理的公共产品供给

全球安全治理是一个多层次、多主体的复合架构，在实践进程中形成了一个松散但相对完整，由治理主体、治理对象以及治理机制三要素构成的治理体系。长期以来，全球安全治理结构与治理进程存在着西方主导、理念单一、机制僵化等问题，面对新挑战其有效性的改善有赖于制度及观念层面的转型。不同类型国家亟须探索新的相处之道，超越狭隘的国家及集团利益，推进国际共同安全，为完善全球安全治理体系、构建全球化下的安全共同体负起应有责任。特别是，当前国际体系正处在深刻转型中，非传统安全与传统安全威胁交织共振，对这些威胁的有效管理有赖于大国良性互动及其推动的国际集体行动。鉴于此，2022 年，习近平主席提出全球安全倡议，作为人类命运共同体理念在安全领域的生动实践,该倡议为破解全球安全治理难题贡献了中国方案。① 面对不断出现的新安全问题的挑战,需要以新的思维重建全球安全理性,打造国家、区域和全球三级联动治理体系,形塑均衡、有效、可持续的全球和地区安全架构,最终达致共存、共享、开放的安全共同体。②

一、国际"维和""建和"的负责任供给

(一)积极参与联合国维和公共产品供给

参与全球安全治理并为之做贡献,既是中国和平发展对于外部环境塑造的需要,也是作为负责任大国的国际身份使然。中国诉诸双边、多边和区域(含跨区域、次区域)安全合作,向国际社会提供新的安全规范和安全机制等公共产品,越来越全面深入地参与到全球安全治理进程中。其中,在多边层面上,中国为强化联合国在全球安全治理方面的合法性与效能而扮演着突出角色,如积极参与联合国维和、亚丁湾护航等行动。以联合国维和行动为例,因其能够产生集体安全效益而具备公共产品属性。目前,"联合国和平行动"概念已不限于"维持和平","预防冲突""建设和平"等环节也被涵盖进来。

中国参与维和始于20世纪80年代,其政策演进受不同时期国家身份和利益认知的影响。起初从接受联合国维和费用摊派到加入联合国维和行动特别委员会(1988年),再到派出军事观察员(1990年)、工兵分队(1992年)、维和警察(2000年)、医疗分队(2003年),直至21世纪初实现成建制派出维和部队,并于2015年宣布建设8000人规模的维和待命部队和300人规模的常备维和警队,中国对国际维和行动的参与不断深入,早已不再有该种行动干涉内政之虞,而是视之为缓和地区冲突及和平解决争端的有效手段。30余年来,中国维和部队和维和警队已先后参加近30项联合国维和行动,派出维和人员5万余人次,并与90多个国家、10多个国际和地区组织开展维和交流与合作。③ 目前,

---

① 该倡议的主要内容包括:坚持共同、综合、合作、可持续的安全观;尊重各国主权、领土完整,不干涉别国内政;遵守联合国宪章宗旨和原则,摒弃冷战思维,不搞集团政治和阵营对抗;重视各国合理安全关切,秉持安全不可分割原则,构建均衡、有效、可持续的安全架构;通过对话协商以和平方式解决国家间的分歧和争端;统筹维护传统领域和非传统领域安全。参见习近平.携手迎接挑战,合作开创未来:在博鳌亚洲论坛2022年年会开幕式上的主旨演讲[N].人民日报,2022-04-22.
② 解楠楠,邢瑞磊.从公共卫生危机到地缘政治危机:新冠疫情地缘政治化的生成机制、影响与对策研究[J].上海对外经贸大学学报,2021(3).
③ 中华人民共和国国务院新闻办公室.中国军队参加联合国维和行动30年[N].人民日报,2020-09-19.

中国已成为联合国第二大会费国和维和摊款国，以及安理会常任理事国中派遣维和人员最多的国家。除已执行完结任务外，目前仍有2200余名中国军人在联合国8个任务区执行任务（见表8）。作为重要维和出警国，2000年以来，先后有2600余名中国警察参与了4大洲11个任务区的联合国维和行动，涉及东帝汶、海地、波黑、塞浦路斯、利比里亚、南苏丹等冲突地区，有效满足了相关地区民众的安全需求。① 2015年，中国—联合国和平与发展基金成立，在其框架下中国已在和平安全领域开展了超过50个项目。2021年9月，由中国、蒙古、巴基斯坦和泰国四国参与的"共同命运—2021"国际维和实兵演习在中国举行，这是中国参与维和行动30余年来首次组织国际维和多边实兵演习。

表8 中国军队参加的联合国维和行动

序号	联合国维和行动名称	中国军队参加时间
1	联合国停战监督组织	1990年4月—
2	联合国伊拉克—科威特观察团	1991年4月—2003年1月
3	联合国西撒哈拉全民投票特派团	1991年9月—
4	联合国柬埔寨先遣特派团	1991年12月—1992年3月
5	联合国柬埔寨临时权力机构	1992年3月—1993年9月
6	联合国莫桑比克行动	1993年6月—1994年12月
7	联合国利比里亚观察团	1993年11月—1997年9月
8	联合国塞拉利昂观察团	1998年8月—1999年10月
9	联合国塞拉利昂特派团	1999年10月—2005年12月
10	联合国埃塞俄比亚—厄立特里亚特派团	2000年10月—2008年8月
11	联合国刚果民主共和国特派团	2001年4月—2010年6月
12	联合国利比里亚特派团	2003年10月—2017年12月
13	联合国科特迪瓦行动	2004年4月—2017年2月
14	联合国布隆迪行动	2004年6月—2006年9月

① 石杨. 合作创新法治共赢，携手开展全球安全治理［N］. 人民公安报，2022-05-03.

续表

序号	联合国维和行动名称	中国军队参加时间
15	联合国苏丹特派团	2005 年 4 月—2011 年 7 月
16	联合国驻黎巴嫩临时部队	2006 年 3 月—
17	联合国东帝汶综合特派团	2006 年 10 月—2012 年 11 月
18	非盟—联合国达尔富尔混合行动	2007 年 11 月—
19	联合国刚果民主共和国稳定特派团	2010 年 7 月—
20	联合国驻塞浦路斯维持和平部队	2011 年 2 月—2014 年 8 月
21	联合国南苏丹特派团	2011 年 7 月—
22	联合国阿卜耶伊临时安全部队	2011 年 7 月—2011 年 10 月
23	联合国叙利亚监督团	2012 年 4 月—8 月
24	联合国马里多层面综合稳定特派团	2013 年 10 月—
25	联合国中非共和国多层面综合稳定特派团	2020 年 1 月—

资料来源：中华人民共和国国务院新闻办公室．中国军队参加联合国维和行动30年［N］．人民日报，2020-09-19．

中国对联合国维和行动的贡献日益超越物质层面，开始成为一名维和规范的供应者。[①] 2020 年 4 月，中国推动安理会通过有关维和人员安全问题的第2518 号决议，倡议成立了联合国维和人员安全之友小组，为改革和加强维和行动贡献中国智慧。特别是，中国强调维和行动应当严格遵守中立、当事国同意、非自卫不使用武力（最低限度使用武力）三原则，为维和行动制定明确、可行和重点突出的授权，从而最大限度地实现不干涉内政与建设性介入热点问题解决之间的价值平衡。在实践中，国际维和产品除了通过联合国框架供给外，还可诉诸联合国框架外的供给，如由区域组织或区域国家自主供给。长期以来，联合国框架内的维和产品供给主要由西方发达国家进行维和资金投入，发展中国家则承担维和人员投入。联合国框架外的维和是联合国维和的重要补充，这

---

① 何银．中国的维和外交：基于国家身份视角的分析［J］．西亚非洲，2019（4）．

为一些大国的维和产品供给创设了更大的机制选择空间。针对国际维和行动中存在武力使用原则含糊以及维和行动供给本身缺乏稳定性问题，中国进一步推动维和行动的模式创新，以削弱维和供给的"搭便车"现象，细化维和行动内容，并建立更广泛的国际维和伙伴关系。①

（二）基于非洲和平建设的供给范式分析

随着国际社会对安全威胁来源及联合国作用的认知发生变化，21世纪以来，联合国倡导从维护和平向预防冲突和建设和平转向，建设和平日益成为联合国和平行动的中心任务。反映在机制层面上，联合国建设和平委员会、建设和平基金、建设和平支助办公室等相关机构于2005年12月被授权建立。建设和平活动旨在帮助相关国家走出冲突，减少再次陷入冲突的风险，并为建设可持续的和平与发展奠定基础。其中，制度建设和经济发展是建设和平的两大支柱，而长期主导联合国维和、建和的"自由和平"规范注重制度建设，对经济和社会发展关注不足，这容易导致和平建设成为"沙滩上的大厦"。为此，中国顺应时势对自身在联合国和平安全议程中的角色做出调整，积极为全球和区域层面的和平建设提供路径方案。中国将联合国安理会作为推行其国际和平安全理念及方案的重要平台，由此参与塑造联合国和平安全议程的基本制度框架。② 鉴于普遍安全与共同发展之间的联动日益紧密，中国辩证看待并有效统筹发展与安全议题，在实践中力促二者之间的良性互动。③ 这使"发展和平"规范日益得到传播，其要义在于通过经济发展消除国内冲突的根源。"发展和平"能够有效弥补"自由和平"规范之不足，从而有助于完善新形势下建设和平相关国际规范体系。④

作为一支新兴的重要建设性力量，中国通过联合国、非盟等全球与地区性机制，逐步参与非洲和平与安全建设进程。⑤ 特别是，通过不断加强的中非和平安全合作（其中，中非和平安全论坛已分别于2019年和2022年举办两届），中国特色的国际安全公共产品供给范式得到彰显。2015年9月，习近平主席在

---

① 程子龙. 供给国际维和行动：基于公共安全产品视角的思考［J］. 国际观察，2019（2）.
② 毛瑞鹏. 中国对联合国和平安全议程的参与和塑造［J］. 国际安全研究，2021（5）.
③ 赵英臣. 论统筹普遍安全与共同发展［J］. 陕西师范大学学报（哲学社会科学版），2022（2）.
④ 何银. 联合国建设和平与人的安全保护［J］. 国际安全研究，2014（3）；何银. 规范竞争与互补：以建设和平为例［J］. 世界经济与政治，2014（4）；何银. 发展和平：联合国维和建和中的中国方案［J］. 国际政治研究，2017（4）.
⑤ Ilaria Carrozza. Legitimizing China's Growing Engagement in African Security: Change within Continuity of Official Discourse［J］. The China Quarterly, 2021（1）：1.

联合国维和峰会上宣布向非盟提供 1 亿美元无偿军事援助。实施和平安全行动是 2018 年中非合作论坛北京峰会确定的"八大行动"之一，为此中国决定设立中非和平安全合作基金，支持中非开展和平安全与维和维稳合作；设立中非和平安全论坛，完善中非相关对话与磋商机制，为在该领域加强交流、深化理念对接提供平台；继续向非洲联盟提供无偿军事援助，支持萨赫勒、亚丁湾、几内亚湾等地区国家维护地区安全和反恐努力；在共建"一带一路"、社会治安、联合国维和、打击海盗、反恐等具体领域推动实施 50 个安全援助项目。特别是，通过参与非洲维和、反海盗、防止武器扩散以及参与战后重建等行动，中国不仅为创造非洲经济社会发展所需的和平环境做出了贡献，而且拓展了中国倡导的安全观及不干涉内政原则的时代内涵。① 2021 年 5 月，中国和非洲在联合国安理会共同发起"支持非洲发展伙伴倡议"，是双方重视消除地区冲突根源的体现。

中国积极落实"中非和平安全合作伙伴倡议"，向非洲集体安全机制建设提供相应的支持，对于国际安全治理产生了积极的外溢效应。建立非洲集体安全机制是非洲国家开展地区治理与一体化进程的重要内容，非洲联盟寻求"非洲问题非洲解决"，积极发展自主维和能力，并制定了《非盟 2063 年议程》《非盟 2020 年消弭枪声计划务实行动路线图》等文件。② 除双边渠道外，中国还主张联合国应重点支持非盟加强集体安全能力建设，包括为非盟集体安全机制建设提供更多人员培训及资金援助，支持非洲常备军和危机应对快速反应部队建设。可以说，中国参与非洲和平与安全建设不但有助于后者和平与安全架构的发展与地区自主维和能力的提高，而且从长远来看促进一些非洲国家发展与安全治理的协调性，为之提供了一条适合发展中国家的稳定—安全—发展三者系统治理的可行路径。

二、中国日益建设性介入热点问题解决

在全球化时代，一国国内安全问题向国际层面溢出和扩散现象日益突出。作为一个积极有为的负责任大国，中国日益将"建设性介入"作为参与国际安全治理的一项新原则，在一系列国际热点问题上彰显了中国特色的解决之道。这一热点问题解决方式除了具备建设性特质外，还具备和平性、正当性特质，

---

① 王学军. 中国参与非洲和平与安全建设的回顾与反思 [J]. 国际问题研究，2012（1）.
② 周玉渊. 非洲集体安全机制的进展与挑战：从非洲和平安全框架到"2020 年消弭枪声计划"[J]. 云大地区研究，2020（1）.

凸显了政治解决方向与不干涉内政原则。为此，中国在当事各方同意的前提下参与后者内部事务，推动事态向有利于当事各方且符合国际公平正义原则的方向良性发展。① 这种介入范式契合新型国际关系理念，且以尊重相关国际法准则为前提；其在价值取向上超越了西方传统的干涉概念而具有国际公共产品供给性质，在实践上更是迥然不同于霸权式介入以及单纯的军事介入，因而为广大发展中国家所接受。着眼于人类安全共同体的构建，建设性介入创造性地诠释了不干涉内政原则，有利于中国拓宽新形势下参与国际安全事务的渠道。②

例如，在推进阿富汗和平进程问题上，中国坚持"阿人主导、阿人所有"原则，为凝聚阿富汗国内和解及地区涉阿共识创设平台，推动阿富汗塔利班以温和方式回归政治主流。自 2014 年以来，中方数次邀请阿富汗塔利班代表团访华，为阿富汗各势力之间的政治对话创造条件。③ 在 2021 年 6 月举行的第四次中国—阿富汗—巴基斯坦三方外长对话会上，为确保阿富汗不因美国和北约军队匆忙撤离、恐怖极端势力借机回潮而再度大乱，中国就管控地区矛盾、维护和平稳定提出针对性倡议和方案，包括在三方外长对话框架下增设阿富汗和平和解三方特使对话机制。2021 年 7 月，王毅外长会见了来华访问的阿富汗塔利班政治委员会负责人巴拉达尔一行，支持阿富汗人民抓住稳定和发展自己国家的重要机遇。④ 鉴于阿富汗自身反恐维稳能力不足，中国倡导集体安全，呼吁国际社会与地区国家提供支持，推动上海合作组织发挥更大作用，弥补安全漏洞特别是避免阿富汗继续动荡及其外溢可能。中国还倡导标本兼治，发挥自身在基建、通信技术、医疗、减灾等方面的优势，积极参与阿富汗战后重建工作。⑤ 2021 年 9 月，中方同有关邻国一道倡议并推动建立了阿富汗邻国协调合作机制，共同帮助阿富汗开展和平重建，特别是提升阿富汗自主发展能力以实现长治久安。2022 年 3 月，中国还作为东道主主持召开第三次阿富汗邻国外长会、"阿富汗邻国+阿富汗"外长对话以及阿富汗问题"中美俄+"磋商机制会

---

① 冯维江. 新时代中国特色大国外交：科学内涵、战略布局与实践要求 [J]. 国际展望，2018（3）.
② 刘中民，范鹏. 对中国外交应对苏丹达尔富尔问题的总结与思考 [J]. 国际观察，2015（5）.
③ 林一鸣. 中国进一步建设性介入，为阿富汗和平进程注入正能量 [J]. 世界知识，2019（15）.
④ 中华人民共和国外交部. 王毅会见阿富汗塔利班政治委员会负责人巴拉达尔 [EB/OL]. （2021-07-28）[2022-09-10]. https://www.fmprc.gov.cn/web/wjbzhd/t1895584.shtml.
⑤ 钱峰. 中国"建设性介入"赢得阿富汗欢迎 [N]. 环球时报，2021-06-07.

议,并宣布启动阿富汗邻国阿问题特使定期会晤机制。此外,中国还积极通过双多边渠道向阿富汗提供紧急人道主义援助,帮助阿富汗改善民生;以及支持阿富汗挖掘发展潜力,提升自主发展能力,从根源上治理国内冲突和不稳定问题。2022年3月,王毅外长在访问阿富汗时指出,中方欢迎阿富汗参与共建"一带一路",愿推动中巴经济走廊向阿富汗延伸,使阿富汗成为地区互联互通的纽带和桥梁。

此外,针对近年来其他一些亚非国家发生的内部冲突,中国运用自身影响力积极劝和促谈,并寻求与东盟、非盟等地区性组织合作,在不违背不干涉内政原则前提下发挥矛盾斡旋者与和平建设者的作用。在缅甸相关问题上,中国积极介入调解缅甸和孟加拉国两国因罗兴亚难民而产生的纠纷[1];中国还多次为缅甸政府与克钦独立军等民族地方武装的和谈提供便利和斡旋,成为缅甸局势稳定的利益攸关方和负责任维护者。2021年2月,缅甸军方接管国家政权后,中国支持东盟以"东盟方式"推动缅甸局势早日实现"软着陆",愿与之一道向缅甸提供必要援助,并继续利用自身同缅甸各方的友好关系促成内部对话与和解。

中国还日益公正、平衡、稳健、务实地参与中东安全治理,在该地区国家热点问题的解决上发挥着越来越重要的作用。中国政府早在2002年就设立了中东问题特使,并主张中东安全问题应多管齐下、系统治理,推动该地区"以发展促和平"。为此,中国建设性介入叙利亚等热点问题的解决,包括在联合国框架下参与该地区维和行动,在安理会相关决议中坚持原则,以及与国际社会或地区国家采取联合行动,帮助提升相关国家的安全治理能力。中国在叙利亚问题上的建设性作用体现在积极劝和促谈,包括2015—2016年先后邀请叙利亚副总理兼外长穆阿利姆和反对派组织"反对派和革命力量全国联盟"领导人杰尔巴访华。[2] 2021年3月,王毅外长提出实现中东安全稳定的五点倡议,包括倡导相互尊重、坚持公平正义、实现核不扩散、共建集体安全、加快发展合作等内容,并提议在华举办波斯湾地区安全多边对话会议、探讨构建中东信任机

---

[1] 罗兴亚人(Rohingya)是近代以来居住于缅甸若开邦与孟加拉国接壤地区的一个穆斯林族群,在当代缅甸民族国家建构过程中,罗兴亚人与缅甸佛教徒之间关系紧张。近年来,罗兴亚武装组织与缅甸政府军之间的冲突造成大量罗兴亚难民跨国流动,成为地区稳定的影响因素之一。

[2] 孙德刚.从顺势到谋势:论中国特色的中东安全治理观[J].复旦学报(社会科学版),2020(5);钮松.新时代中国参与解决阿拉伯国家热点问题述评[J].阿拉伯世界研究,2022(2).

制等。

中国政府还设立非洲事务特别代表，积极斡旋非洲热点问题，为推进非洲和平与安全发挥了独特建设性作用。在苏丹达尔富尔问题上，中国通过劝和促谈大力推动达尔富尔和平进程，同时立足发展问题积极提供相关援助，营造有利于和平解决争端的环境。中方认为单边制裁无助于问题的解决，国际社会应重在协助苏丹各方通过对话解决分歧，通过支持苏丹发展和民生改善来促进地区和平安全。① 2022 年 3 月，中国常驻联合国副代表呼吁联合国安理会尽快解除对苏丹的制裁，在联合国和非洲联盟驻苏丹达尔富尔特派团撤出后，安理会应及时制定有利于加强苏丹当局安全能力建设的新举措。

三、中国在全球安全其他重要领域的供给不断强化

（一）为国际核安全做出重要贡献

当前，全球层面的核安全公共产品供给仍然不足，特别是供给结构扭曲、失衡容易导致无效供给甚至带来负外部效应。作为核大国之一，中国逐步融入国际核不扩散体制并在其中发挥日益突出的建设性作用。中国承诺不首先使用核武器，先后加入了国际原子能机构（1984 年）、桑戈委员会（Zangger Committee）（1997 年）、核供应国集团（2004 年）等国际组织，以及《不扩散核武器条约》（1992 年）、《全面禁止核试验条约》（1996 年签署）等国际法文件，这些机制已成为传统核安全领域最主要的国际公共产品。② 其中，《不扩散核武器条约》是国际核不扩散与核裁军体系的基石，也是当代国际安全架构的重要组成部分。近年来，中国等五个核大国在条约审议进程中形成了协调与沟通机制。美国退出《中导条约》等军控领域一系列重要国际协定一度使五核国合作陷入僵局，中国推动五核国正式会议于 2019 年年初在北京举行，使五核国合作进程得以重启。2022 年 1 月，上述五国发表了《关于防止核战争与避免军备竞赛的联合声明》，中国一直积极倡导"核战争打不赢也打不得"理念，推动写入重申不将核武器瞄准彼此或其他任何国家等重要内容。在规范建设层面，中国提出

---

① 新华社．中国代表呼吁尽快解除对苏丹制裁［N］．人民日报，2022-03-30.
② 其中，桑戈委员会成立于 1971 年，旨在根据《不扩散核武器条约》有关条款，就向未参加该条约的无核国家出口核材料、设备和技术加以规制。该委员会制定了核出口控制"触发清单"，规定出口清单项目须接受国际原子能机构保障监督。核供应国集团则成立于 1975 年，旨在确保主要核供应国协调和加强核出口控制，防止核领域敏感物项的扩散。该集团通过《核转让准则》及《与核有关的两用设备、材料、软件和相关技术的转让准则》实施出口控制，要求将进口国接受国际原子能机构全面保障监督作为核出口条件，严格控制敏感核物项及技术出口。

了标本兼治、外交解决、维护国际防扩散机制、提高各国防扩散能力等四项原则，寻求完善各层面的核安全法规体系，推动构建更具权威性、普遍性和有效性的防扩散全球治理机制。① 特别是，习近平主席于2014年和2016年两次出席核安全峰会，提出应坚持理性、协调、并进的核安全观，建立公平、合作、共赢的国际核安全体系。② 中国还支持拉美和加勒比、南太平洋、东南亚、非洲、中亚、中东等无核区建设，为构建区域性核安全机制以及实现无核武器世界目标做出贡献。

在东北亚区域，中国为朝核问题的解决发挥了不可或缺的建设性作用。中国主张标本兼治、综合施策，提出"双暂停"方案以及实现半岛无核化、建立半岛和平机制"双轨并行"的思路，积极促成相关国际合作，推动区域核安全从域外力量主导的霸权供给模式向更趋平等也更可持续的多边合作供给模式转变，并统筹传统核安全与非传统核安全的区域供给。③ 中国主张当事国弃核与国际社会解除制裁同步推进，这也同样适用于伊朗核问题的解决。中方主张尊重伊朗和平利用核能的权利，并为伊朗改造重水反应堆提供支持。围绕着如何平衡处理安全与发展、防扩散与和平利用的关系问题，2021年11月，第七十六届联大裁军与国际安全委员会通过了中国提交的"在国际安全领域促进和平利用国际合作"决议草案。该决议强调和平利用科技及相关国际合作对于经济社会发展的重要性，敦促各国在履行防扩散国际义务的同时，取消对发展中国家和平利用科技的不合理限制。为此，中国主张和平解决伊朗核问题，诉诸开放、包容、公正的对话进程弥合各方分歧，为2015年《伊核问题全面协议》的达成做出了重要贡献。在2018年美国特朗普政府单方面退出该协议并重启对伊制裁后，中方一直积极推动伊核协议重返正轨。

（二）国际反恐事业的重要参与者和贡献者

针对恐怖主义这一非传统安全领域的国际公害，中国积极参与国际反恐合作，支持联合国发挥主导作用，参与制定联合国及安理会《防止暴力极端主义行动计划》（70/674）等一系列反恐决议，推动《联合国全球反恐战略》全面实施。为此，中国推动联合国加强评估、预防等相关机制建设，尤其是加强恐

---

① 王毅. 加强国际防扩散努力，增进世界和平与安全：在安理会防扩散问题部长级会议上的发言 [EB/OL]. (2017-09-23). http://www.fmprc.gov.cn/web/zyxw/t1496233.shtml.
② 中华人民共和国外交部. 中国联合国合作立场文件 [N]. 人民日报，2021-10-23.
③ 李望平. 东北亚核安全缺失与供给模式改进：基于国际公共产品视角 [J]. 东北亚论坛，2021 (1).

怖主义威胁严重地区的应急反应机制建设。鉴于该领域存在的集体行动困境，中国强调发挥联合国的多边供给平台作用，反对在反恐问题上搞"双重标准"及谋求地缘利益，主张打击任何形式的恐怖主义。[①] 在地区层面上，中国重视与区域和次区域组织的反恐合作，促进区域国家的安全能力建设。其中，上海合作组织及其地区反恐怖机构最具有代表性。2020年，地区反恐怖机构与联合国反恐怖主义办公室、联合国安理会反恐委员会执行局签署了合作备忘录。中国主张依托这一机构提升成员国的反恐合作水平，并加强上海合作组织的行动能力和快速反应能力建设。随着上海合作组织的扩员，中亚与南亚甚至西亚区域间的反恐协作将得到加强，中国对欧亚地区的反恐公共产品供给也将得到拓展，如防止阿富汗境内的恐怖极端势力向周边国家及地区外溢。

在规范供给方面，中国推动上海合作组织先后制定并通过了《打击恐怖主义、分裂主义和极端主义上海公约》《上海合作组织成员国合作打击恐怖主义、分裂主义和极端主义构想》《上海合作组织反恐怖主义公约》《上海合作组织成员国边防合作协定》《上海合作组织反极端主义公约》《上海合作组织成员国打击恐怖主义、分裂主义和极端主义2019年至2021年合作纲要》等一系列反恐合作相关法律文件。[②] 上海合作组织还积极应对网络恐怖主义这一新型安全威胁，于2012年制定了《上海合作组织成员国主管机关预防和阻止利用或威胁利用电脑网络进行恐怖主义、分裂主义和极端主义活动的共同措施》。2013年，上海合作组织地区反恐怖机构理事会第二十三次会议决定成立打击网络恐怖主义联合专家小组。自2015年起，上海合作组织定期在中国厦门举行网络反恐联合演习，其中，2019年举行的第三届网络反恐联合演习，彰显了地区反恐怖机构在网络反恐、情报交流、行动协调中的重要作用。2016年，地区反恐怖机构理事会第二十九次会议批准了《防范恐怖主义行为联合措施》和《极端宗教意识形态在成员国境内传播联合措施》。2018年，中国武汉承办了上海合作组织成员国信息安全合作专家工作组会议。2020年，成员国元首在莫斯科峰会上签署了《上海合作组织成员国元首理事会关于打击利用互联网等渠道传播恐怖主义、分裂主义和极端主义思想的声明》。

（三）中国拓展全球新兴领域的安全公共产品供给

人类正面临着越来越多新兴领域的安全议题挑战，与传统议题领域相比，这些新兴议题领域在治理主体、治理理念、治理主导权与复杂性等方面存在很

---

① 刘青建，方锦程．恐怖主义的新发展及对中国的影响［J］．国际问题研究，2015（4）．
② 宋效峰．"一带一路"视角下中俄在中亚地区的反恐合作［J］．新疆社科论坛，2019（5）．

大差异，亟需构建一套更具适应性和包容性的新规范。近年来，中国积极拓展这些领域的安全公共产品供给，主动参与和引领海洋、太空、生物安全等领域的国际制度及规则制定，为完善全球新兴领域的安全治理做出贡献。

当前，全球海洋安全治理面临着公共产品供给总量不足、分布结构失衡等问题，作为航行安全、反海盗、海上应急救援、海上执法合作等安全产品的新兴供给者，中国本着构建海洋命运共同体理念，积极参与国际海洋制度构建和规则创设。依据联合国安理会通过的有关决议，2008年12月，中国海军首批编队启航赴海盗活动猖獗的亚丁湾、索马里海域执行护航任务。截至2023年1月，中国海军先后向上述海域派出42批护航编队，执行护航任务1500余批次。2017年8月，吉布提保障基地作为中国人民解放军首个海外基地投入使用，它有助于中国军队更好地履行相关国际义务，如在亚丁湾、索马里海域护航，在南苏丹、刚果（金）、马里等非洲国家执行联合国维和任务以及开展人道主义救援等，从而有利于维护该地区的和平与稳定。此外，中国还在国际海洋法法庭等相关国际司法机构中扮演着越来越重要的角色，推动着海域划界等相关国际法规则的发展；并从周边区域海洋安全制度构建入手，为构建公正合理的国际海洋新秩序、增进国际与区域海洋安全做出独特贡献。

在太空安全治理领域，《外层空间条约》将太空确定为"全球公地"，即其完全开放且不受任何国家主权管辖，所有国家都享有和平与平等利用该空间的权利。[①] 但随着人类开发和利用太空的活动日益频繁，"公地悲剧"问题也凸显出来。由于太空碎片增多，可利用的近地太空资源变得更加稀缺；太空军事化威胁也很严峻，这包括军事化利用人造卫星和外层空间武器化。就太空安全问题治理而言，中国作为太空大国无论在技术实力支撑还是国际规范制定层面都有发挥更大引领塑造作用的潜力。为此，中国积极推动相关国际立法，尤其是加强对外层空间军事化的规制，从而完善包括禁止太空武器化、空间碎片减缓和主动移除在内的外空安全法律体系。2014年，中国与俄罗斯一起向联合国裁军会议提出了禁止太空武器化条约草案，代表新兴大国推动《防止在外空放置武器、对外空物体使用或威胁使用武力条约》的立法进程。着眼人类长远利益，中国倡导构建太空命运共同体，促进太空透明与信任建设，秉持和平发展、平

[①]《外层空间条约》是一部有关外层空间利用的基本法，其正式名称为《关于各国探索和利用包括月球和其他天体在内外层空间活动的原则条约》。1966年12月联合国大会通过该条约，1987年1月开放签署，1983年12月中国加入。

等共享原则打造新型太空治理体系，通过相关平台机制协同供给国际公共产品。①

在生物安全领域，负责任生物科研是全球生物安全治理的重要议题，《禁止生物武器公约》、世界卫生组织框架下对此展开的讨论由来已久。早在 2015 年，中国就首倡制定科学家生物安全行为准则，并积极推动相关多边讨论进程。2019 年 7 月，在《禁止生物武器公约》专家会期间，中国举办了"加强生物安全实验室能力建设，促进生物科技合作交流"专题边会，分享中国科学家的经验。2021 年，由中国天津大学和美国约翰斯·霍普金斯大学牵头，共 21 个国家的科学家讨论达成了《科学家生物安全行为准则天津指南》，并得到国际科学院组织核可。同年 8 月，中国和有关国家一道向《禁止生物武器公约》提交了关于《科学家生物安全行为准则天津指南》的工作文件；9 月，中国又向联合国大会提交了这份指南。该指南是国际社会推广负责任生物科研取得的重要成果，它根植于中国倡议，同时又凝聚了合作维护全球生物安全的国际共识，为全球生物安全治理贡献了新方案，对于各国政府和科学界将产生积极的引导与规范作用。② 而中国的倡议能力又源于自身实践，中国一贯高度重视生物安全，近年来更是把生物安全纳入国家安全体系，不断提高国家生物安全治理能力，这也为全球生物安全体系建设提供了范本。此外，中国认为促进国际合作与援助是《禁止生物武器公约》履约的核心支柱，2016 年提出"建立生物防扩散出口管制和国际合作机制"倡议。在新形势下更应统筹安全与发展需要，加强国际合作与援助以促进生物科技和平利用。2021 年 10 月，中俄两国外长在联合国大会裁军与国际安全委员会一般性辩论上发表了关于加强《禁止生物武器公约》的联合声明，重申该公约应得到完全遵守和进一步加强，包括达成包含有效核查机制、具有法律约束力的议定书等。③

四、中国创新性参与区域安全公共产品供给

增加区域公共产品供给是实现全球公共产品增量的重要中间环节，而亚洲范围内的区域安全公共产品仍严重短缺，这包括地区安全秩序、安全互信、核

---

① 韩万渠，贾美超. 太空碎片治理：全球治理亟待重视的议题及中国方案［J］. 国际关系研究，2018（6）；李寿平. 外空安全面临的新挑战及其国际法律规制［J］. 山东大学学报（哲学社会科学版），2020（3）.
② 和音. 为全球生物安全治理贡献中国方案［N］. 人民日报，2021-07-21.
③ 隋鑫，张光政，刘刚，等. 共同推进全球生物安全治理［N］. 人民日报，2022-03-28.

军备控制、禁毒、打击跨国有组织犯罪等诸多议题。在成为全面和成熟的全球安全供给者之前，中国首先立足亚洲及太平洋地区，强化与周边国家的区域公共产品供给合作，不断创新包容性、针对性的供给机制。此类公共产品可通过区域性机制实现供给，如上海合作组织、澜湄机制、亚信会议等重要平台。

在中亚方向上，区域公共产品的有效供给是上海合作组织可持续发展的关键所在，中国将其作为倡导和践行新安全观的重要平台。作为中亚区域安全公共产品的重要供给者，中国不断为之贡献新的智慧和方案：2018年青岛峰会从发展观、安全观、合作观、文明观与全球治理观等维度为"上海精神"注入新的时代内涵；在2022年撒马尔罕峰会上，习近平主席提出构建更加紧密的上海合作组织命运共同体。中国努力推动上海合作组织从传统安全领域到非传统安全领域的合作议题拓展，除打击危害区域安全的恐怖主义等"三股势力"外，还日益涵盖打击毒品犯罪、跨国有组织犯罪以及维护信息安全、生物安全等。中方还在上海政法学院设立"中国—上海合作组织国际司法交流合作培训基地"，并通过这一平台为各方培训执法人员。近年来，成员扩容使上海合作组织的区域安全公共产品供求关系出现较大变化，着眼于该组织面临的内外挑战，中国除推动上海合作组织继续将安全合作作为主导方向外，还推动经贸等领域的合作，从而使安全与发展问题得到统筹兼顾。中国以上海合作组织为依托积极参与中亚区域安全制度与规则塑造，促进该区域各安全机制之间的协调，从大国良性互动、抑制"私物化"取向、优化供给结构等入手完善区域安全公共产品合作供给机制，从而更有效地满足区域国家的安全需求，促进区域安全共同体建设。①

在东南亚方向，中国积极参与区域和次区域安全合作，赋能安全合作机制和创构区域安全公共产品。2011年，中国联合老挝、缅甸、泰国等国建立湄公河流域执法安全合作机制；2017年，进一步倡议设立澜沧江湄公河综合执法安全合作中心，提升了流域国家合力打击跨国犯罪活动的能力，从而形成了区域安全公共产品供给的"湄公河模式"。② 中国还坚持南海相关争议由直接当事国通过协商谈判妥善解决、南海和平稳定由中国与东盟国家共同维护的思路，加

---

① 陈小鼎，王翠梅. 扩员后上海合作组织深化安全合作的路径选择 [J]. 世界经济与政治，2019（3）；孙壮志. 上海合作组织与新时代中国多边外交 [J]. 世界经济与政治，2021（2）；李虎平. 大国博弈与中亚地区安全公共产品供给：兼论中国的战略选择 [J]. 新疆大学学报（哲学社会科学版），2022（2）.

② 关键. 区域安全公共产品供给的"中国方案"：中老缅泰湄公河联合执法合作机制研究 [J]. 中山大学学报（社会科学版），2019（2）.

快推进同东盟国家关于"南海行为准则"的磋商。目前，中国与东盟各国在海上搜救、反海盗等非传统安全领域的合作已取得诸多积极成果，下一步可寻求构建更高水平的南海安全合作机制，以此作为维护南海和平稳定、创新区域公共产品供给的平台，从而改变一些东盟国家"经济靠中国、安全靠美国"的"二元悖论"。

亚洲地区多样性突出，整体安全共识严重不足，面临的地区安全治理议题极为复杂。鉴于此，中国重视构建基于亚洲实际的规范框架和制度安排，并采取灵活渐进的方式，从非正式对话机制到正式机制逐步夯实基础，通过安全领域的合作示范项目带动更综合、广泛的多边安全合作机制建设。① 为此，中国可推动"一带一路"框架下的安全合作体系建设，通过整合现有机制、协调集体行动、促进互联互通，打造非霸权、非同盟的协作型区域安全公共产品供给新模式，从而为经济合作与基础设施建设创造安全稳定的环境。不同于美国主导的排他性区域安全机制，中国倡导包容性多边安全合作，重视东盟地区论坛、亚信会议等安全对话机制的作用。中国推动全球安全倡议在地区层面的落实，并强调发展与和平的联动性，在本地区大力倡导"以发展促和平"，从治理"发展赤字"入手消除引发冲突的根源，这在一些东南亚、南亚和西亚国家得到实践推广。②

在区域安全平台创设方面，亚洲安全治理制度建构需要基于区域自主、尊重主权、非武力与共识性决策等自身经验，采取从非正式到正式的渐进主义路径。其中，价值共识建构在中国参与和倡建区域安全机制过程中日益受到重视。中国积极参与亚信会议等新兴地区安全合作架构，推动亚信会议在凝聚共识、促进对话、加强协作、构建具有亚洲特色的安全治理模式方面取得新进展。作为一个泛亚层次的多边安全机制，当前亚信会议面临着如何在更大程度上顺应地区安全需求、通过推进机制建设实现转型发展的挑战。中国曾于 2014 年主办亚信上海峰会，其倡导的亚洲新安全观业已成为亚信会议安全理念的核心内容，并继续为该机制的改革完善做出贡献。③ 除了在地区安全治理"存量"领域积

---

① 黄河，黄越，赵琳菲.区域性安全公共产品与"一带一路"安全合作体系的建构：以中国企业在巴尔干地区的投资为例［J］.复旦国际关系评论，2018（1）.
② 孙德刚，张丹丹.以发展促和平：中国参与中东安全事务的理念创新与路径选择［J］.国际展望，2019（6）.
③ 2022 年 10 月，中国国家副主席王岐山出席亚信第六次峰会，提出亚信机制应致力于构建亚洲命运共同体。这次峰会宣布亚信会议机制将转型升级为国际组织，并在其架构下成立亚信基金，以便为亚信项目的确定和实施提供支持。

极作为外，中国还在"增量"领域不断拓展，通过新兴领域（如公共卫生安全）的合作为传统领域安全合作注入新动力，促成域内国家联合供给区域公共产品，推进亚洲安全治理转型。

中国国内更多主体参与到安全治理相关知识、机制等区域公共产品供给中。例如，2006年由中国军事科学学会发起的北京香山论坛，自2015年起由中国军事科学学会和中国国际战略学会共同主办。该论坛初为亚太地区安全领域的第二轨道对话平台，从2014年第五届起升级为"一轨半"，与会人员扩展为亚太地区和域外相关国家的国防部或军队领导人、国际组织代表、前军政要员及知名学者。其秉持平等、开放、包容、互鉴理念，致力于通过对话扩大地区各国安全共识、增进安全互信、促进新型安全合作，已成为中国为亚太地区安全创设的重要制度类公共产品。而创建于2012年的世界和平论坛则是由清华大学主办、中国人民外交学会协办的中国第一个高级别非官方国际安全论坛，其于2013年实现机制化，每年定期在北京举行，议题以亚太地区安全问题为主，同时涵盖全球性的安全问题。该论坛旨在为各国政界、军界、学界和商界人士提供一个讨论、交流与磋商的平台，分享和创新国际安全观念，探讨全球性或地区性安全威胁的应对之策，由此凝聚安全共识，促进国际安全合作，最终服务于世界和平建设。（见表9）此外，博鳌亚洲论坛议题也在向安全治理领域拓展，并成立了新的专门性会议平台——博鳌亚洲论坛全球经济发展与安全论坛。2021年10月，博鳌亚洲论坛全球经济发展与安全论坛首届大会举行，这一新机制聚焦与经济发展相关的非传统安全议题，为政商学界人士探讨经济发展与安全问题的关联提供了专门的论坛平台。[1]

表9 北京香山论坛与世界和平论坛之比较

论坛名称	创建时间	举办地点	举办频次	举办方	论坛定位	论坛主旨	参与主体属性
北京香山论坛	2006年	北京	不太固定，趋于每年	中国军事科学学会、中国国际战略学会	高端防务与安全对话平台	促进亚太地区安全对话与互信合作	具有军方背景的一轨半机制

---

[1] 刘麟，谢瑶. 博鳌亚洲论坛全球经济发展与安全论坛首届大会在长沙举办［N］. 经济日报，2021-10-19.

续表

论坛名称	创建时间	举办地点	举办频次	举办方	论坛定位	论坛主旨	参与主体属性
世界和平论坛	2012年	北京	每年	清华大学、中国人民外交学会	非官方国际安全高级论坛	为建设性解决国际安全问题、实现持久和平提供智力支持	学界、政界、商界等广泛参与的第二轨道机制

资料来源：笔者根据相关材料整理。

第二节 全球社会领域的公共产品供给

随着国际政治议题的重心下移，社会性因素在全球化进程中的重要性日益突出，影响着相关全球治理规范的生成。"爱人利物之谓仁"，为全球社会治理提供更多社会性公共产品，不但契合全球治理以人为中心的终极价值，也是新时代中国塑造负责任大国形象的重点方向。

一、全球卫生公共产品供给

（一）中国推动构建人类卫生健康共同体

在相互依赖日益加深的背景下，传染病全球化对于国际社会构成了突出的全球公共卫生威胁，如21世纪先后暴发的"非典"、甲型H1N1流感、新冠感染等疫情。在这一挑战面前各国越来越难以独善其身，加强全球公共卫生治理势在必行，尽管当前国际社会已初步建立起卫生领域合作治理的框架和机制，但全球卫生治理框架尚未统一，现有运行机制仍存在缺陷，特别是相关国际组织和国际法的权威性及执行力不足，"治理赤字"问题突出。而在理念倡导、物质支持、制度及规则建设等方面为全球卫生治理提供公共产品，是有实力的主权国家、国际组织等行为主体不可推卸的责任。卫生公共产品供给具有突出的功能性、专业性和道义性特点，但各国卫生能力及卫生治理模式的巨大差异及其对单方利益的追求，严重制约着相关集体行动的达成，使全球卫生治理领域面临着陷入"金德尔伯格陷阱"的现实风险。

鉴于此，中国秉持人类卫生健康共同体理念，从物质到制度层面向国际社会尤其是卫生能力脆弱的发展中国家提供最急需的卫生公共产品。其中，卫生援助是一种成熟的国际公共产品供给形式。1963—2019 年，中国累计向 72 个国家和地区派遣长期医疗队共 1069 批次 27484 名医疗队员。① 特别是，中国把新冠疫苗作为全球公共产品向发展中国家优先提供，并率先加入世界卫生组织"全球合作加速开发、生产、公平获取新冠肺炎防控新工具"倡议。2020 年 10 月，中国同全球疫苗免疫联盟签署协议，正式加入由全球疫苗免疫联盟、世界卫生组织和流行病防范创新联盟共同创立的"新冠肺炎疫苗实施计划"，以实际行动促进疫苗公平分配。中国承诺向该计划首批提供 1000 万剂疫苗，努力提高疫苗在发展中国家的可及性和可负担性，弥合全球"免疫鸿沟"。中国宣布支持新冠疫苗知识产权豁免，并支持世界贸易组织等国际机构就此做出决定。中国发起 31 国参与的"一带一路"疫苗合作伙伴关系网络，还倡议设立新冠疫苗合作国际论坛，由疫苗生产研发国家、企业和利益攸关方共同推进全球疫苗公平合理分配。2021 年 8 月，新冠疫苗合作国际论坛首次会议正式召开，习近平主席在致辞中宣布中国 2021 年全年将向全球提供 20 亿剂疫苗，并决定向上述"新冠疫苗实施计划"捐赠 1 亿美元。截至 2021 年 10 月，中国已向 100 多个国家和 3 个国际组织提供疫苗援助，同时向 60 多个国家出口疫苗，总量超过 15 亿剂，居全球首位。② 中国既"授人以鱼"又"授人以渔"，还与阿联酋、埃及、印度尼西亚、巴西等 19 个国家开展疫苗研发和生产合作，增强发展中国家应对公共卫生挑战的能力。③ 在 2021 年 10 月举行的二十国集团领导人第十六次峰会上，习近平主席提出"全球疫苗合作行动倡议"，包括支持疫苗企业同发展中国家联合研发生产，加大向发展中国家提供疫苗力度，支持世界贸易组织就疫苗知识产权豁免早做决定等重要举措，这将有助于国际社会避免出现"免疫落差"，弥合全球"免疫鸿沟"，从而构筑全球防疫屏障。④

作为该领域的参与者、贡献者和引领者，中国在新形势下不仅持续开展对外卫生援助，还积极分享自身卫生治理经验，推动完善全球卫生法律制度，促进全球公共卫生资源的合理分配。中国把全球卫生治理与国家卫生治理的价值目标相统一，立足国内卫生能力提升与公共产品研发，借助于世卫组织等全球性及区域性机制平台，不断拓展国际卫生公共产品供给。中国在世卫组织中的

---

① 中华人民共和国国务院新闻办公室. 新时代的中国国际发展合作 [N]. 人民日报，2021-01-11.
② 温馨，潘洁. 中国已向 100 多个国家和国际组织提供超过 15 亿剂新冠疫苗 [N]. 北京日报，2021-10-22.
③ 和音. 合作的阳光终将驱散疫情的阴霾 [N]. 人民日报，2021-08-07.
④ 季思. 为中国疫苗"兼济天下"点赞 [J]. 当代世界，2021（4）.

会费份额由2018—2019年度的7.92%提升至2020—2021年度的12%，跃居全球第二。中国还加大向世卫组织的捐款力度，以帮助该机构缓解资金不足、资源分配不均衡等问题。在2020年第七十三届世界卫生大会视频会议开幕式上，习近平主席宣布为支持全球抗疫，中国将在两年内提供20亿美元国际援助，与联合国合作在华设立全球人道主义应急仓库和枢纽，建立30个中非对口医院合作机制，并同二十国集团成员一道落实"暂缓最贫困国家债务偿付倡议"。在2022年7月举行的二十国集团财长和央行行长会议上，中方还宣布将向世界银行新设的"疫情大流行防范、准备和应对基金"捐资5000万美元。

在全球卫生应急公共产品供给方面，2014年，西非埃博拉疫情暴发后，中国政府迅速做出反应，成为首个向疫区提供实地医疗支持的国际援助方。中国当年累计向相关国家和国际组织提供4轮约7.5亿元人民币的紧急人道主义援助，以及派出专家、提供基础设施和全力参与相关诊疗药物研制。2018年，刚果（金）再次暴发埃博拉疫情，中国及时向刚果（金）及其邻国、非盟等提供紧急人道主义援助。中国还积极响应世卫组织关于建立全球卫生应急队伍的倡议，于2018年组建了中国国际应急医疗队（四川），成为全球首支通过该项目最高级别认证的非军方国际应急力量。[①] 特别是，2020年，新冠疫情在全球暴发后，中国发起了新中国成立以来规模最大的全球人道主义行动，向150多个国家和非盟等10个国际组织提供抗疫援助，包括向亚洲、欧洲、非洲、拉丁美洲等34个国家派出36支医疗专家组[②]；并发挥最大医疗物资产能国优势，截至2021年10月向各国提供了3200多亿只口罩、39亿件防护服、56亿人份检测试剂盒。

（二）在国际卫生制度层面的供给

在参与全球卫生治理过程中，中国力促相关公共产品供给由应急性向长效性转变，从协助应对突发疫情、提供以资金和人员为主的有形公共产品，向以提高当地自主卫生治理能力、提供技术经验支持等无形公共产品转变；特别是与发展中国家合作推动全球公共卫生新规则、新标准等治理规范的发展，从而使全球卫生治理决策及收益分配更为公正合理。[③] 中国倡导建立健全全球公共卫生安全长效融资机制、威胁监测预警与联合响应机制、资源储备和资源配置体系等合作机制，建设惠及全人类、高效可持续的全球公共卫生体系。为此，

---

① 宋效峰，付冬梅．全球卫生公共产品供给：中国角色与路径［J］．社会主义研究，2021（1）．
② 刘华．在世界大变局中引领前行的方向［N］．人民日报，2020-12-28．
③ 杨娜．全球公共卫生难题及其治理路径［J］．现代国际关系，2020（6）．

中国支持世卫组织进一步发挥在全球卫生治理中的核心作用和领导地位，提升联合国及世卫组织在监测预警和应急反应、重大疫情救治、应急物资储备和保障、向发展中国家提供支持等方面的能力。作为世卫组织、联合国艾滋病规划署理事机构成员，中国在多边谈判中利用自身主要利益攸关方的地位影响全球卫生决策及规则制定。例如，在2016年世界卫生大会上，中国提出并推动通过"促进创新和获取安全有效可负担的优质儿童药品"决议。

当前全球卫生治理体系涵盖以世卫组织为核心的联合国诸公共卫生制度，以盖茨基金会等为代表的非正式公共卫生制度，以二十国集团为代表的涉卫新型国际制度以及美国等有实力的大国试图塑造的国际公共卫生制度，这些国际制度彼此交叠，制约着世卫组织治理的有效性。对此，中国在理念和实践等层面发挥独特作用，力促不同类型、不同层级国际组织或国际机制之间的合作，推动上述相关制度发挥协同治理效应，提升现有全球公共卫生治理规则的执行力与有效性。[1] 中国秉持以世卫组织框架为基础，以区域和跨区域多边机制为补充的参与模式，积极推动将卫生议题纳入区域和跨区域多边制度建设。完善多层次布局，吸纳多元行为体参与，是改善既有多边机制在应对重大跨国传染性疾病方面能力不足问题的有效路径。[2] 为此，中国诉诸二十国集团、金砖国家等新兴机制以及"一带一路"国际合作平台，积极影响全球卫生治理的议程设置、机制改革等。例如，在2016年二十国集团领导人杭州峰会上，中国推动二十国集团发布了《落实2030年可持续发展议程行动计划》，支持国际社会采取全面管控健康风险和危机的行动，加强全球和各国卫生体系的可持续性和融资方式创新。[3] 又如，在2020年二十国集团领导人应对新冠肺炎特别峰会上，习近平主席提出了国际合作抗疫、稳定世界经济的重要倡议。中国对全球卫生公共产品的多边供给有效弥补了传统供给者意愿及能力下降造成的空缺，特别是，对新兴制度及规则的倡建有助于国际卫生规则体系的重塑，加快中国的卫生治理经验等软产品"走出去"，助推新型全球卫生治理体系的形成。

（三）积极践行卫生领域的南南合作与南北合作

在某种意义上，发展中国家公共卫生治理能力不足是制约全球卫生治理的短板。将这些国家作为国际卫生公共产品供给的重点，不仅有助于更好地实现

---

[1] 王明国. 全球公共卫生治理的制度重叠及其应对之策［J］. 东北亚论坛, 2021 (1).
[2] 汤蓓. 中国参与全球卫生治理的制度路径与未来选择：以跨国传染性疾病防控为例［J］. 当代世界, 2020 (5).
[3] 二十国集团. 二十国集团落实2030年可持续发展议程行动计划［N］. 人民日报, 2016-09-06.

全球卫生公平，也是完善全球卫生治理的客观需要。着眼于发展中国家的实际，中国重视从发展根源上解决卫生公共产品供给问题，首先通过南南卫生合作对发展中国家提供疾病防控等卫生能力建设援助。除了派遣援外医疗队外，中国还为发展中国家培训医疗卫生技术与管理人员。特别是，中国尊重发展中国家卫生事业发展的自主性，积极探索自身经验与受援国本土文化及区域卫生发展状况的融合。① 自2008年起，中国为非洲国家设立了30个疟疾防治中心，提供价值1.9亿元的青蒿素类抗疟药品。② 中国军队也积极开展军事医疗援助，包括军队医疗卫生人员参与对发展中国家的应急公共卫生援助，以及海军"和平方舟"号医院船在出访中为东道国人民提供医疗服务。着眼于新时期全球卫生治理发展趋势，2013年，中国国家卫计委等部门联合下发了《关于新时期加强援外医疗队工作的指导意见》，对外卫生援助方式更趋多样。2015年，中国在联合国系列峰会上宣布将为发展中国家提供100所医院和诊所、实施100个"妇幼健康工程"等重大援助举措。在2018年中非合作论坛北京峰会上，中国发起中非"健康卫生行动"，包括为非洲国家白内障患者实施免费复明手术（"光明行"项目）、开展儿童先心病手术义诊等。2020年以来，为支持非洲国家抗击新冠疫情，中国加快援建非洲疾控中心（Africa CDC）总部，先后向50多个非洲国家和非盟交付医疗援助物资及派出医疗专家组，并承诺将新冠疫苗率先惠及非洲国家。

鉴于各国在全球卫生安全上存在着越来越密切的相互依赖关系，中国探索不同类型主体之间的合作共治新模式，积极推动南南合作与南北合作的互补。其中，欧盟的全球卫生治理战略取向与中国接近，能够从发展的角度看待全球卫生治理并重视全球卫生公益投入③，彼此具有合作开展全球卫生公共产品供给的基础。例如，在热带病控制与消除问题上，中国与世卫组织、英国政府等在坦桑尼亚联合开展血吸虫、疟疾防控等合作项目。中方还与非盟、美国疾病预防控制中心共同筹备与制订非洲疾病预防控制中心建设方案，以及中美两国

---

① 高明，唐丽霞，于乐荣. 全球卫生治理的变化和挑战及对中国的启示［J］. 国际展望，2017（5）.
② 青蒿素是中国首先发现并成功提取的特效抗疟药，自1972年问世以来，中国通过提供药物、技术援助、援建抗疟中心、人员培训等多种方式，向全球积极推广应用青蒿素，挽救了全球特别是发展中国家数百万人的生命。
③ 刘长君，高英彤. 欧盟全球卫生治理战略论析：兼论中国参与全球卫生治理［J］. 国际展望，2017（2）.

疾控中心在赞比亚和尼日利亚联合开展公共卫生信息培训等。①

（四）为区域卫生公共产品供给做出重要贡献

除了全球多边供给外，中国还诉诸"一带一路"、东亚相关合作机制以及上海合作组织等区域或跨区域平台，拓展区域卫生公共产品供给。首先，"一带一路"建设在拓展区域卫生公共产品供给方面潜力巨大。作为世卫组织与"一带一路"卫生产品供给机制的创新融合，2017年，中国与世卫组织签署了《关于"一带一路"卫生领域合作的谅解备忘录》和《关于"一带一路"卫生领域合作的执行计划》，旨在提高"一带一路"沿线国家卫生安全。共建"健康丝绸之路"，已成为中国与参与方高质量共建"一带一路"的重要内容，也成为区域卫生公共产品供给的创新路径，其在卫生合作治理方面的积极效应不断外溢，进而促进了全球卫生公共产品的供给。自首届"一带一路"国际合作高峰论坛召开以来，中国已与蒙古、阿富汗等相关方签署了超过50份卫生健康合作协议，内容包括推进"健康丝绸之路"人才培养计划，推动亚洲基础设施投资银行提供融资支持等。中国发挥在经验与信息共享、疾病防控、医疗援助、人员培训、医学研究、健康医药产业等方面的比较优势，促进沿线地区卫生公共产品的增量发展，并特别重视支持沿线低收入国家的卫生基础设施建设。中国政府还相继制定了《推进"一带一路"卫生交流合作实施方案（2015—2017）》和《关于深入推进"一带一路"卫生健康交流合作指导意见（2018—2022）》，积极创新区域卫生合作模式，包括推进在相关国家和地区的中医药海外中心建设。

东盟相关机制也已成为中国供给区域卫生公共产品的重要渠道，早在2005年，中国就推动相关国家一致通过《关于预防、控制和应对禽流感东亚峰会宣言》。作为东亚地区合作（"10+3"）的重要功能机制，中日韩—东盟卫生部长会议至2020年已举行了8届，传染病防控合作被列为其重点议题。中方除了倡议建立中国—东盟公共卫生应急联络网络机制，加强东亚针对大流行病及其他传染病的早期预警机制建设外，还建议协调推进"10+3"应急医疗物资储备中心建设。在"10+1"层面上，中方为"中国—东盟公共卫生合作基金"承担了主要的出资责任，并通过相关合作机制支持后者抗击新冠疫情，包括为东盟抗疫基金提供资金支持。新冠疫苗同样被作为面向东南亚地区的国际公共产品，而中国与东南亚国家的新冠疫苗合作基于"自愿开放"原则，强调共同利益、

---

① 胡静然，王晓琪．健康中国战略背景下的全球健康外交［J］．中国公共卫生管理，2019（6）．

问题导向和非排他性的区域合作模式,丰富了区域卫生公共产品的供给实践。①在 2022 年 11 月举行的中国—东盟建立对话关系 30 周年纪念峰会上,中国宣布启动"中国东盟健康之盾"合作倡议,继续向东盟提供抗疫支持。此外,在澜沧江—湄公河合作机制框架下,相关国家也开展了传染病联防联控、医学人才培养等合作。中国与湄公河次区域国家的医疗卫生发展合作正从"施援—受援"的单向模式朝着双方平等互惠的合作模式转变,共同参与到区域卫生公共产品的供给行动中。

而上海合作组织的功能也早已扩展至地区卫生治理领域。2009 年,在北京举行的成员国政府首脑(总理)理事会会议上通过了《上海合作组织地区防治传染病联合声明》,规划了防疫合作的重点方向和方式,包括加强信息通报与医疗互助等。2010 年,在中国倡议下召开了首届上海合作组织卫生部长会议。2018 年,青岛峰会通过了《上海合作组织成员国元首关于在上海合作组织地区共同应对流行病威胁的声明》,同年上海合作组织医院合作联盟在北京成立。2019 年,上海合作组织成员国元首理事会会议通过了《上海合作组织成员国卫生领域合作主要措施计划(2019—2021)》,包括促进传染性和非传染性疾病防控、应对卫生领域突发事件、远程医疗、促进医疗人员和机构交流等合作。2020 年,上海合作组织成员国元首理事会发表了关于共同应对新冠疫情的声明。在上述基础上中国可进一步发挥引领作用,凝聚区域卫生治理价值共识,完善卫生部长会议、传染病联防联控等相关卫生治理机制,促成政策协调、信息共享等方面更高水平的集体行动。②

在跨区域层面,金砖国家正在成为全球卫生治理的重要力量,对 21 世纪全球公共卫生议程制定产生了积极影响。2011 年,在中国三亚举行的金砖国家领导人会议首次承诺加强公共卫生领域的对话与合作,并确立了金砖国家卫生部长年度会议机制,从而标志着金砖国家参与全球卫生治理的正式开启。③ 金砖机制以"新发展"理念撬动全球卫生治理,中国可进一步挖掘其供给全球卫生公共产品的潜力。例如,在应对传染病问题上,金砖国家倡议提高疾病救治能力和医疗服务水平,并鼓励利用最新信息通信技术增强公共卫生应对能力;而

---

① 刘晔,张宇婷.区域公共产品视角下中国与东南亚国家新冠疫苗合作[J].国际关系研究,2022(1).
② 李雪威,王璐.上海合作组织参与全球卫生治理:优势、挑战及路径选择[J].国际问题研究,2020(6).
③ 晋继勇,贺楷.金砖国家参与全球卫生治理的动因、路径与挑战[J].国际观察,2019(4).

中国5G通信技术在世界上处于领先地位，可进一步推进该项技术与医疗健康领域的深度融合。此外，金砖国家还成立了结核病研究网络，寻求通过药品研发手段提升集体应对水平，并提出建立疫苗研发中心的目标。2021年5月，金砖国家疫苗研发中国中心成立，该中心由北京科兴中维公司承担建设，以推进金砖国家在疫苗联合研制、合作生产、标准互认等方面的工作。

从国际卫生公共产品供给的国内主体看，中国已初步形成了政府主导、社会组织积极参与的多元协作新模式，供给侧结构的优化使相关公共产品的创制能力得到提升。除中央政府层面外，中国一些省级地方也在发挥独特作用，如结合地方特点和发展需求设计合作项目，推动医疗卫生机构建立跨国对口合作关系，与相关国家分享传染病防控、妇幼健康等方面的技术经验。其中，云南、广西两省份与邻国边境地区初步建立了疟疾等传染病跨境防控合作机制和疫情通报机制。云南西双版纳医疗机构与老挝北部省份开展医疗卫生服务共同体项目，帮助老挝医疗机构提升技术水平。广西着力建设中国—东盟传统医药交流合作中心和中国—东盟医疗保健合作中心，积极推进中国—东盟海上医疗救援合作项目。新疆则与中亚国家开展了鼠疫、艾滋病防控合作，并把建成丝绸之路经济带核心区国际医疗服务中心作为目标。

此外，中国民间组织也正在成为全球卫生公共产品供给的新生力量。民间组织通常具有道义性强、运作机制灵活、透明度高等特点，资金和专业优势也不容小觑。它们有助于更好地实现全球公共产品的差异化供给，在政府不便或无法涉及的领域发挥补位作用。2008年，中国扶贫基金会援建苏丹的阿布欧舍友谊医院社区项目，显著改善了当地的医疗条件，使所在国妇幼及母婴保健水平得到提高。2009年，中国民间组织国际交流促进会、中国计划生育协会、北京市民间组织国际交流协会、北京市慈善协会等社会组织与津巴布韦新希望基金会、医务志愿者协会合作，在津首都哈拉雷共同开展艾滋病预防宣传培训活动。[①] 近年来，越来越多中国民间组织走出国门，在一些非洲、亚洲国家开展青少年生殖健康、艾滋病预防教育培训、妇女儿童健康等医疗卫生援助项目。其中，马云公益基金会、阿里巴巴公益基金会、海南成美慈善基金会[②]等在国

---

① 赵佳佳，韩广富．中国社会组织"走出去"扶贫问题探析：以社会组织在非洲的扶贫活动为例［J］．贵州师范大学学报（社会科学版），2016（4）．

② 海南成美慈善基金会成立于2010年，主要关注教育、医疗、文化、环保四大领域的社会发展议题。2019年，该机构获得联合国经社理事会特别咨商地位，目前中国享有这一特别咨商地位的社会组织数量仅有50多家。参见海南成美慈善基金会官网：http://www.chengmei.org.cn。

际人道主义医疗援助领域表现突出。随着更多具有全球情怀及公共产品供给能力的民间组织成长起来并广泛参与全球卫生治理议程，中国的全球卫生公共产品供给机制不断完善，特别是供给来源和实施渠道得到拓展。未来，中国还可以加大规范和知识类产品的供给比重力度，包括向世卫组织及其他相关国际机构派出更多中方专业人员（甚至出任这些机构的中高级职位），进一步提高对全球公共卫生治理多边体系的参与度和贡献度。总之，从供给侧入手促进参与主体和产品结构的多元化，将有助于提升中国在全球卫生治理领域的领导力和国际声誉。①

二、教育国际公共产品供给

作为全球治理的一个分领域，全球教育治理具有其特定表现：一是教育领域出现了需要跨境合作治理的难题，二是教育日益被视作全球共同利益，三是产生了关注教育事务的国际组织。全球教育治理在某种意义上是一套旨在解决全球教育问题的多层治理框架，供给教育公共产品是其存在的基本价值。② 中国以建构人类命运共同体为指引，在自身教育治理现代化的基础上日益主动和全面地参与全球教育治理。历经从输入到输出的嬗变，中国日益提供更多高质量的全球教育公共产品，已成为区域及全球教育共同体建设的重要推动者。③ 特别是，在当前全球教育治理范式转换过程中，中国把握契机深度参与国际教育事务，全球教育治理能力不断提升。通过创新教育援助模式、鼓励民间主体参与以及积极参与国际教育规则制定，中国供给具有自身特色的教育公共产品，在全球教育治理中的话语权显著提高。④

（一）中国供给教育类国际公共产品的主要成就

作为一种典型的社会性公共产品，教育与全球及区域减贫、发展息息相关，其供给形态包括人力资源开发、援建和捐赠教育设施、提供教育贷款和奖学金等。⑤ 这些国际教育援助具有突出的基层性、公益性等特点，其不仅有助于改

---

① 谈谭，王蔚. 中国提供全球卫生公共产品的路径分析：以中国援助西非国家抗击埃博拉疫情为例［J］. 国际观察，2017（5）.
② 丁瑞常. 全球教育治理的向度与限度［J］. 比较教育研究，2021（6）.
③ 谢剑南，范跃进. 全球教育治理的内涵、效度及中国参与路径［J］. 大学教育科学，2022（3）.
④ 袁利平，杨文杰. 全球教育治理的范式转换与中国应对［J］. 湖南师范大学教育科学学报，2021（6）.
⑤ 陈莹. 人类命运共同体视域下中国国际教育援助［J］. 暨南学报（哲学社会科学版），2019（11）.

善受援国的教育条件，还能带动援助国内部各要素向受援国多层次的扩散和渗透，使援助国与受援国民众之间产生价值共享与社会互动。

2010年《国家中长期教育改革和发展规划纲要（2010—2020年）》的颁布，反映了中国参与全球教育治理的意愿、定位和方式都发生了重要变化，标志着中国进入参与全球教育治理的新时代。[1] 这份纲要提出，加大教育国际援助力度，为发展中国家培养培训专门人才；拓宽渠道和领域，建立高校毕业生海外志愿者服务机制；进一步扩大外国留学生规模，增加中国政府奖学金数量，重点资助发展中国家学生，优化来华留学人员结构；加强与联合国教科文组织等国际组织的合作，积极参与双边、多边和全球性、区域性教育合作，积极参与和推动国际组织教育政策、规则、标准的研究和制定。[2] 2016年，中共中央办公厅、国务院办公厅印发的《关于做好新时期教育对外开放工作的若干意见》指出，要发挥教育援助在南南合作中的重要作用，加大对发展中国家尤其是最不发达国家的支持力度，加快对外教育培训中心和教育援外基地建设，系统性地开展教育国际援助，重点投资于人、援助于人、惠及于人。同年，中国教育部印发了《推进共建"一带一路"教育行动》，提出实施"丝绸之路"教育援助计划，包括为沿线国家培养培训教师、学者和各类技能人才，倡议建立政府引导、社会参与的多元化经费筹措机制，做大教育援助格局，实现教育共同发展，推动区域教育大开放、大交流、大融合。[3] 在2020年出台的《教育部等八部门关于加快和扩大新时代教育对外开放的意见》中，中国首次使用了"扩大教育国际公共产品供给"的话语表述。

由此，中国形成了自己的全球教育治理新逻辑，其秉持以人民为中心的价值立场，以政府为主导的治理结构，以人类命运共同体为目标的发展蓝图，以及以合作共赢为原则的实践路径，旨在促进全球教育的全纳、公平、包容与可持续发展。[4] 随着中国参与全球教育治理的能力稳步提升——体现在参与路径日益多元、在相关治理机制中的影响力上升等方面，中国为之提供的教育国际公共产品无论是在数量上还是质量上都不断拓展。作为多边供给的范例，早在

---

[1] 莫玉婉. 我国参与全球教育治理的十年回顾与展望［J］. 河北师范大学学报（教育科学版），2021（4）.

[2] 国家中长期教育改革和发展规划纲要工作小组办公室. 国家中长期教育改革和发展规划纲要（2010—2020年）［N］. 人民日报，2010-07-30.

[3] 中华人民共和国教育部. 推进共建"一带一路"教育行动［Z］. 中华人民共和国教育部公告，教外〔2016〕46号.

[4] 滕珺，吴诗琪. 党领导下的中国对全球教育治理的三大贡献［J］. 比较教育研究，2021（8）.

1994年中国政府就与联合国教科文组织共同设立长城奖学金，旨在支持和资助发展中国家和最不发达国家政府部门、大学和研究机构的人员来华学习研修。截至2019年年底，已有来自上百个国家的700余名学生从中收益。进入21世纪以来，中国深度参与联合国教科文组织框架下的全球教育治理。2005年，两者联合设立了旨在促进世界教育公平发展的孔子教育奖，其主要关注农村地区扫盲和弱势群体教育议题，截至2020年已颁发了15届。从2012年起，中国每年出资200万美元在联合国教科文组织内设立援非教育信托基金，旨在帮助非洲国家加强教师培训，提升非洲教育质量，截至2018年已有10个非洲国家从中受益。2014年，习近平主席在访问联合国教科文组织总部时，首次向国际社会阐发了"促进文明交流互鉴"的全球治理理念。2015年，中国同联合国教科文组织发起成立了女童和妇女教育奖，该奖是联合国教科文组织女童和妇女教育领域唯一奖项，每年颁发一次，已成为中国同联合国教科文组织务实合作的典范。2020年，中国已经成为联合国教科文组织的最大缴费国。

中国还通过多种途径和方式为联合国教科文组织、联合国世界儿童基金会等国际组织提供多边教育援助，并通过这些机构为发展中国家提供人力、资金和技术等援助；特别是，在疫情冲击背景下支持联合国推动数字化教育，助力实现教育机会均等、教育成果普惠。中国先后申请并被批准了国际工程教育中心、高等教育创新中心、联系学校国际中心、教师教育中心等多个联合国教科文组织二类机构，为联合国教科文组织成员国提供"知识生产、能力建设、信息分享和技术支持"等公共服务，并深入参与了《承认高等教育相关资历全球公约》和《开放式教育资源建议书》等准则性文书磋商制定工作。[1] 中国承办了联合国教科文组织体系内的一些重要国际会议，如2015年青岛国际教育信息化大会，2019年北京国际人工智能与教育大会等。中国积极参与全球2030年教育目标实施，是该行动指导机构——联合国教科文组织2030年教育高级别指导委员会成员，也是2030年教育监测指标技术合作组和教师工作组等工作机制成员。此外，中国还积极拓展与其他国际机构的教育治理合作，如2019年上海师范大学与世界银行共同设立了"世界银行—上海师大非洲教育合作项目"。

非洲、亚洲等发展中国家始终是中国对外教育援助的重点。习近平主席在2015年联合国发展峰会上宣布，未来5年为发展中国家提供100所学校和职业培训中心，提供12万个来华培训和15万个奖学金名额，以及培养50万名职业

---

[1] 张民选. 疫情下的教育国际公共产品供给：世界危机与中国行动［J］. 比较教育研究，2021（2）.

技术人员。在同期举行的全球妇女峰会上，习近平主席提出，未来5年中国将帮助发展中国家提高女童入学率，推行100个"快乐校园工程"；为3万名发展中国家妇女提供来华培训机会，并在当地培训10万名女性职业技术人员。[①] 根据中非合作论坛先后通过的约翰内斯堡行动计划（2016—2018年）和北京行动计划（2019—2021年），中方向非洲国家提供大量学历学位教育名额和中国政府奖学金名额，并创新和拓展培训途径，通过设立南南合作与发展学院、实施"头雁计划"，为非洲培训政府管理等精英人才。中方还通过提供研修培训为非洲培养更多经济发展、技术管理等领域专业人才，支持非洲国家职业技术培训设施建设，并在非洲设立一批区域职业教育中心和若干能力建设学院，增强非洲自我发展能力。中方促进中国—联合国教科文组织援非教育信托基金的项目实施，已累计为非洲国家培训1万余名教师。中方大力支持非洲孔子学院（课堂）发展，截至2021年年底，已在非洲设立了61所孔子学院和48家孔子课堂，并向非洲国家派出大量中文教师和志愿者，促进非洲各国的汉语教学。截至2022年9月，中国已同全球159个国家和地区合作举办了孔子学院（孔子课堂）。

（二）基于对东盟国家的教育产品供给分析

作为全球范围内南南教育合作和"一带一路"教育行动国际合作的典范，2016年，中国—东盟教育部长圆桌会议通过了《中国—东盟教育合作计划（2016—2020）》，其内容涵盖了普通教育、职业教育、学生交流等领域。其中，在基础教育领域，中国和平发展基金会已在老挝、缅甸、柬埔寨等东南亚国家援建了小学、中学等多个项目。在高等教育领域，当前东南亚一些国家经济社会发展需要大量专业人才，而自身的教育供给能力难以满足；厦门大学、苏州大学等一些中国高校以建分校或校区、特许办学、联合课程项目等形式向东盟国家提供教育产品，更好地满足了后者对于国际优质高教资源的需求。

向东盟国家输出优质职业教育对于区域经济社会发展具有直接的促进作用，目前已形成了政府"搭台"、职业院校和相关企业积极参与的供给模式。2017年，中国与东盟就职教合作通过《南宁宣言》，中国将在设立职业教育奖学金、开展各类技能培训、培养技术技能人才等方面对东盟实施援助，并确定中国—东盟职业教育联展暨论坛常设于中国广西南宁。除广西外，贵州、云南、江苏、福建、海南等省份在与东盟国家的职业教育合作方面走在全国前列。截至2022年，中国政府已分两批批准了30个国家级"中国—东盟教育培训中心"，为东

---

① 王晓枫. 未来5年中国将提供6个100项目支持[N]. 新京报，2015-09-28.

盟国家经济社会发展提供人力资源开发援助。

中国天津相关职业院校在泰国、印度尼西亚、柬埔寨、印度、巴基斯坦等亚洲国家主导开展的"鲁班工坊"是一个代表性的职教援助项目。2018 年以来，该项目又扩展至吉布提、赞比亚、肯尼亚、南非、马里、尼日利亚、埃及、乌干达、科特迪瓦、马达加斯加等非洲国家，为这些发展中国家培养职教师资以及提供相关行业的职业技能培训。① 截至 2022 年 9 月，中国已在 19 个"一带一路"共建国家建设了 23 个"鲁班工坊"。② 江苏职业院校在为东盟国家提供师资培训方面表现同样突出，如南京科技职业学院承办印度尼西亚工业部工业教育与培训中心的教师培训项目，南京工业职业技术大学（原南京工业职业技术学院）等 4 所院校接受缅甸学生职教师资定向学历教育培养，等等。此外，南京铁道职业技术学院以及广西柳州铁道职业技术学院等则为泰国、印度尼西亚等高校培养轨道交通师资。③

在对东南亚国家的职业教育产品供给中，校企合作发挥了十分重要的作用，如无锡商业职业技术学院与红豆集团在柬埔寨西哈努克港共建培训中心。而"互联网+"则使校企合作的空间得到进一步拓展，合作形式也由传统的线下模式升级为线上线下相结合的跨国跨区域合作模式。例如，2018 年阿里巴巴商学院牵头成立"全球跨境电商教育联盟"，旨在共同培养实践型数字经济人才，吸引了马来西亚拉曼大学（UTAR）、马来西亚双威大学（Sunway University）、泰国商会大学（UTCC）、中国西北工业大学、义乌工商职业技术学院等中外高校和培训机构的加入。

如前所述，为来华留学生提供政府奖学金，是中国国际教育援助的重要方式。当前，中国已成为众多东盟国家学生留学的首选地，其中泰国、印度尼西亚、老挝和越南来华留学生数量位居前列。2017 年，时任总理李克强在出席第二十次中国—东盟领导人会议时表示，中国将在 3 年内向东盟国家提供不少于 2 万个中国政府奖学金名额。同年，中国政府设立了"丝绸之路奖学金"，每年资助 1 万名"一带一路"沿线国家青年学生来华学习，近 200 所国内高校加入此项目。在地方层面上，相关省份也纷纷出台激励措施：2007 年以来，广西先后设立了广西政府老挝留学生奖学金、柬埔寨留学生奖学金、东盟国家留学生奖学金等项目；2013 年，贵州设立了东盟留学生专项奖学金；2016 年，江苏设立

---

① 张雯婧. 打造"一带一路"上的技术驿站［N］. 天津日报，2021-01-13.
② 吴琼，陈鹏. 为世界减贫贡献中国职教方案［N］. 中国教育报，2022-09-20.
③ 陈莹. 中国对东南亚教育援助论析［J］. 东南亚研究，2019（3）.

了"茉莉花东盟奖学金"。此外,一些中国高校也面向东盟国家留学生设立专项奖学金项目,如中山大学"东盟本科留学生奖学金"、云南林业职业技术学院"东盟留学生奖学金"等。目前,广西约有80%的留学生来自东盟国家,自治区内20余所院校招收东盟留学生。贵州则有超过70%的留学生来自东盟国家,省内20多所高校招收东盟留学生,开设专业也由语言、经贸等传统专业向一些东盟国家经济社会发展急需的专业扩展,如计算机科学、土木工程、护理、医学、轨道交通等。①

作为中国向世界特别是"一带一路"共建国家提供的国际公共产品,中国积极推动中文的国际有效供给,从而使世界更好地认知中国并分享中国智慧,促进全球治理效能的提升。1973年12月,联合国大会第二十八届会议通过第3189号决议,汉语正式成为大会的官方工作语言;1974年1月,联合国安全理事会也通过决议,决定将汉语定为该机构的工作语言。2021年1月,汉语又正式成为联合国世界旅游组织的官方语言。中文更是因进入多国国民教育体系和国际交往需求旺盛而日益成为一种国际公共产品:截至2020年年底,全球共有180多个国家和地区开展中文教育,70多个国家将中文纳入国民教育体系,外国正在学习中文的人数超过2000万人,累计学习和使用中文的人数接近2亿人。② 对外汉语教育是目前中国开展国际教育援助的重要方式,而孔子学院作为汉语国际传播和中外文化交流的创新载体,契合了相关国家教育事业发展的需要,有效满足了后者对于汉语教育与文化交流的人才需求。中方采取官民并举、协调配合的项目实施机制,合理高效地配置和使用资源,其中,国内相关高校是具体实施主体。广西、福建、云南、贵州等相关省份高校每年都有大量汉语教师志愿者被派遣到东盟国家,从而拓展了中文的有效供给形式。而东盟国家的孔子学院建设始于2006年,截至2020年年底该地区共有孔子学院40所,其中泰国16所,印度尼西亚8所,菲律宾5所,马来西亚5所,老挝2所,柬埔寨2所,越南1所,新加坡1所。③

---

① 粟向军.浅谈贵州—东盟高等教育的合作与交流[J].教育文化论坛,2020(1).
② 刘宏.截至2020年年底,全球共有180多个国家和地区开展中文教育[EB/OL].(2021-06-02)[2022-05-18].https://www.eol.cn/news/yaowen/202106/t20210602_2117536.shtml.
③ 宋效峰."一带一路"视角下中国与东盟高等教育合作模式探析[J].百色学院学报,2020(6).

第三节　全球环境治理的公共产品供给

全球环境治理是一种通过相关全球机制解决全球环境问题的集体行动，旨在促进人类社会的可持续发展。以 2012 年联合国可持续发展大会（又称"里约+20"峰会）、2014 年联合国环境大会以及 2015 年《巴黎气候协定》签署为标志①，全球环境治理从西方发达国家主导向发达国家与发展中国家协作推进转变，从国家中心向国家、市场、社会多元共治发展，从关注单一环保议题向兼顾环境、经济增长与可持续发展演进。② 当前，国际环境公共产品供给仍严重不足，特别是一些传统发达国家试图推卸责任，减少对发展中国家的资金与技术支持。而中国在国内环境治理成就的基础上，积极履行国际环境保护责任，日益成为全球环境治理的关键参与者。中国的供给意愿受到外部激励、自我期许与利益认知等因素的共同作用，其为全球环境治理提供的公共产品既包括资金、技术等物质性支持，也包括价值观念引导、国际规则制定以及治理平台搭建等高级形态。以构建人与自然生命共同体为目标，中国日益成为全球生态文明建设的参与者、贡献者和引领者，以高质量的公共产品供给推动着全球环境治理体系变革。

一、提供环境价值共识与绿色发展示范

（一）积极凝聚全球生态环境共识

2021 年 4 月，习近平总书记在中共中央政治局第二十九次集体学习时强调，要积极推动全球可持续发展，秉持人类命运共同体理念，积极参与全球环境治理，为全球提供更多公共产品，展现我国负责任大国形象。③ 在规范塑造方面，中国近年来提出并践行新发展理念，其倡导的绿色发展影响不断溢出国界，日益成为一项世界共识。特别是，近年来，习近平生态文明思想的形成和完善，

---

① 2013 年，联合国环境规划署召开第二十七届理事会，决定将该署成立以来由 58 个成员国参加的理事会，升级为普遍会员制的环境大会。这一决定得到了联合国大会的支持，同年联合国大会通过决议，联合国环境规划署理事会遂成为联合国所有成员国代表均可参加的联合国环境大会。截至 2021 年，该大会已召开了 5 届。

② 于宏源. 全球环境治理转型下的中国环境外交：理念、实践与领导力 [J]. 当代世界，2021（5）.

③ 新华社. 习近平在中共中央政治局第二十九次集体学习时强调：保持生态文明建设战略定力，努力建设人与自然和谐共生的现代化 [J]. 中国生态文明，2021（2）.

标志着中国超越了早期作为世界上可持续发展理念的追随者和学习者角色，日益成为全球生态文明的创新者和引领者。生态文明是中国向世界提供的一种新型的全球环境治理和绿色发展理念，其通过联合国等一系列重要国际场合及会议实现扩散，影响着全球生态秩序和生态规则的变革与重构。该理念实现了国内与国际层面的价值统一，为此不但要大力推进国内生态文明建设，更是把共谋全球生态文明建设作为国际行动的目标。与之相适应，中国提出的全球生态治理方案旨在实现人与自然和谐相处，维护和促进国际环境正义，最终整体性地增进全球环境利益。其寻求生态文明建设与联合国2030年可持续发展议程的对接，为此可以以政府间双多边机制的对接为引导，以绿色基础设施等国际公共产品供给为对接的着力点，使生态文明建设在获得更多外部认同的同时推动国际社会全面均衡落实2030年可持续发展议程。①

近年来，中国对于绿色发展和生态环境治理的创新性实践，为世界生态环境保护和可持续发展提供了成功范例。2016年，联合国环境规划署发布了《绿水青山就是金山银山：中国生态文明战略与行动》报告，高度肯定中国生态文明建设取得的成就。②其中，河北塞罕坝林场就是这方面的典型样本。2017年，《联合国防治荒漠化公约》第十三次缔约方大会在内蒙古召开并发表《鄂尔多斯宣言》，库布其治沙模式作为中国防沙治沙的成功实践被写入其中。由联合国机构与中国政府联合主办的库布其国际沙漠论坛也成为当今世界荒漠化防治领域唯一的大型国际论坛，自2007年创办以来每两年在中国内蒙古举办一届。

2021年，在中国昆明举行的《生物多样性公约》第十五次缔约方大会把"生态文明：共建地球生命共同体"作为主题，反映了国际社会对于秉持生态文明理念解决全球生态环境问题的普遍认同。2022年12月，在中国的引领和推动下，《生物多样性公约》第十五次缔约方大会第二阶段会议通过了"昆明—蒙特利尔全球生物多样性框架"，为今后直至2030年乃至更长一段时间的全球生物多样性治理做出规划。该框架共包含23项具体目标，其中一个核心目标是到2030年要保护全球至少30%的陆地、内陆水域和海洋；另一个核心目标是确立资金保障，即到2030年每年调动至少2000亿美元以实施国家生物多样性战略和行动计划。（其中，包括发达国家在2025年前每年至少向发展中国家提供200亿美元，在2030年前每年至少提供300亿美元）

---

① 汪万发，许勤华. 推动生态文明建设与2030年可持续发展议程对接［J］. 国际展望，2021（4）.
② 崔青青. 习近平生态文明思想的世界意义［J］. 思想理论教育导刊，2020（2）.

目前，中国各类陆域保护地面积已达 170 多万平方千米，约占陆地国土面积的 18%，提前实现了该公约要求的 2020 年达到 17% 的目标。① 自 20 世纪 80 年代以来，中国海洋保护区数量迅速增长，截至 2019 年年底已建立了 271 个海洋保护区，总面积约 12.4 万平方千米，占管辖海域面积的 4.1%，并继续朝着《生物多样性公约》提出的"保护全球 10% 的海岸与海洋面积"目标迈进。② 截至 2021 年 9 月，中国在恢复和保障重要生态系统服务、增加生态系统复原力和碳储量等 3 项目标进展上已超越"爱知目标"要求，另有 13 项目标基本实现，4 项目标取得阶段性进展，总体实施情况高于全球平均水平。③ 作为《生物多样性公约》第十五次缔约方大会的东道国，中国方案对该次大会制定最新纲领性文件"2020 年后全球生物多样性框架"，为未来全球生物多样性治理规划路线图产生重要影响。近年来，中国以履行《生物多样性公约》为中心开展多边合作，并把对东北亚、撒哈拉以南非洲国家的生态援助列入优先领域。2014 年，中国向非洲提供 1000 万美元无偿援助以保护该地区野生动物资源；在肯尼亚建设中非联合研究中心，加强双方在生物多样性保护、荒漠化治理等生态环保领域的合作。④ 2019 年 11 月，中、法两国联合发起《中法生物多样性保护和气候变化北京倡议》。

在发达国家和发展中国家承担义务与履约能力分配问题上，中国充分利用自身在该项多边进程议题设定和谈判内容方面的话语地位，秉持"共同但有区别的责任"，维护中国及发展中国家的整体利益。正是在中国与发展中国家的共同努力下，"共同但有区别的责任"原则被写入 1992 年《联合国气候变化框架公约》，并在 1997 年通过的《京都议定书》中得到落实。从长远来看，中国仍需"以内促外"，即不断完善国内环境治理机制，提升治理水平，增强履约能力，从而为国际履约提供范式和经验参考。⑤ 议题设置和谈判进程引领能力的增强有助于中国推动构建利益共享、责任共担的全球环境利益共同体，凝聚国

---

① 姜欢欢. 从参与者、贡献者到引领者：我国环保事业发展回顾［J］. 紫光阁，2018（11）.
② 张世祥.《中国海洋保护行业报告》：我国已建立 271 个海洋保护区［EB/OL］.（2020-10-13）[2022-09-22]. http：//www.xinhuanet.com/energy/2020-10/13/c_1126600371.htm.
③ 2010 年，联合国生物多样性公约第十次缔约国大会制定了"爱知目标"，它是一个包含 20 项具体目标的生物多样性保护行动计划。参见李禾. 我国超额完成 3 项"爱知目标"［N］. 科技日报，2021-09-24.
④ 李克强. 开创中非合作更加美好的未来［N］. 人民日报，2014-05-06.
⑤ 秦天宝. 中国履行《生物多样性公约》的过程及面临的挑战［J］. 武汉大学学报（哲学社会科学版），2021（1）.

际社会应对全球环境治理赤字、塑造国际环境新秩序的共识。

(二) 实施国家自主贡献与发挥示范效应

全球气候治理日益成为构建人类命运共同体的重要场域，在后巴黎时代，其面临以下集体行动困境：气候有益技术公共产品供给不足导致技术缺口加剧，全球气候治理资金机制缺位导致资金缺口严重，气候治理领导力量弱化导致领导力赤字凸显，以及碳边境调节机制加剧新型绿色贸易壁垒。① 鉴于此，中国作为积极贡献者和主动引领者，为全球气候治理提供了越来越突出的领导力。中国以国内发展方式的战略转变为全球气候治理转型提供根本动力，特别是形成了一套以绿色低碳发展为突破路径并涵盖应对气候变化的制度与政策设计、技术方案和全社会行动的完整国家方案，为中国在全球气候治理架构及话语体系中的地位奠定了基础。由此，中国以具有自身特色的方式实现环境正义，通过推进绿色发展和生态文明建设更好地满足人民对于优质生态环境公共产品的需求，并解决不同群体之间的利益分配以及代际公平问题。

习近平总书记在2018年全国生态环境保护大会上指出，要实施积极应对气候变化国家战略，推动和引导建立公平合理、合作共赢的全球气候治理体系。② 2011年11月和2021年10月，中国政府先后发表两份《中国应对气候变化的政策与行动》白皮书，显示了以中国理念和实践引领全球气候治理新格局的积极意愿。2016年，中国在世界上率先发布《落实2030年可持续发展议程国别方案》，并向联合国交存《巴黎气候协定》批准文书，意味着主动把本国发展战略与全球环境治理进程紧密衔接起来。作为全球环境领域的良好履约者，中国在国家层面大力推进绿色低碳发展战略，日益成为全球低碳经济格局的重要一极，为增强在全球环境治理中的领导力奠定了基础。由此中国积极提供气候治理公共产品，通过"一带一路"国际合作推动全球气候治理的发展，从规范引领、制度构建等方面改善了当今全球气候治理碎片化、领导力缺失以及集体目标难以实现等困境。③

在国内宏观政策层面上，中国政府编制了《国家应对气候变化规划（2014—2020年）》，将应对气候变化目标纳入经济社会发展的中长期规划。中国在落实《巴黎气候协定》、开展自主减排等方面成效显著，为实现"十三五"

---

① 张慧智，邢梦如. 后巴黎时代的全球气候治理：新挑战、新思路与中国方案[J]. 国际观察，2022（2）.
② 习近平. 习近平谈治国理政：第3卷[M]. 北京：外文出版社，2020：372.
③ 李波，刘昌明. 人类命运共同体视域下的全球气候治理：中国方案与实践路径[J]. 当代世界与社会主义，2019（5）.

碳强度约束性目标和落实 2030 年国家自主贡献目标奠定了坚实的基础，也为世界各国履行应对气候变化相关义务做出表率。中国政府还着手制定了"十四五"应对气候变化专项规划，将应对气候变化工作全面纳入"十四五"时期的生态文明建设，保持了该课题在五年计划中的连续性。中国的坚强决心和行动力度还体现在《城市适应气候变化行动方案》《中华人民共和国环境保护税法》等国内措施的制定上，并为此在供给侧层面加强核心低碳技术研发，推进需求侧层面的低碳化改革，通过供需两端的正向互动为中国及世界的低碳经济发展提供广阔空间。目前，中国已成为全球利用新能源和可再生能源的第一大国，以及第一个大规模开展 PM2.5 治理的发展中大国，并拥有全世界最大的污水处理能力；全国碳排放交易体系也已于 2017 年启动，从而成为全球最大的碳排放交易市场之一。根据中国生态环境部发布的《中国应对气候变化的政策与行动 2019 年度报告》，2018 年全国碳排放强度比 2005 年下降了 40% 多，提前完成了 2020 年碳强度下降 40%~45% 的目标，从而使温室气体排放快速增长的势头基本得到扭转。① 中国还在不同发展水平的地区遴选了 87 个低碳省市、51 个低碳工业园区、8 个低碳城（镇）进行试点，制订地方性的低碳发展战略规划，探索碳达峰目标路线图。此外，在全球森林资源不断减少的背景下，中国森林面积与蓄积量均在持续增长，成为森林资源增长最多的国家。全球 2000—2017 年新增绿化面积约 1/4 来自中国，贡献比例居世界首位，中国森林碳吸收量对全球的贡献也超出原有预期。②

中国在双边气候合作中推动国家自主承诺减排，为《巴黎气候协定》确立以国家自主贡献（NDC）为核心的自下而上减排模式提供了宝贵经验。2015 年，中国向联合国气候变化框架公约秘书处提交了《强化应对气候变化行动——中国国家自主贡献》，成为最早提交此类方案的发展中国家。2020 年 9 月，习近平主席在联合国生物多样性峰会上指出，中国将加大国家自主贡献力度，力争二氧化碳排放于 2030 年前达到峰值，2060 年前实现碳中和。③ 2020 年 12 月，习近平主席在气候雄心峰会上又宣布了实现上述目标的具体措施，包括 2030 年中国单位国内生产总值二氧化碳排放将比 2005 年下降 65% 以上，非化石能源占一次能源消费比重将达到 25% 左右，森林蓄积量将比 2005 年增加 60 亿立方米，

---

① 中华人民共和国生态环境部．中国应对气候变化的政策与行动 2019 年度报告 [EB/OL]．(2019-11-27) [2022-10-11]．http://www.mee.gov.cn/ywgz/ydqhbh/qhbhlf/201911/P020200121308824288893.pdf.
② 和音．为打造全球环境治理新格局而行动 [N]．人民日报，2021-04-17.
③ 习近平．在联合国生物多样性峰会上的讲话 [N]．人民日报，2020-10-01.

风电、太阳能发电总装机容量将达到 12 亿千瓦以上。① 2021 年 6 月，中国正式接受《〈蒙特利尔议定书〉基加利修正案》，加强对氢氟碳化物（HFCs）等非二氧化碳温室气体的管控。在 2021 年 9 月第七十六届联合国大会一般性辩论上，习近平主席宣布中国将大力支持发展中国家能源绿色低碳发展，不再新建境外煤电项目。2021 年 9—10 月，中国先后发布了《关于完整准确全面贯彻新发展理念做好碳达峰碳中和工作的意见》和《2030 年前碳达峰行动方案》，在此基础上，中国碳达峰、碳中和"1+N"政策体系逐渐形成。该意见为 2060 年中国确定的目标：绿色低碳循环发展的经济体系和清洁低碳安全高效的能源体系全面建立，能源利用效率达到国际先进水平，非化石能源消费比重达到 80%以上，碳中和目标顺利实现，生态文明建设取得丰硕成果，开创人与自然和谐共生新境界。② 顺应上述碳减排趋势和碳中和目标，中国正在成为全球能源治理体系变革的积极参与者和引领者。2022 年 10 月，中国政府发布《全球清洁能源合作伙伴关系概念文件》，致力于在清洁能源领域推进落实联合国 2030 年可持续发展议程和全球发展倡议国际合作。

碳空间是世界性的公共物品，而碳中和行动具有强外部正效应。碳达峰、碳中和不仅是国内生态文明建设的深化，也是中国向国际社会提供公共产品的重要领域，充分体现了国内国际生态价值逻辑的统一。中国碳中和是一种自主自愿的"公益"行动，中国实现碳中和将为世界贡献巨大的"自有"碳空间。尽管需要承担巨大的碳减排成本与压力，中国还是选择以加大自主贡献力度的方式实现碳中和，且承诺的时间节点与发达国家大致同步，充分体现了作为负责任大国的历史担当。③ 在中国的示范带动下，至 2021 年 11 月格拉斯哥气候大会闭幕时，已有上百个国家做出了碳中和目标承诺，它们约占全球经济总量的 90%。而由中国牵头的"基于自然的解决方案"于 2019 年被列为联合国应对气候变化的九大领域之一。该方案旨在通过倡导人与自然和谐共生的生态文明理念，把构筑尊崇自然、绿色发展的社会经济体系作为应对气候变化的有效手段，有望为实现碳中和目标发挥重要作用。在联合国、世界银行、国际自然保护联盟、世界自然基金会等国际组织推动下，各国把相关理念融入《巴黎气候协定》国家自主贡献以及 2030 年可持续发展议程的实施进程中。

---

① 习近平. 继往开来，开启全球应对气候变化新征程：在气候雄心峰会上的讲话[N]. 人民日报, 2020-12-13.

② 中共中央, 国务院. 关于完整准确全面贯彻新发展理念做好碳达峰碳中和工作的意见[N]. 人民日报, 2021-10-25.

③ 梁本凡, 孙馨. 碳中和：中国对世界的巨大自主贡献[J]. 中国发展观察, 2021（Z2）.

二、为全球环境治理体系建设做出重要贡献

（一）积极参与全球环境制度与规则建设

全球环境治理机制与规范的变革关乎全球环境公平与正义，而大国通常是不可或缺的参与者和塑造者。1972年，中国代表团出席了联合国人类环境会议（斯德哥尔摩会议），这是中国恢复在联合国合法席位后首次参与全球环境事务。改革开放初期的中国主要是全球环境领域的受援国，重心放在争取资金、技术等国际援助以促进国内环境改善上，同时有限参与全球环境改善。与中国对全球治理的总体参与趋势相一致，当前中国已不再限于一般意义上的参与，而是越来越成为全球环境事务的深度参与者和贡献者。除了为世界贡献生态文明相关理念外，中国还在物质层面和制度层面提供全球生态环境公共产品，尤其是加大对发展中国家的生态环保援助力度，推动构建公平合理、合作共赢的全球生态环境治理体系。

2006年，中国发起成立了国际生态安全合作组织，迄今已有上百个成员国。该组织旨在通过多方合作，促进生态文明建设，构建生态安全格局，降低气候变化风险，保护自然环境，实现经济、环境、社会的可持续发展。中国还全程参与了联合国政府间气候变化专门委员会六次评估报告编写和机构改革等活动，共有148位中国专家先后成为其工作组报告、特别报告和方法学报告的作者。中国积极参与历届《联合国气候变化框架公约》缔约方大会，并坚持发展中国家的立场，在全球气候治理实践中与广大发展中国家逐渐形成了"七十七国集团+中国"机制，通过充分沟通和立场协调，在全球气候谈判中共同维护发展中国家的权益。[①] 2020年，中国宣布将设立联合国全球地理信息知识与创新中心以及可持续发展大数据国际研究中心两个相关国际机构，为落实2030年可持续发展议程提供相关支持。中国还自2019年起推动塑料污染议题的多边讨论，2020年在世界贸易组织发起塑料污染和环境可持续塑料贸易非正式对话倡议，旨在以协调一致和有效的贸易措施在贸易、环境和发展之间建立纽带，目前联署方已增加到60多个。在2021年12月举行的世界贸易组织贸易、环境和可持续发展相关部长声明发布会上，中国推动发表了《塑料污染和环境可持续塑料贸易非正式对话部长声明》。

中国主张用更完善的国际法律和制度来治理全球生态环境问题，从国际规范和规则入手完善现有的全球环境治理机制。为此，中国主张维护多边机制的

---

① 李强.中国为全球气候治理做出卓越贡献[N].中国社会科学报，2021-05-13.

<<< 第四章　中国在全球其他相关领域的公共产品供给

权威性和有效性，呼吁各国积极履行国际环境公约和协定、支持联合国机构相关决议以及推动相关公约生效，更多地在多边体系下开展环境及气候变化援助。特别是，促成2015年巴黎气候大会的成功举办，标志着中国在国际气候谈判进程中的角色从积极参与者、贡献者向引领者跃升。[1] 中国积极协调发达国家与发展中国家利益关系，引领低碳发展国际制度，为《巴黎气候协定》及其框架下一系列机制性安排的达成做出了不可或缺的贡献。中国认为，发达国家应提高其资金支持水平，敦促这些国家兑现在2009年哥本哈根气候大会上做的2020年前每年为发展中国家应对气候变化提供1000亿美元资金支持的承诺，并主张制定切实的路线图，这些内容都被写入《巴黎气候协定》最终文本。中国坚持共同但有区别的责任和公平、各自能力原则，通过肯定国际社会应承担的那些"共同"责任和义务，更有效地促成建设清洁美丽世界的集体行动。此外，作为划分国际责任、提升国际制度有效性的重要政策工具，透明度原则目前已广泛融入国际议程并嵌入诸多国际制度。透明度原则与可问责原则共同构成全球治理的合法性来源，在实践中这种以信息披露为内核的全球治理方式不仅成为支撑《巴黎气候协定》的核心机制，而且成为建构与执行后续规则的基础。作为全球气候治理的主要驱动因素，透明度原则的制度化有助于推动全球进程朝着"自下而上"的模式转型。[2] 为此需要推动相关国际组织制定更加公平合理的规则、规范，激励各国承担与自身发展阶段和能力相匹配的生态义务，维护广大发展中国家正当的生态权益；特别是，促使发达国家向发展中国家提供更多环保援助，以实现更高程度的国际生态正义。[3]

全球气候治理需要国际社会多元行为体通过协调与合作的方式应对气候变化，以保障全球生态系统安全，减缓乃至消除气候变化对人类的威胁。而这离不开相关国际制度和机制的平台保障作用，为此中国积极寻求与七十七国集团、金砖国家、东盟、上海合作组织等机制的协调与合作，迄今已与超过60个国家和国际组织签署了150余份相关合作文件。[4] 例如，加强金砖国家间的气候治理政策协调，在减少化石能耗、开发绿色能源以及实施全球气候治理目标方面合作供给相关国际公共产品；在二十国集团等新兴治理机制中积极促进金融与气

---

[1] 张海滨，黄晓璞，陈婧婧．中国参与国际气候变化谈判30年：历史进程及角色变迁［J］．阅江学刊，2021（6）．
[2] 董亮．透明度原则的制度化及其影响：以全球气候治理为例［J］．外交评论，2018（4）．
[3] 胡义清，叶柏荣．为全球生态环境治理贡献中国智慧［N］．文汇报，2020-09-11．
[4] 宋效峰．试论全球环境治理中的中国角色［J］．齐齐哈尔大学学报（哲学社会科学版），2020（10）．

候治理的融合，拓展气候治理的领域；通过亚洲基础设施投资银行、金砖国家新开发银行、丝路基金等机构推出绿色金融产品，创新全球环境治理与绿色发展机制。其中，多边金融机制正被越来越普遍地用于解决全球公益问题：这类机制将从成员国筹集的资金以赠款等形式投放给世界各地的环境项目，从而有助于减缓气候变化等全球目标实现的速度。[1] 中国还在多边体系下增加对特定国家和地区的适应气候变化援助，并动员更多有能力的国家和国际组织参与进来，以提升这些气候脆弱国家和地区适应气候变化的能力。

（二）大力推动"一带一路"与南南环境合作

环境问题具有区域层面的系统性，在全球环境公共产品供给不足的情况下，区域环境公共产品供给作为一种重要补充而成为区域环境治理的重要手段。作为一种兼有区域性和多边性的新型合作机制，近年来"一带一路"建设在推动沿线地区绿色与可持续发展方面的作用得到加强，使环境及气候治理的成果广泛惠及共建国家。中方重视汇聚共建各方的环境与气候治理共识，不仅将可持续发展理念贯彻于项目建设中，更把全球环境与气候治理的规范要求引入绿色"一带一路"建设，促进"一带一路"机制建设与全球气候治理机制的对接，使之成为落实全球环境与气候治理目标的重要平台。2019 年，联合国环境规划署与中国共同启动"一带一路"绿色发展国际联盟，旨在推动将绿色发展理念融入"一带一路"建设，凝聚国际环保共识，提高环境治理能力，促进沿线国家落实联合国 2030 年可持续发展目标。截至 2020 年年底，已有来自 40 多个国家的 150 多个合作伙伴加入进来。中国还与沿线国家共筑"一带一路"生态环保大数据服务平台[2]，加强绿色基础设施建设，提供绿色技术以促进相关国家产业绿色转型；以及发展绿色金融，通过贸易和投资合作构建区域绿色价值链。从绿色价值链构建入手推进绿色"一带一路"建设，有助于提升南方国家在全球价值链中的地位，更好地打造体现南北整体利益的新型绿色治理体系。[3]

绿色"一带一路"建设平衡考虑区域生态利益与经济利益，促进了中国与沿线国家的环境命运共同体构建，激发了区域环境治理对于全球环境治理的撬动效应。而一套契合可持续发展理念的区域性环境治理规范的形成，有助于改

---

[1] Nathan W. Chan. Funding Global Environmental Public Goods Through Multilateral Financial Mechanisms [J]. Environmental and Resource Economics, 2019, 73 (2): 515-531.

[2] 该大数据服务平台已于 2016 年 9 月启动，官网地址为 http://www.greenbr.org.cn，目前已吸纳了 100 多个国家提供相关数据。

[3] 周亚敏. 全球价值链中的绿色治理：南北国家的地位调整与关系重塑 [J]. 外交评论，2019 (1).

变沿线国家在全球环境治理中话语权不足的局面，塑造更公正的全球绿色治理秩序。基于此，中国与"一带一路"沿线国家积极探索清洁美丽世界建设，推动相关绿色规范向更大的范围扩散。鉴于一些沿线国家存在生态承载力低、环境保护与治理基础薄弱、基础设施配套不足等问题，当前绿色"一带一路"建设着力在环境国际合作、绿色发展理念传播、绿色公共产品供给和可持续发展治理等方面拓展。为此，中国加大对沿线国家重大基础设施建设项目的生态环保支持力度，特别是加速推进"一带一路"绿色能源设施建设。前述"一带一路"生态环保大数据服务平台建设，有助于沿线国家政府相关部门、企业、智库及民众共享相关信息。此外，中国还通过实施"绿色丝路使者计划"、开办环境管理对外援助培训班以及开展"一带一路"应对气候变化南南合作计划，为上百个国家的环境官员、科研人员和技术人员提供培训。[1]

中国着眼于发展中国家的整体发展诉求，积极开展环境可持续对外援助，为发展中国家提供更多绿色公共产品，推动新时代的南南环境合作。中国寻求在"七十七国集团+中国"框架下开展生态环保合作，包括与其他发展中国家分享绿色发展经验，合作实施新能源、环境保护和应对气候变化等项目，开展野生动物保护、防治荒漠化等国际合作，提升彼此履约能力。中国的环境治理经验对于广大发展中国家的环保能力建设具有借鉴价值。自2005年起，中国生态环境部（先后经历国家环保总局、环境保护部的沿革）通过举办发展中国家环保高级官员研修班，先后为120多个发展中国家培训了上千名环境官员。在2013年第六届全球南南发展博览会期间，中国宣布在"中国—东盟绿色使者计划"的基础上启动"中国南南环境合作绿色使者计划"，加强中国与发展中国家在环保领域的能力建设与人员交流，推进彼此的环境合作伙伴关系。[2]

2015年9月，中国宣布出资200亿元人民币设立中国气候变化南南合作基金，用于支持发展中国家应对气候变化。习近平主席在巴黎气候大会开幕式上提出了"十百千"计划，即启动在发展中国家开展10个低碳示范区、100个减缓和适应气候变化项目及1000个应对气候变化培训名额的合作项目。[3] 截至2020年年底，中国已在这一框架下与34个国家开展了合作项目。在2018年中非合作论坛北京峰会上，习近平主席提出援助非洲实施50个绿色发展和生态环保项目。2020年11月，中非环境合作中心启动，为中非双方以及相关国际组

---

[1] 于宏源，汪万发. 绿色"一带一路"建设：进展、挑战与深化路径 [J]. 国际问题研究，2021（2）.

[2] 周国梅. 推动国际社会可持续发展的中国方案 [N]. 中国环境报，2017-12-01.

[3] 习近平. 习近平谈治国理政：第2卷 [M]. 北京：外文出版社，2017：530-531.

织、研究机构、企业等多方参与搭建重要平台。2021年10月，习近平主席在《生物多样性公约》第十五次缔约方大会领导人峰会上提出，中国将率先出资15亿元人民币，成立昆明生物多样性基金，支持发展中国家生物多样性保护事业，并呼吁各方为该基金出资。近年来，中国已成为《生物多样性公约》及其议定书核心预算的最大捐助国，以及全球环境基金最大的发展中捐资国。在南南合作框架下，中国为全球80多个国家的生物多样性保护提供了支持。中国还将生态环境保护与全球减贫事业结合起来，向发展中国家特别是最不发达国家、小岛屿国家等"脆弱国家"提供力所能及的环境援助，真正践行"一起发展才是真发展，可持续发展才是好发展"的理念。

（三）补齐全球环境公共产品供给能力短板

当前中国供给全球环境公共产品也面临若干挑战，如全球生态环境治理的外延不断拓展，与全球卫生治理、安全治理、贸易治理等领域进一步交叉。特别是，传染病全球化凸显了生物安全的重要性，环境治理与人的健康之间的关联度上升，物种保护、生态安全等议题升温，在上述全球治理诸领域之间产生了复杂的联动效应。在现有全球环境治理结构和机制下，少数发达国家与广大发展中国家之间的利益矛盾与分歧依然比较严重，双方在资金、技术、治理能力等方面的差距巨大，发达国家在低碳技术转移方面态度消极。特别是，围绕着现有国际环境秩序走向及其规则制定的博弈将长期存在，一套公正合理、稳定有效的治理机制短期内仍难以形成。但比较而言，气候变化是当前中国与西方发达国家最有可能实现公共产品联合供给的全球治理领域，中国与美国、欧盟都将环境及应对气候变化作为内政外交的重要课题。三方加强政策协调并合作供给相关国际公共产品，推动南北国家共商全球气候治理方案、共建全球气候治理规则、共享全球气候治理福祉，有助于打造更加包容、普惠和高效的全球气候治理体系。①

此外，非国家行为体特别是国际非政府组织在全球环境及气候治理中发挥着日益突出的作用，它们在知识供给、资源支持、道义引领等方面的影响力不断提升。目前，中国社会组织对该领域的参与仍有很大的潜力可挖。总体来看，中国社会组织中只有不到1%能够在国际舞台上发挥作用，其中"走出去"的环境领域社会组织则更少。例如，在2017年《濒危野生动植物种国际贸易公约》（CITES）第六十九届常务理事会上，全球共有83个社会组织参会，其中只有2

---

① 康晓．为全球气候治理注入中国力量［N］．中国社会科学报，2021-03-02．

个来自中国。① 作为中国最早的环保社会组织之一，"自然之友"（Friends of Nature）自 2005 年起一直致力于参与国际气候变化谈判进程，倡议地球可持续发展。② 此外，中国生物多样性保护与绿色发展基金会也在深度参与全球环境治理，并与联合国环境规划署、世界自然保护联盟等一些政府间或非政府国际组织开展国际交流与合作，包括采取举办研讨会、边会、信息发布、议题倡导等具体形式。③ 通过与国外民间组织开展合作交流，以及加入相关国际或区域社会组织联盟及行动网络，中国社会组织参与全球环境治理并提供全球环境公共产品的能力得到提升。少数中国社会组织还争取到联合国经社理事会及相关专门机构的咨商地位，从而更深入参与由联合国主导的多边治理进程。着眼于全球环境治理主体日益多样化的趋势，中国可鼓励和培育更多本国社会组织参与全球环境治理进程，打造政府与社会组织在援助项目实施等层面的合作伙伴关系。④ 通过供给侧机制创新，中国倡导的绿色价值规范也将更容易进入全球环境治理体系，议程设置和规则制定能力也将得到很大程度提升。

---

① 杨婷. 社会组织如何参与全球环境治理：访中国生物多样性保护与绿色发展基金会秘书长周晋峰 [J]. 社会治理，2018（12）.
② "自然之友"成立于 1993 年。其宗旨是通过环境教育、生态社区、公众参与、法律行动以及政策倡导等方式，重建人与自然的连接，守护珍贵的生态环境，推动越来越多绿色公民的出现与成长。参见"自然之友"官网：http：//www.fon.org.cn。
③ 中国生物多样性保护与绿色发展基金会. 中国绿发会国际交流与合作工作简介 [EB/OL].（2021-01-06）[2022-10-30]. http：//file.cbcgdf.org/T18/O125/file/20210106/20210106160557_9594.pdf.
④ 黄浩明，石忠诚，张曼莉，等. 中国社会组织国际化战略与路径研究 [J]. 中国农业大学学报（社会科学版），2014（2）.

第五章

基于传统供给方的比较与启示

全球治理在某种意义上超越主权国家,但这种全球事务的管理范式仍受制于大国所扮演的角色。当前,各主要大国——无论是美国、欧盟、日本等传统大国,还是印度、俄罗斯、巴西等新兴大国,都在基于各自利益诉求参与全球治理变革进程,从而成为中国在参与全球治理过程中与之互动的重要相关方。他山之石可以攻玉,对这些行为体尤其是传统供给者在国际公共产品供给方面的某些经验加以借鉴,有助于完善新形势下中国的国际公共产品供给机制,进而提升自身参与和引领全球治理的能力。[1]

第一节 美国的国际公共产品供给战略

国际公共产品蕴含着一定的权力结构,一个国家可以通过"研发"或"参与供给"等路径实现这种权力构建。2008年全球金融危机以来,国家在全球治理中的作用重新强化,[2] 而近年来发生的全球新冠疫情更是凸显了国家在全球治理中的主导地位。作为最具代表性的传统大国,长期以来美国对制度类国际公共产品的供给成为支撑其在当代国际体系中主导地位的重要因素。国际制度在战后国际秩序中具有基础性意义,美国基于其实力主导设计了联合国、国际货币基金组织、世界银行、关贸总协定等一系列全球政治经济机制,从而成为国际制度和规则的主要供给者。

一、国际制度供给在美国全球战略中的地位

(一)制度产品供给的成本—收益分析

不同于近代以来兴起的其他大国,第二次世界大战后美国通过主导建立一系列全球多边机构,将其治理理念和资源嵌入或投射至全球治理诸领域。这些

---

[1] 孙吉胜. 理论、机制、能力:加强中国外交研究的思考[J]. 太平洋学报,2020(5).
[2] 田野,卢玫. 全球经济治理的国家性:延续还是变革[J]. 探索与争鸣,2020(3).

国际制度一方面因能够产生扩散性互惠而具有国际公共产品属性，另一方面它们又是非中性的，即首先有利于美国等西方国家群体。作为美国推行其全球治理方案的重要平台，这些国际制度有助于霸权国减轻负担、管理风险和传播自己的价值观。冷战结束后，美国试图推动制度霸权升级，着力推进北美、亚太和跨大西洋等区域性协定，以及拓展贸易、气候变化等新议题领域的规则供给，以此将各国嵌入不同层次和不同领域的国际制度，来维护和延续美国的全球领导地位。① 尽管特朗普政府时期对多边制度一度有所轻视，但拜登政府上台后再度强调国际制度对于美国领导地位的护持作用，并发起了新一轮主要针对新兴大国的国际制度供给竞争。这不但关乎彼此的战略性物质利益和规则主导权，还将深刻影响国际秩序的互动范式与转型进程。

从国际制度的外部性与非中性来看，制度制定者或主导者往往能够获得可观的超额收益，但由于不同国家影响国际制度制定的能力存在很大差异，不是每个国家都能够获得这种稀缺的制度收益。这需要一国具备较强的国际公共产品供给能力，而这种制度供给能力显著超越仅停留在物质层面的供给。由是观之，一个国家与国际制度互构关系的变迁，既是该国基于自身利益拓展而做出的战略选择，也是其实力与国际地位变化的客观体现。基于对美国崛起的历史考察可知，美国拥有的通过国际制度实现自身利益的能力超过了近代以来任何一个大国。特定时期的国际环境基础和国内政治基础，决定了美国最终选择提供国际制度领导：美国是第一次世界大战后国际联盟（League of Nations）的主要倡导者，但却最终没有参与其中，直至第二次世界大战结束后，美国基于其对"世界领导地位"的战略偏好和利益认知，主动提供了包括各领域国际制度在内的大量国际公共产品。在这种霸权式全球治理下，美国作为国际公共产品供给者同时是消费者（甚至是最大的消费者），它通过主导国际制度的运行而获得实际利益、国际声望等各种政治经济回报。

这种研发或者创设制度类国际公共产品的举动既需要硬实力作为支撑，更是研发者软实力的重要体现。长期以来，美国主导创设的国际货币与金融体系、国际贸易体系乃至国际安全体系，客观上使得参与国能够在该框架下产生相对稳定的预期，由此形成了当代以美国意愿为核心动力，以全球性国际组织为制度保障，以经贸互惠为扩散机制的等级化国际秩序。② 但另一方面，根据经济学边际成本收益规律，随着美国在维持霸权和由其主导的国际体系稳定过程中

---

① 宋静. 美国制度霸权的变迁与中国的国际角色[J]. 社会科学，2020（9）.
② 郑宇. 21世纪多边主义的危机与转型[J]. 世界经济与政治，2020（8）.

提供的国际公共产品越来越多，单位公共产品的边际成本递增而边际收益递减，美国消耗了大量的经济剩余。① 特别是随着全球化的深入发展，虽然美国仍能够从对该进程的参与中获取可观的绝对收益，但与新兴国家或与自身的历史获益相比，近年来其相对收益有所减少或未能满足其主观期待，导致其对现行国际秩序的态度趋于复杂，从而在"利益""责任"和"贡献"中不断摇摆和取舍。这体现在美国日益频繁地成为多边国际制度的修正者，并把谈判改制与退出制度视为两个基本选项。在不同的环境变量条件下，美国基于博弈态势、收益预期、谈判成本等因素的权衡，所选择的国际制度具体修正策略也会不同。例如，在既有制度框架内谈判改制，威胁退出甚至直接退出既有制度，瘫痪或绕开既有制度，直至寻机另立新制。②

如果能通过调整国际制度迫使其他国家参与供给，在降低美国供给成本的同时又不致减损其垄断性收益，这对于美国维持其既有地位来说无疑是一项优先的理性选择。由此美国的国际制度策略处于动态变化之中，大致经历了主导构建、偶尔退出和选择性频繁退出三个发展阶段。这表明，大国利用国际制度扩展权势的同时存在"制度收缩"现象。美国的"制度收缩"有其基本的政治过程逻辑——相对宽松的政治环境为制度收缩打开时机窗口，国家利益和他者过错等有力的借口则为之塑造正当性和合理性，而对退出成本的权衡则决定了所要采取的制度收缩的具体形式。制度收缩并非静态、机械的政策行为，其长远影响取决于大国在具体情境下的操作以及彼此之间的复杂互动。一方面，制度收缩可帮助美国缓解压力、调适主导地位；另一方面，这也可能削弱其声望和影响力，并诱导其走向过度收缩。不过，受制于本国战略传统、长远国家利益以及当前国际体系中的各类结构性因素，制度收缩尚不会成为美国根本的战略转向。③

在制度与权力的相互作用过程中，国际制度既可以促进主导国的权力增长，也可能损耗主导国的权力资源。因此，美国在国际制度促进其权力增长时便采取主导构建策略，在损耗其权力时则采取威胁退出或退出策略，即通过对制度成本—收益的衡量来决定是否退出制度。④ 作为这一逻辑的体现，特朗普时期

---

① 张建新，施嘉恒．金德尔伯格陷阱：历史与现实的比较［J］．复旦国际关系评论，2019（1）．
② 陈拯．霸权国修正国际制度的策略选择［J］．国际政治科学，2021（3）．
③ 温尧．退出的政治：美国制度收缩的逻辑［J］．当代亚太，2019（1）．
④ 朱光胜，刘胜湘．权力与制度的张力：美国国际制度策略的选择逻辑［J］．世界经济与政治论坛，2021（2）．

美国逆全球化和保护主义抬头，应对气候变化、联合国维和、国际发展援助、全球公共卫生等全球治理相关支出被削减，对于区域公共产品的供给也趋于保守和自利。一些保守的美国政治精英甚至认为，由其倡导建立的某些全球治理机制反而成为他国用于限制美国的工具。对于那些明显不利于美国主导地位或重要性相对次要的国际机制，美国付诸退出策略的可能性较大；而鉴于其在联合国、世界银行、国际货币基金组织等最重要全球性多边机制中的地位仍然极为突出，美国不但不会轻言退出，而且仍将竭力保持在其中的优势地位，且对于这些机制的改革意愿和动力也显著不足。这表明，一国的国际制度行为是一个复杂的国内—国际互动逻辑的结果，并受制于国内与国际制度的相互依赖程度、国际制度中的权力分配、国内利益和偏好以及国际制度约束力等多重因素。[①]

（二）霸权衰落背景下美国的国际制度策略逻辑

当前美国的制度霸权出现动摇，这体现在其难以继续主导和整合全球治理机制的有效运行，特别是在经贸等领域日益面临制度供给困境。在国际金融制度方面，受新兴国家影响力提升以及国际发展融资市场的竞争增强等因素影响，美国对世界银行的影响力在2007年之后逐渐下降，通过这一多边机构在贫穷国家和其他发展中国家所能实现的经济利益减弱。鉴于世界银行在全球发展资金供给体系中的地位走向衰落，美国必然会诉诸"改革多边"甚至"退出多边"来调整其成本收益，而这主要不是因为其某届政府的全球公共产品供给偏好出现变化。[②]

当代形成的多边贸易制度对于贸易自由化的发展功不可没，并为区域以及全球生产网络的发展打下了基础。但由于国内及国际层面的基础条件发生变化，美国在最新的全球多边贸易制度建设过程中并未表现出足够的领导力，其供给国际公共产品的意愿在某种意义上已由全球层面转向区域层面。[③] 美国阻碍世界贸易组织上诉机构法官的遴选，甚至威胁要退出世界贸易组织，对世界贸易组织的正常运转及改革进程造成消极影响。美国主张重建符合自身利益的新贸易规则体系，为此它甚至试图寻找新的国际机构或者鼓励OECD等现有机构取

[①] 李明月．国际制度中的国家退出行为：国内—国际互动的解释[J]．太平洋学报，2020（8）．

[②] 宋锦．美国在世界银行的影响力下降了吗：从世界银行发展融资分布得出的证据[J]．世界经济与政治，2019（10）．

[③] 李明哲，王勇．美国的国际制度领导与多边贸易制度变迁[J]．美国研究，2020（3）．

代世界贸易组织的主要职能。①

而奥巴马政府时期之所以力推TPP，很大程度上是因为美国越来越难以通过世界贸易组织等机制来操控全球经济治理，转而诉诸包括TPP、TTIP（美欧自由贸易协定）在内的区域经济战略。② 尽管作为一种国际制度的自由贸易协定（FTA）具有某种区域公共产品属性，但美国在上述FTA创建中明显存在"私物化"追求，如在谈判中以"公平贸易"原则施压世界贸易组织框架下的多边贸易谈判、主导重建国际贸易规则以及强化安全联盟。拜登政府更是把涵盖议题领域更为广泛的"印太经济框架"（IPEF）作为其主导的区域经贸制度新选项，以超越其缺席的CPTPP。③ 展望未来，此类经贸制度供给竞争将继续作为大国竞争的重要内容，它是反映一国国际公共产品供给能力的重要指征。

美国对于国际制度的态度因议题领域及利益认知不同而存在明显差异，所采取的建制与反建制策略均在上述世界贸易组织改革问题上有所反映：它既希望将知识产权等条款纳入多边贸易谈判，又在认定多边贸易体系损害其利益时选择绕开世界贸易组织规则而采取单边行动。这一策略逻辑反映了相对衰落的美国在某种意义上更加依赖国际制度，其核心是寻求主导新的国际制度及规则供给，以维护自身在全球治理特别是战略性领域的领导地位。在降低多边制度维护成本、提高控制效率的同时，美国试图限制竞争对手在未来国际制度及规则体系中的收益，增加中国等新兴经济体从这一体系中获益的难度。在这个意义上，美国将其主导的包括金融、货币、贸易在内的国际制度武器化，美国提供这些制度类公共产品的意义便在于维持其霸权。④ 甚至"环球银行金融电信协会"（SWIFT）这样的国际非政府机制也屡屡被美国用作对他国发起金融制裁的工具：该机制关乎各国间的金融互联互通，美国政府事实上有能力影响其重大决策，并借此对国际资本流动和贸易进行监控。由此可见，霸权国主导建立的国际经济体系及其提供的国际公共产品，尽管为其他国家提供了发展所需的政治经济秩序，但这一秩序是相对的和有限的。⑤ 所谓自由主义国际经济秩序与霸权国对国际制度的"设计"和"供给"密不可分，以霸权主义为基础的全

---

① 何伟文. 全球贸易治理视角下世界贸易组织改革问题［J］. 当代世界，2021（8）.
② 王卓. 全球经济治理变革的路径选择：以CPTPP、AIIB为中心的国际政治经济学分析［D］. 北京：外交学院，2018：125–131.
③ 2022年5月，拜登正式宣布启动"印太经济框架"，美国、韩国、日本、印度、澳大利亚、新西兰、印度尼西亚、泰国、马来西亚、菲律宾、新加坡、越南、文莱、斐济等国成为初始成员。
④ 周宇. 全球金融公共品的武器化及其形成机制［J］. 国际关系研究，2022（4）.
⑤ 封凯栋. 中美冲突：国际经济层级体系的裂变［J］. 文化纵横，2020（5）.

球治理观必然导致美国的战略利益取向与全球多边经贸体制之间存在悖论。随着自身供给能力与意愿相对下降,美国供给金融、贸易等国际公共产品的"私物化"倾向上升,对消费国的选择性供给不断加强,进而反噬着现存国际经济秩序的正当性。

二、美国的国际发展合作及取向

(一) 美国的国际发展合作演进

国际发展合作是美国全球战略的支柱之一,也是美国全球领导力的重要来源。类似"美国国务院—国际开发署联合战略计划"的制订与实施,典型反映了发展合作旨在为实现美国的对外政策目标提供保障。① 当代美国通过对外援助提供大量的发展类国际公共产品,试图从制度和理念两个维度打造自己主导的国际发展合作体系。② 美国对此类公共产品的供给动机既包含功利主义的工具性考量,也包含道义层面的所谓自由主义或理想主义成分。就前一动机而言,对发展中国家的物质类公共产品供给往往可以为美国赢得实实在在的经济利益等回报,对非物质类公共产品的供给则有利于美国把控援助规则主导权,使其对外援助乃至更广泛的对外政策行动更具形式上的正当性。就后一动机而言,美国对发展中国家的减贫、卫生、应对气候变化以及人道主义等援助,也在一定程度上反映了美国的国际责任意识和"普世"情怀。

美国堪称当代最早开展大规模对外援助的国家,在冷战时期这类援助作为战略竞争工具的色彩极为浓厚,为此美国主要对其盟友体系内的国家进行资本、技术、设备等援助,它们大致可归入俱乐部公共产品的范畴。20世纪60年代至80年代,美国以自由主义为导向的发展援助涵盖了从卫生、教育和人力开发援助到扶植自由市场等多种形式,旨在使受援助对象在经济发展的基础上走上所谓"民主"道路。冷战结束初期,即20世纪90年代,美国的对外援助总体上处于低迷期,但在推动经济可持续发展和所谓"推广民主"方面仍有所进展。

自21世纪初以来,美国的国际发展合作进入战略转型阶段,利益优先特点更为突出,并日益转向大国竞争导向。"9·11"恐怖袭击发生后的一段时期,美国将援助重点放在贫困和落后地区,旨在通过促进发展减少国际恐怖主义行为的发生。其中,撒哈拉沙漠以南非洲、中东及北非、中亚及南亚是近年来接

---

① USAID. U. S. Development Policy in Context [EB/OL]. (2021-02-10) [2022-11-01]. https://www.usaid.gov/results-and-data/planning/policy.
② 霍淑红. 中美竞争—合作框架下美国对外援助研究 [J]. 社会科学, 2021 (7).

受美国援助较多的地区。当前美国着力塑造其国际发展合作新模式，强调从援助关系转向新发展伙伴关系，即更强调双向性并使美国从中获益。在这种新架构下，其他国家在国际发展合作上被要求承担更大责任以减轻美国压力，并推动更多私有部门以商业化方式参与进来。在特朗普时期向国会提交的 2021 财年联邦政府预算报告中，美国对外援助资金被大幅削减约两成。与此同时，与推动成本高昂的机制层面改革相比，美国的国际发展合作也更加重视项目导向，即通过议题设置和项目规划方式最大程度地发挥对外援助的功能和作用，从而在工具层面上体现出强烈的时代性和战略现实主义特征。① 这也印证了美国并非一直积极提供全球公共产品，而是随着自身实力、国际环境变化以及国际合作政策调整而发生变化。特别是当前美国国内政治经济面临一系列结构性难题，其主导和协调全球发展治理的能力和意愿受到影响，相应的全球公共产品供给政策也有所收缩。② 但出于大国竞争的需要，美国仍将维持甚至有所强化在国际发展某些关键领域的资源投入，以推广其倡导的所谓公平、透明度等规则和标准，塑造以自身经验为范本的全球发展治理规范，提升美国国际发展合作模式的吸引力。③ 其中，增强在基础设施建设领域的竞争力已成为美国政府的重点议题。在拜登政府向美国国会提交的 2022 及 2023 财年联邦政府预算案中，美国国际发展署获得的对外援助资金都比特朗普政府时期有较大幅度的增加。

（二）美国的国际发展产品供给机制及其运作

美国是最早实行对外援助机制化和法制化的国家之一，其中作为美国政府专门的对外非军事援助机构，美国国际开发署（USAID）是依据《对外援助法案》于 1961 年设立，它整合了此前美国所有的援外机构。该机构在促进经济增长、贸易、农业、教育、技术、环境、卫生等领域的援助经验值得借鉴，如重视与非政府组织、私人主体之间的有效合作。而根据 2018 年国会通过的《善用投资促进发展法案》，美国特朗普政府启动国际发展融资机构改革：2019 年 12 月，美国国际发展金融公司（IDFC）正式成立。该机构由此前的海外私人投资公司（OPIC）和美国国际开发署下属的发展信贷管理局（DCA）合并而成，其

---

① 周玉渊. 美国国际发展合作新战略探析：兼论其对中国的影响［J］. 太平洋学报，2019（12）.
② 沈雅梅. 美国正在破坏全球公共产品［N］. 环球时报，2022-07-26.
③ Daniel Kliman. Leverage the new US International Development Finance Corporation to compete with China［EB/OL］.（2018-11-16）［2022-04-18］. https：//www. cnas. org/publications/commentary/leverage-the-new-us-international-development-finance-corporation-to-compete-with-china.

主要目的是为在发展中国家投资的美国公司提供贷款、贷款担保等服务。美国政府的对外援助大部分是通过非政府组织来实施的，由此在国际开发署与非政府组织之间形成了成熟的合作模式，二者彼此借重、相互利用，客观上对发展中国家的经济社会发展产生了一定的积极作用。但另一方面，在所谓"民主转型"、缓和冲突和人道主义援助（包括灾害救助）等领域，美国国际开发署的举措对于发展中国家的政治社会稳定造成了复杂影响。在这个意义上，该机构也是美国实施对外"民主渗透"的最重要机构，其常常以援助为名支持和推动发展中国家的所谓"民主化"，服务于塑造美国所希望的国际及地区秩序。[1]

20世纪70年代以来，美国等西方国家向世界推广的新自由主义治理范式在很大程度上加剧了全球治理中的"发展赤字"与"治理赤字"。尽管美国所推动的全球发展治理增加了一些发展中国家获得相关公共产品的机会，但这些发展类产品所承载的价值规范也被打上了美国印记，它们在本质上服务于美国主导的全球霸权体系，并不能带来一个公平正义、合作共赢的全球发展治理前景。而近年来新冠疫情的暴发一方面凸显了美国等西方国家的国内治理困境，另一方面则在全球治理层面反映了美国所倡导的自由主义模式正在遭遇越来越大的挑战。[2] 这种模式的全球化排斥不同国家间的公平性与互利性，忽视发展中国家的差异性及其参与国际竞争的能力不足，其逻辑结果只会是发达国家继续维持其优势地位，而难以带来全球共同发展的格局。而2008年全球金融危机意味着自由主义世界经济的一次严重失序。由于运作成本的上升，近年来美国在国际公共产品供给与促进合作等方面的意愿和能力明显下降，特别是保守主义和单边主义的抬头势必会影响美国援助机构对国际发展产品的供给，从而给全球发展治理带来更多不确定性。[3]

三、美国的国际公共产品供给战略对新兴大国的影响

（一）美国竭力利用其制度供给先发优势

在霸权相对衰落的背景下，美国通过国际制度供给来维持甚至强化其在全球治理中的地位，以实现霸权重振的战略目标。为此美国在不同领域采取了差异化的制度策略：在其仍占有重大优势的全球政治与安全领域防御性地维持传

---

[1] 张霞. 美国国际开发署的对外民主渗透[J]. 国际资料信息，2010（11）.
[2] 薛澜，关婷. 多元国家治理模式下的全球治理：理想与现实[J]. 政治学研究，2021（3）.
[3] 黄河，王润琦. 公共产品与国际经济秩序：起源、当前挑战与重塑[J]. 太平洋学报，2021（5）.

统地位，这突出体现在联合国安理会及其改革问题上；在其影响力相对衰落的全球经济领域，坚守在国际货币基金组织和世界银行中的主动权（保证其在这两个机构中的投票权多于15%），并通过进攻性地升级全球贸易与投资规则，确保本国在下一个时期全球发展中的优势地位；而在日益重要的全球治理新兴领域，受制于其相对削弱的物质能力和尚未确立的制度霸权，美国以抢占道德高地入手，确保未来生成的规范和机制对其最为有利。① 美国的国际制度策略深刻影响着新兴大国成长的外部环境，使传统大国与新兴大国之间的竞争在很大程度上取决于国际制度及规则的供给能力。而历史上新兴大国的崛起通常先要经历一个学习和适应既有制度和规则并从中获益和发展的过程，然后才能进入一个创建新的制度和规则，并向地区乃至全球层面提供相关公共产品的更高境界。

当代国际秩序更是有赖于一系列各国共同接受的国际制度与规则，而长期以来美国不仅通过其拥有的政治、经济、军事等实力资源对体系内的其他成员实施强制，更通过国际制度等一些关键公共产品的供给，制造了后者对于美国领导地位的认同。美国以其霸权利益为归依来看待全球治理机制变革，竭力主导那些重要领域的国际制度及规则供给，这就使相关国际制度及规则不可避免地带有非中性特征。在这个意义上，这些国际公共产品并不是使所有国家和群体能够受益的纯粹的全球公共产品；特别在当前应对各种全球性问题挑战时，美国不仅不积极提供有效的解决方案，反而试图挟全球治理机制以谋私利，如拒缴或拖欠联合国等多边机构的会费，甚至退出或威胁退出有关多边机制。随着世界格局日益向多极化方向发展，美国对一些国际制度及规则的影响力下降，越来越难以操控它们为其所用。于是美国近来一再声称维护所谓"基于规则的国际秩序"，其实质是抛弃国际社会所广泛接受的国际法原则和国际秩序，把自己和少数西方国家制定的所谓"规则"包装成普遍性的国际规则，用来限制、打压新兴大国等竞争者。

（二）新兴大国须积极应对美国的制度供给竞争

传统大国的内卷化导致其内部问题的外部化倾向加剧，在国内国际双层博弈的决策框架下，美国的国际制度供给比以往更为强调所承载的价值理念，这将对新兴大国拓展国际制度供给构成深层挑战。但另一方面，传统大国的加速衰落使其越来越难以单独支撑起一个全球性的制度体系，这在客观上为新兴大

---

① 潘亚玲. 论美国制度霸权与规范霸权的护持战略［J］. 复旦学报（社会科学版），2016（6）.

国创新性供给国际制度带来了历史机遇。美国主导的新自由主义全球化势必走向终结，未来全球治理将在大国互动作用下发生权力、观念和制度的结构性重塑。① 在这一进程中，大国将更加重视通过提供国际公共产品来促成功能性合作，从而赢得中小国家的支持和追随，以获取更大的国际制度性话语权。而它们在国际制度供给问题上的合作与竞争——特别是围绕着那些关键领域的国际制度而展开的供给博弈，将会重塑未来全球治理的领导模式与运行体系。

美国还日益通过与其盟友合作进行国际制度供给，构建所谓高水平的"规则联盟"，为此拜登政府修复和重新加强了美国全球领导地位所赖以维持的一些基于盟友关系之上的传统国际制度。其中，七国集团是美国与其主要西方盟友在全球治理问题上进行战略与政策协调的重要平台。例如，在2021年七国集团峰会上美国推动达成了历史性的全球税收协议，从而对国际税收规则发展产生重大影响。鉴于基础设施建设关乎发展与安全两大全球治理议题，在2022年七国集团峰会上美国又推动发起"全球基础设施和投资伙伴关系"（PGII）倡议，计划5年内筹集6000亿美元资金，为发展中国家应对气候变化、能源安全、数字技术、性别平等、卫生保健等领域的基础设施项目提供融资。在所谓印太地区，美国则积极拉拢其地区盟友与伙伴，推出前述所谓"印太经济框架"——其涵盖包括数字贸易、供应链等新兴议题在内的广泛议题，试图以此争夺在新一轮经贸规则制定方面的领导地位。② 美国还通过七国集团峰会等机制施压世界贸易组织改革，与欧盟共同成立"跨大西洋技术与贸易理事会"，企图将自己小圈子的规则变成新的多边贸易规则。③

在安全领域，美国在全球范围内长期维持着一个庞大的联盟体系，发挥着安全互助、战略协调和秩序维持功能。④ 其中，北约（NATO）一直是美国提供所谓俱乐部式安全公共产品的最重要机制，近年来美国不再满足于北约作为一个区域性组织而企图使之在更大范围内发挥作用。⑤ 而在日益成为美国战略新重心的印太地区，美国也在加强类似北约的双多边同盟等排他性制度设计。

---

① 陈伟光. 后疫情时代的全球化与全球治理：发展趋势与中国策略[J]. 社会科学，2022（1）.

② 郑青亭. 美国商务部长雷蒙多：美国不会重返CPTPP，计划明年初启动印太经济框架[N]. 21世纪经济报道，2021-11-22.

③ 何伟文. 全球贸易治理视角下世界贸易组织改革问题[J]. 当代世界，2021（8）.

④ 刘丰. 秩序主导、内部纷争与美国联盟体系转型[J]. 外交评论（外交学院学报），2021（6）.

⑤ 作为全球最大的军事同盟组织，在2020年3月北马其顿正式加入后，北约的成员国已达到30个。此外，北约在亚太地区也有一些全球合作伙伴。

2022年2月，拜登政府公布任内第一份区域战略报告——《印太战略报告》，声称将向印太地区投入更多外交和安全资源，以推进所谓"自由开放的印太地区"、推动区域繁荣、加强印太安全以及建立区域应对跨国威胁的能力。在这个地缘政治框架下，美日澳印四方安全对话机制、美英澳三边安全伙伴关系（AUKUS）都在很大程度上成为美国谋求地区主导权的工具，这种旧的区域安全模式加剧了美国供给俱乐部式公共产品的负外部性。美国试图通过这种联盟扩容策略，增加联盟成员的数量和类型，扩大安全议题的覆盖范围，从而将联盟制度设计从双边扩展至诸边和小多边，更好地服务于霸权秩序维持。这种排他性的区域安全机制并不能为本地区带来真正的安全公共产品，也无法实现有效的全球安全治理，而只会加剧印太地区的制度供给竞争与地缘政治张力。①

三、小结

随着美国不断走向衰落，其国际公共产品供给的不确定性和不可靠性将进一步上升，排他性和负外部性也将随之凸显。大国吸引中小国家追随的必要条件是同时具备较强的国家实力和较好的国际信誉。其中，大国的国家实力是向追随者提供物质资源支持的基础，大国的国际信誉则是向追随者提供安全感和信任感的重要来源。② 稳定性与可预期性是衡量国际公共产品供给信誉的重要维度，而霸权式供给未必可靠：除了因供给能力下降而导致的供给不确定性问题外，这一模式还存在越来越突出的供给质量问题，并呈现为供给动机的自利性、供给对象的选择性和供给效应的负外溢性，如2022年美联储大幅度加息的货币政策对全球金融稳定带来风险。③ 特别是在将新兴大国视为战略竞争对手的基调下，美国越来越频繁地在伪多边主义的旗号下进行国际制度与规则供给，在领域性维度上尤为重视互联网、数字经济、太空等新兴领域的制度创设，在区域性维度上则将重心日益放在重构印太地区的制度体系上，以掌握制度性话语权并"规锁"竞争对手。这就造成了在全球、区域及不同领域的多维国际制度结构中，新兴大国需要面对传统大国广泛的制度挤压和制度制衡的现象。

但另一方面，全球治理议题的多元性和差异性使得传统大国和新兴大国在国际制度供给问题上并不一定是零和竞争关系，双方可基于各自在不同领域或

---

① 张宇燕，冯维江. 从"接触"到"规锁"：美国对华战略意图及中美博弈的四种前景 [J]. 清华金融评论，2018（7）.
② 张伟玉，王丽. 国际信誉、国家实力与东南亚战略选择 [J]. 国际政治科学，2021（1）.
③ 王璐. 2022：全球治理困境与中国的应对 [N]. 金融时报，2022-03-21.

议题上的比较优势,发展互补性的合作供给关系。① 首先,全球治理仍不失为守成大国与新兴大国最有可能实现合作并产生积极外溢效应的平台,维护全球秩序的稳定符合美中两个大国的最大共同利益,② 双方可将应对气候变化、反恐等彼此较易达成共识的议题领域作为突破口,推进国际制度及其他公共产品的供给合作或良性的供给竞争。例如,2021 年中美两国在格拉斯哥气候大会期间发布了《中美关于在 21 世纪 20 年代强化气候行动的格拉斯哥联合宣言》。即便在备受关注的全球基础设施建设领域,彼此的公共产品供给仍然存在一定的兼容性,如在发展中国家的绿色基础设施、能源开发等领域开展第三方市场合作。在区域层面上,美中两国在当前亚太地区安全和经贸公共产品的供给上形成了某种比较优势结构,东盟及其他本地区国家甚至乐于从两国的供给竞争中获益,即便在"印太"框架下美国也无法将中国从区域公共产品供给体系中排除。从国际公共产品供给的多元化趋势来看,在霸权供给之外,全球和地区层面的合作供给必将占有越来越大的分量,并日益成为保障国际体系稳定的新动力源。全球治理体系终将朝着去霸权化与合作导向发展,从而呈现以多边国际制度维护世界和平与发展,通过政策协调达成国际合作,平衡国家利益和全球利益以保护全球公地等进程。③

第二节 欧洲国家的国际公共产品供给特点

欧盟是 21 世纪多极化世界中的重要一极,也是当代最成功的区域一体化组织,其致力于推进战略自主,实施共同外交与安全政策。但另一方面,欧盟在全球事务中发挥影响力又主要依赖于法国、德国等大国,由此构成了欧盟及其

---

① 凌胜利,王彦飞. 中美国际制度策略取向比较:基于议题领导权视角的分析[J]. 国际展望,2021(5).
② 秦亚青. 美国对华战略转变与中美关系走向[J]. 人民论坛·学术前沿,2021(15).
③ 秦亚青. 世界秩序的变革:从霸权到包容性多边主义[J]. 亚太安全与海洋研究,2021(2).

成员国的双层决策与供给结构。① 特殊的自身结构决定了欧盟在参与全球治理多边进程时，既可采取集体行动方式，也可采取"去中心化"的各国分散行动方式。总的来看，欧盟在维护全球多边制度、推进自由贸易及应对气候变化等问题上处在较为主动的领先地位，但在国际安全公共产品供给方面仍明显受制于美国主导的跨大西洋关系。

一、全球治理规范的重要供给者

在当今国际大变局背景下，欧盟面临着政治、经济、安全、社会与生态环境等因素所导致的不确定性困境，其根源在于在全球化进程中，欧盟及其主要成员国在国际社会中的竞争力相对下降，受外部大国博弈与内部成员国之间博弈的共同作用而产生了对未来的不乐观预期。② 为此欧盟寻求构建和完善自己的全球治理战略，支持并参与国际机制的非根本性改革，以整体身份谋求在国际事务中的代表权和话语权，特别是通过提供全球公共产品来担当全球公益领域治理的主导者。③ 在 2011 年发布的《欧盟的全球治理议程》报告中，报告阐述了"控制冲突、促进合作、减少不确定性以及供给治理所需的全球公共产品"，是欧盟参与全球治理的目的。

欧盟的全球治理规范具有较强道义性。通过推行问题导向型的全球治理战略，欧盟坚持将非传统安全作为其全球治理战略的优先议题，尽管 2022 年 2 月俄乌冲突升级一度将地缘安全推至欧盟的最紧迫关切，积极引领国际社会共同应对全球问题。在国际规范偏好层面，欧盟倾向于多边主义（所谓"有效多边主义"），倡导多边机制与跨国合作，并采取较为积极的国际公共产品供给战略来增强自身在全球治理中的影响力。比较而言，欧盟与前述美国的供给方式既具有共性，也存在明显差异。作为西方世界的两大"中流砥柱"，它们都是现有国际体系基本权力结构的维护者，反对启动那些损害自身根本利益与国际地位

---

① 欧盟具有超国家、成员国及其地方等多层次治理结构，《里斯本条约》第 47 条赋予欧盟以国际法人格，据此其共同外交政策由外交与安全政策高级代表领导下的欧盟对外行动署（European External Action Service）负责协调。2016 年 6 月，欧盟发布题为"共同愿景、共同行动：一个更强大的欧洲"的外交与安全政策全球战略，将促进和平与安全、实现繁荣、推进民主、建立基于规则的国际秩序四大共同利益作为目标，将"有原则的实用主义"作为对外行动基本纲领。2020 年 1 月英国正式"脱欧"，欧盟尚有成员国 27 个。出于行文之便，本章也将英国的国际公共产品供给政策纳入其中。
② 保建云. 国际大变局、不确定性困境与欧盟的未来：一个超级博弈论的解释 [J]. 人民论坛·学术前沿，2019（6）.
③ 杨娜，吴志成. 欧盟与美国的全球治理战略比较 [J]. 欧洲研究，2016（6）.

的全球治理机制深层变革。为了实现其战略目标,这些传统援助方都善于运用发展援助的"杠杆"功能,同时为援助附加各种条件。欧盟的对外援助也同样具有较强的干预性特点,即立足于西方中心主义的窠臼,试图将其认定的世界发展知识变成全球公共产品而为发展中国家所接受,进而在更高层面上推广欧盟的所谓民主治理经验。

其中,"发展契约"概念是 1989 年由时任挪威外交大臣托尔瓦·斯托尔滕贝格提出的,旨在重构发达国家援助方与发展中国家受援方之间的发展契约,支持发展中国家自行制定中长期、综合性发展计划。该理念强调发展中国家的主体性和发展责任划分的合理性,在某种意义上是对此前西方向发展中国家强加结构调整方案而侵犯后者主权的矫正。20 世纪 90 年代以来,这一理念逐渐进入国际发展领域主流话语体系。2003 年,联合国开发计划署发布的《人类发展报告》也采纳了发展契约概念。该报告将发展契约定义为基于共担责任体系的一项协议,即所有国家都应朝着帮助不发达国家实现其发展目标这一方向而努力。在此过程中,不发达国家可以要求得到更多的援助和更方便的市场准入,援助方则可以要求受援方实行更良好的治理与问责制。究其实质,该发展契约就是发达国家和国际组织为不发达国家实施发展计划提供必要援助,而作为回应,不发达国家将与前者合作推动重大改革方案,由此可见不发达国家获得更加平等的地位仍然是附条件的。[1] 但总体而言,欧盟为多利益相关方达成可持续发展全球契约提供了重要的规范力量,这些涉及人权、劳工、环境和反腐败等原则理念。

再如,在应对气候变化知识供给方面,"碳循环经济""气候中和"等理念也是由欧盟率先倡导的。2018 年 11 月,欧盟委员会提出减少温室气体(GHG)排放的长期战略愿景,向国际社会表明其将率先实现"气候中和",即 2050 年前成为 GHG 净零排放经济体。作为气候多边主义的积极倡导者和实践者,在 2019 年第 25 届联合国气候变化大会上欧盟发布了以气候行动为核心的《欧洲绿色协议》,以展现其应对气候变化、促进社会经济转型的雄心。通过 2020 年二十国集团能源部长会议、联合国气候谈判等多边平台的推广,这些理念在很大程度上具有了全球引领价值,对于美国、日本等发达经济体及其他新兴经济体产生了积极影响。在发展具有大规模减排潜力的碳捕集、利用与封存(CCUS)技术方面,欧盟正在对二氧化碳地质封存活动提供法律法规上的指导,并通过

---

[1] 胡勇. 新发展契约视野下印度对尼泊尔的发展合作政策 [J]. 印度洋经济体研究,2019(3).

多个资助计划为相关项目提供资金支持。① 2021 年 7 月，欧盟还正式公布了碳边境调节机制（CBAM）立法提案，试图在几年后实现对欧盟进口的高碳排放产品加征关税，从而对世界贸易规则的绿色化产生重大影响。

相对而言，欧盟的全球治理战略包容性更强，也更为关注全球公益，并与美国在具体援助策略上存在很大差异。这些特点在上述环境与气候变化领域表现得尤为突出：欧盟在世界主要经济体中率先建立碳排放交易市场，即欧洲碳排放交易体系（EU-ETS）。自 20 世纪 70 年代以来欧盟（含其前身"欧洲共同体"）便一直活跃在这一领域，在全球环境及气候多边谈判中积极发声，试图主导该领域的全球治理进程。欧洲国家大多在 20 世纪后半期或 21 世纪初就实现了碳达峰，作为全球气候变化治理的先锋，欧盟在《巴黎气候协定》确定的 21 世纪全球平均温升控制在 2 摄氏度以内基础上进一步提高标准，将控制在 1.5 摄氏度以内作为其碳中和的主要目标。其中，英国、瑞典、法国等国已经将碳中和写入本国法律。2021 年 5 月，欧盟委员会发布《实现空气、水和土壤的零污染》行动计划，提出到 2050 年将这三类污染降低至对人类健康和自然生态系统不再有害的水平。国际生态环境的非排他性、非竞争性使其具有公共产品属性，其供给需要诉诸跨国集体行动，然而多元主体容易产生集体行动困境，进而导致公共产品供给不能实现或低效。尤其气候变化治理是一种典型的"存量外部性"全球公共产品，欧盟在该领域的公共产品供给逻辑超越了传统的主权国家模式而呈现出复杂的多层治理特征，即实现了超国家、国家与次国家三层治理的有机整合、彼此镶嵌，形成了欧盟范围内的气候治理网络，其中社会力量发挥了重要的跨层次整合作用。② 在国际规范的绿色化方面，欧盟还积极向国际贸易等相关领域注入其环境价值，使环境标准成为新的自由贸易协定所不可缺少的要素。

在更广泛的全球贸易治理领域，欧盟就世界贸易组织改革所提出的方案总体而言是建设性的：其基本取向是维护世界贸易组织和多边贸易体制，同时强调应提高世界贸易组织的效率、透明度和公平性；欧盟反对瘫痪争端解决机制的单边主义做法，并顺应贸易发展趋势提出了制定数字贸易规则、完善渔业补贴等合理主张。在这个意义上，中国重视欧盟在未来多边贸易体制生存、发展和改革中的作用并将其与美国区别开来，在加强制度与规则的多边主义供给方

---

① 房乐宪，王玉静. 欧盟与俄罗斯气候合作的进展与局限［J］. 和平与发展，2021（3）.
② 曹德军. 嵌入式治理：欧盟气候公共产品供给的跨层次分析［J］. 国际政治研究，2015（3）.

面积极争取欧盟的理解与合作。

二、传统发展援助体系的代表性力量

作为经济合作与发展组织（OECD）下属的"发展援助委员会"（DAC）的主要成员：该机构是传统的"援助国俱乐部"，① 欧盟在全球减贫、公共卫生、人道主义援助等领域的表现也颇为突出。（见表10）欧盟注重将受援国的最贫困人群作为援助优先对象，以促进援助效果的最大化。欧盟还不断构建和完善其全球卫生治理战略：其重视价值理念对该领域治理的引导，能够从发展的角度看待全球卫生治理，注重对全球卫生公益的投入，并肯定世界卫生组织等多边机制在该领域的重要作用。但受制于其领导力和内部协调等因素，欧盟在推行该战略的过程中也面临着一些困境。② 通过积极参与上述全球公益领域的治理，特别是在相关治理机制建设方面发挥某种领导作用，欧盟寻求将自身的影响力外溢至全球治理更多领域。

表10 2020年ODA在10亿美元以上的OECD-DAC成员

序号	国别	ODA（亿美元）	ODA/GNI（%）	备注
1	美国	354.7	0.17	总额最高的DAC成员
2	德国	284.1	0.73	占比最高的大型经济体
3	欧盟	193.8	*	
4	英国	185.6	0.70	与联合国目标持平
5	日本	162.7	0.31	
6	法国	141.4	0.53	

---

① 发展援助委员会（Development Assistance Committee）是经合组织下属委员会之一。作为国际援助体系的核心机构，该委员会负责协调发达国家向发展中国家提供官方发展援助，其成员共向全球提供了90%以上的援助。目前该委员会共有美国、英国、欧盟国家、日本等30个成员，这些成员国需要有自己的援助机构和援助政策，并将援助规模逐渐提高至国民总收入（GNI）的0.2%以上，且援助总额也有最低要求。根据该委员会做出的界定，优惠贷款中至少含有25%的赠予成分才能被视为官方发展援助。此外，世界银行、国际货币基金组织、联合国开发计划署、亚洲开发银行、非洲开发银行和美洲开发银行等国际机构以观察员身份参与其中。

② 刘长君，高英彤.欧盟全球卫生治理战略论析：兼论中国参与全球卫生治理［J］.国际展望，2017（2）.

续表

序号	国别	ODA（亿美元）	ODA/GNI（%）	备注
7	瑞典	63.5	1.14	占比最高的DAC成员
8	荷兰	53.6	0.59	
9	加拿大	50.3	0.31	
10	挪威	42.0	1.11	
11	意大利	41.9	0.22	
12	瑞士	35.6	0.48	
13	西班牙	29.7	0.24	
14	丹麦	26.5	0.73	
15	澳大利亚	25.6	0.19	
16	比利时	22.9	0.47	
17	韩国	22.5	0.14	新兴援助国
18	芬兰	12.7	0.47	
19	奥地利	12.7	0.29	

资料来源：根据OECD网站ODA 2020 preliminary data制作。

从空间层次看，欧盟立足于"先区域后全球"的参与路径，即以区域治理为基础，积极推动区域治理同多边主义的结合，将欧盟内部的多边主义同整个欧洲乃至全球层次上的多边主义联结起来，加强跨区域多边合作。由此，欧盟为全球治理机制建设提供自身经验。例如，其经济与货币联盟的创建与发展经验，并主张加强全球治理中的调节性权力，以及设立相应的管理机构；在全球治理具体领域则推广欧盟标准，希望国际社会参照欧盟治理模式制定全球治理规则。不过，在欧盟国际公共产品供给能力相对下降的同时，欧洲地区特别是东南欧和中东欧国家的需求却在上升，其需求类型更为多样化。就安全需求而言，在美国介入欧洲区域安全公共产品供给的前提下，欧洲最终能否改变区域安全公共产品供给不足现状并与美国实现互补性供给，将取决于欧盟能否完成共同安全与防务政策和独立军事能力建设，从而形成一个自主且稳固的域内安全公共产品供给中心。[1]

21世纪以来，欧盟一直通过"欧洲睦邻与伙伴关系工具"（ENPI，2007-2013）及其2014年以后衍生而来的"伙伴关系工具"（PI）、"欧洲睦邻工具"（ENI）等手段对东欧国家进行援助。除了欧盟较擅长的政治类公共产品，如稳定的制度构架、法律框架、一定的安全机制以及部分经济类公共产品，基础设施建设及融资相关的公共产品供给则日益需要域外大国予以补充。在这方面，中国与这些区域国家通过"一带一路"国际合作特别是中国—中东欧国家合作机制，成为该区域新的公共产品供给格局的重要塑造者。[2] 如果说欧盟向该区域提供的主要是制度和经济类公共产品，美国提供的是安全类公共产品，俄罗斯提供的是能源类公共产品，那么中国主要提供的是互联互通形态的发展类公共产品，从而使中东欧成为中国互联互通项目在欧洲落地最多的区域。[3] 不过，中欧双方的国际公共产品供给政策在领域和地域上也呈现一定的重叠，这使彼此的关系趋于复杂。2018年9月，欧盟发布了《连接欧洲和亚洲——对欧盟战略的设想》政策文件，强调欧亚互联互通中的欧盟途径与范式；中东欧（巴尔干）、中亚等被该战略视为优先地区，通过推广绿色、透明、良治等自身规则和标准，欧盟试图发挥其在价值观等软实力方面的影响。[4] 2021年12月，欧盟进一步提出了名为"全球门户"（Global Gateway）计划的基础设施投资倡议，这项新倡议拟在2027年前向全球特别是发展中国家的基础设施项目投入3000亿欧元，其在某种意义上被用来竞争全球基建标准等相关话语权。此外，作为欧盟的近邻，北非、西亚等地中海国家也受到欧盟的特别关注。欧盟通过《欧洲睦邻政策》以及欧盟—地中海合作伙伴关系，在移民、环境与气候变化、冲突治理等领域向地中海区域提供某些公共产品。1995年启动的"巴塞罗那进程"通过加强地区合作特别是给予优惠激励措施，推动南地中海国家的政治经济改革；2008年启动的"地中海联盟"进一步完善了既有合作机制，合作领域也得到

---

[1] 陈小鼎，王亚琪．战后欧洲安全公共产品的供给模式［J］．世界经济与政治，2015（6）．

[2] 2012年中国—中东欧国家合作机制启动时为"16+1"，2019年希腊加入而变为"17+1"。尽管近年来欧盟对此的态度发生变化，以及立陶宛、拉脱维亚和爱沙尼亚先后退出该机制，但这不会逆转中国与中东欧国家对于互利共赢、开放包容的合作需求。参见王灏晨．欧盟对中国—中东欧合作的态度、原因分析及我国的应对措施［J］．发展研究，2018（7）．

[3] 刘作奎．"双边+多边"理论：对中国—中东欧国家合作的新探索［J］．中共中央党校（国家行政学院）学报，2022（2）．

[4] 高晓川．中欧应加强战略政策的沟通对接［N］．文汇报，2018-11-27．

拓展。

在其他发展中国家和地区（特别是非洲地区），2020年欧盟出台了对非关系新战略，寻求与非洲建立全面的伙伴关系——包括绿色发展与能源转型伙伴关系、数字化转型伙伴关系、可持续增长与就业伙伴关系、和平与安全治理伙伴关系、移民与人口流动伙伴关系，为此要加强绿色发展、数字转型、区域经济一体化、教育与科技培训、冲突与危机应对、国家与社会治理、移民管理等领域的广泛合作。不过，欧盟对非洲的认知仍存在偏差，其政策目标坚持欧洲中心主义，甚至将其他新兴大国对外援助与贸易促进相结合的方式视为"新殖民主义"。① 其实欧盟国家作为非洲国家的前宗主国，援助与贸易更一直是其保持在非洲影响力的重要手段。实证研究也表明，虽然欧盟和中国对非援助贸易效应的表现有所不同，但双方的对非援助均有贸易方面的考虑，援助供给的贸易促进动机并非中国所独有，更不是中国对非援助的唯一动机。客观地看，中国和欧盟在支持非洲发展这一目标上存在很大一致性，彼此在非洲能力建设、气候变化应对、数字化转型等领域可以实现优势互补和良性竞争。基于此，中国可以在共建"一带一路"框架下积极探索南南合作—南北合作新模式，增进彼此在国际公共产品供给领域的积极认知，特别是加强与欧盟国家在非洲的开发合作，努力实现三方合作共赢的目标。②

在对非安全援助方面，以往欧盟的援助渠道相对单一，即通过非洲和平基金（Africa Peace Facility）向非盟提供资助，并由非盟负责落实。2021年起欧盟开始全面改革其对非安全援助机制，以名为"欧洲和平设施"（European Peace Facility）的融资工具取代非洲和平基金，并直接向非盟、次地区组织及各国提供安全援助，从而填补欧盟在提供军事和防务援助方面的短板，更有效地提升伙伴方的安全保障、危机和冲突解决等能力。根据规划，"欧洲和平设施"将成为欧盟共同外交与安全政策的单一军事和防务工具，2021—2027年将向其投入50亿欧元。这一工具的启用将使欧盟对非安全援助除借助非盟之外，拥有更为主动，执行力也更强，影响抵达更直接的路径选择，对欧盟的对外援助范式变革而言具有重要意义。③

---

① 赵雅婷. 大变局下的欧盟对非洲新战略探析［J］. 当代世界, 2020（8）.
② 刘爱兰, 王智烜, 黄梅波. 中国对非援助是"新殖民主义"吗：来自中国和欧盟对非援助贸易效应对比的经验证据［J］. 国际贸易问题, 2018（3）.
③ 张春, 周琼. 非洲地区发展的体系性转型［J］. 现代国际关系, 2022（2）.

三、欧洲主要国家的国际公共产品供给

(一) 欧盟主要成员国的国际公共产品供给特点

从国别看，德国、法国、意大利、瑞典、荷兰等欧盟成员国以及英国、瑞士、挪威等非欧盟成员国，都是规模位居世界前列的传统援助国。从区域来看，2000年以来瑞典、挪威、丹麦三个北欧国家ODA占国民总收入的比重都超过0.7%，而这正是1970年联合国大会所制定的目标。此外，北欧国家还为国际冲突治理提供了诸多平台和理念，这是欧盟作为一支世界"规范性力量"所不可或缺的。其中，瑞典斯德哥尔摩国际和平研究所（SIPRI）是一家主要从事和平与冲突研究的著名国际性学术机构，它成立于1966年，旨在就那些对国际和平与安全产生重大影响的国际冲突与协调活动展开独立研究。该所出版的SIPRI年鉴极具权威性，特别是与世界军备与裁军有关的研究成果为国际学术界所广泛分享。而1985—2002年的丹麦哥本哈根和平研究所（COPRI）则在安全化、领域安全（如"社会安全"）与地区安全一体化（如"区域安全复合体"）等领域创新性地引领了冷战后欧洲乃至全球更宽泛的安全议程研究，确立了国际关系学界影响颇大的"哥本哈根学派"。[①] 挪威则为当今世界许多国内或国际冲突提供了解决平台，如以色列和巴勒斯坦、斯里兰卡政府和泰米尔伊拉姆猛虎解放组织、哥伦比亚政府和"哥伦比亚革命武装力量"、阿富汗政府和塔利班等都曾在奥斯陆举行会谈，以巴之间甚至还达成了著名的《奥斯陆协议》。

作为欧盟"两驾马车"之一和最大经济体，德国的国际公共产品供给政策既不可避免地受到欧盟总体战略的塑造，也能够反映自身的利益偏好与供给特点，这突出体现在德国有关全球环境治理和难民治理问题上的策略选择及行动。在全球能源转型与可再生能源治理中，作为西方清洁能源先驱之一的德国颁布了雄心勃勃的可再生能源目标，这不仅成为其国内低碳转型的核心支柱，同时提升了其绿色制度性话语权。鉴于可再生能源议题在联合国层面进展缓慢，近三十年来德国一直在努力推动全球可再生能源治理的制度化进程。因不满国际能源署对化石能源的重视，德国于2004年推动召开了国际清洁能源大会（IRECS），以及主导建立了21世纪可再生能源政策网络（REN21）和国际可再生能源机构（IRENA）。通过话语框定、主场外交、议程嵌入、盟友寻求及共识网络建构等多元路径，德国实现了低碳发展领域制度性国际公共产品的供给，

---

① 叶晓红. 冷战后的和平学与哥本哈根学派研究［D］. 武汉：华中师范大学，2016：17-18.

进而塑造了自身在全球可再生能源治理中的制度性领导力。① 而德国于 2017 年担任二十国集团轮值主席国时推出了所谓"非洲契约",标志着其突破了长期以来所坚持的基于价值和利益双导向发展合作政策,转而更加重视增强本国在全球发展治理中的影响力,塑造自身更为积极主动的全球发展领导者和责任承担者形象。② 在很大程度上,德国对非政策的这一转型是基于难民危机所造成的压力,因为非洲是德国近年来所面临的难民治理等安全问题的重要源头。德国计划通过有力的贸易、援助等措施促进非洲的可持续发展和就业,支持非洲的和平与稳定,以及推动非洲国家的民主与法治治理,以此化解欧洲面临的难民及非法移民压力。事实上德国在移民政策方面的开放度较大,根据国际移民组织(IOM)发布的年度《世界移民报告》,自 2005 年起德国一直是仅次于美国的全球第二大移民目标国。德国以参与非洲发展与治理为抓手,加大了对非防务、移民、反恐等安全合作力度,并积极发掘发展援助新模式,将新能源与环保合作作为重要领域。而隶属于联邦政府的德国国际合作机构(GIZ)是首要的专门机构,它在促进对外援助与发展合作领域已有 50 余年的历史,并于 2011 年进行了新的机构整合。此外,在制度等软性公共产品供给方面,德国还产生了对全球治理某些政策领域影响巨大的慕尼黑安全会议(MSC)、透明国际等非官方国际机制。

作为欧盟另一驾马车以及联合国安理会常任理事国,法国是当代全球治理体系的重要相关方,其积极融入全球治理进程,承担全球治理责任甚至主导部分优势领域的治理。法国的全球治理战略主要体现在以安全治理为基础提升全球治理能力,以气候治理为重点履行世界大国责任,以核能和可再生能源为主引领全球能源转型,以援助非洲为优先推行全球发展治理等,并呈现出以普世主义为中心的治理价值观、以重振大国地位为目标的战略追求和单边与多边主义并行的治理方式等特征。③ 其中,法国历来重视对外发展援助,相关体制也较为健全。成立于 1996 年的法国开发署是负责官方发展援助的主要机构,而更高层级的协调机构——法国国际合作与发展部际委员会则涉及外交部、财政部、经济贸易部等多个政府组成部门。法国的对外援助方式较为多元,其中贷款方式最为常用,其次是赠款和"减债促发展合同"——后者是一种旨在促进发展

---

① 李昕蕾,张宁. 全球可再生能源治理中的制度性领导:德国外交路径及其启示[J]. 国际论坛,2021(4).
② 张海冰. 从"非洲契约"看德国对非洲政策的转型[J]. 西亚非洲,2019(2).
③ 吴志成,温豪. 法国的全球治理理念与战略阐析[J]. 教学与研究,2019(7).

的债务转换机制。除双边援助外，法国通过世界银行、欧盟等实施的多边援助重要性也在不断上升。在 1965 年以前，法国官方开发援助（ODA）占本国国民总收入（GNI）的比重曾远超经合组织发展援助委员会（DAC）其他成员国而居首位。但随着 20 世纪 60 年代初一大批"法兰西共同体"成员成为独立国家，法国的对外援助大幅减少，ODA 占其 GNI 的比重从 1961 年的 1.3%骤降至 1966 年的 0.69%。第二次骤降则从 1993 年持续至 2000 年，由于当时法国财政赤字严重，导致 ODA 占其 GNI 的比重从 1994 年的 0.61%降至 2000 年的 0.3%。2000 年后法国 ODA 占其 GNI 的比重开始回升，但也只能维持在 0.4%上下，已不再是 ODA 占 GNI 比例最高的 DAC 成员国了。[①] 例如，2018 年法国 ODA 金额为 103 亿欧元，占其当年 GNI 的 0.43%，总额在经合组织中保持第五位。不过，法国试图到 2022 年将这一比例持续提升至 0.55%，以重塑法国的全球领导力，特别是增强其在全球治理中的作用。鉴于对外援助能力相对下降，法国通过加强对受援国和援助领域的筛选来提高援助效率。从地域分布来看，非洲始终是法国的重点援助地区，而巩固那些脆弱受援国的民主与法治，在贫穷、教育、卫生、性别等议题上促进世界平等发展，推动全球气候治理，则是其对外援助的优先领域。2021 年 8 月，法国发布了《团结发展和抗击全球不平等规划法》。该法取代 2014 年通过的《发展政策和国际团结指导与规划法》，成为法国发展援助领域出台的第二部法案。与上一部相比，该法案在五个方面进行了革新和完善，即发展目标全球化、资源投入明确化、管理体制集中化、合作伙伴广泛化和评估体系独立化。该法案彰显了法国支持全球发展并加大对全球公共产品投入力度的大国雄心，反映出法国国际发展政策的路径变化，但从本质看，其将发展援助作为扩大法国影响力战略工具的内核并未发生根本变化。[②]

（二）英国的对外援助体制及特点

英国是西欧地区另一个联合国安理会常任理事国，它与欧盟及美国关系密切，是当今世界上最有影响的援助国之一。不过，英国脱欧会对欧盟的援助政策带来深刻的潜在影响，如可能造成欧盟用于发展援助的总资金减少，进而导致其全球影响力削弱。2013 年英国对外援助预算超过 101 亿英镑（约合 173 亿美元），成为七国集团成立以来首个实现对外援助预算占国民总收入 0.7%的成员国。从面向殖民地到英联邦成员国，近代英国对外援助历史久远，形成了一

[①] 王祎慈.法国对非援助及对中国的启示：以非洲电力领域为例[J].法语国家与地区研究，2019（4）.

[②] 刘娴.从新援助法案看法国发展合作战略[J].世界知识，2021（21）.

套较为成熟的法律、法规和管理机制；其援助取向较为务实、中性且具有"慈善和人道主义"色彩，成为提高英国软实力和国际影响的有效工具。① 英国的对外援助发展战略和政策通过立法和制定白皮书得到规范，其中 2002 年颁布的《国际发展法》在这方面具有基础性意义。该法案奠定了 1997 年改组成立的英国国际发展部（DFID）在官方发展援助中的主导地位，并赋予该部门以内阁级别；② 绝大部分援助资金都是通过 DFID 支出的，具体资金分配则主要通过多边机构、社会组织和私人部门等合作伙伴来进行，其中当地及国际非政府组织的作用受到特别注重。2006 年英国议会通过的《国际发展法案：报告和透明度》则要求 DFID 每年向议会报告其有关发展援助的具体实施情况。DFID 目前在海外设有超过 50 个办公室，并下设两个非政府部门公共机构，即英联邦奖学金委员会（CSC）和援助有效性独立委员会（ICAI）。DFID 还代表英国政府持有英国发展金融机构（CDC）的全部股份，通过 CDC 对非洲和南亚相关国家进行股权和债权投资。参与英国官方发展援助的机构除 DFID、CDC 集团外，还包括外交部、国防部、商务能源和产业战略部、财政部、卫生部、环境食品和农村事务部、移民局、出口信贷保险部门、苏格兰地方政府等，DFID 负责就英国对外援助议题同上述相关部门进行协调。

在援助理念和实践层面，英国还积极寻求与国际社会发展援助的"软法"规范相结合。在 2009 年 DFID 发布的白皮书中，围绕减少贫困和经济增长（包括贸易）、气候变化和冲突解决等主要领域提出了发展援助方面的四项优先议题，即确保最贫困国家经济的持续增长，更好地应对环境变化，避免冲突，保护脆弱地区，以及提高国际援助体系的有效性。为此英国官方发展援助在地域分配上倾向于低收入国家，这些优先目标国包括撒哈拉以南非洲、南亚等国家。实施渠道则包括双边和多边两种。其中，双边援助是英国实施对外援助的主要途径，其包括项目直接融资（项目援助）、预算支持、技术援助、政府债务减免等形式；多边援助则主要通过欧盟、世界银行集团、联合国机构和区域开发银行等数十个多边机构。英国官方发展援助的大量资金投入受援国社会设施建设

---

① 早在 1971 年，英国主导设立了"英联邦技术合作基金"，向其中的发展中成员国提供援助。参见周太东. 英国的对外援助及中英两国对外援助合作关系探讨［J］. 国际经济合作，2015（8）.

② 与英国相比，另一西方七国集团成员加拿大的机构设置情况则有所不同：2013 年，作为次内阁级机构独立运行 40 余年的加拿大国际开发署（CIDA）并入外交部，并重组为外交、贸易和发展部，从而强化了对外援助与其外交和贸易政策的结合，也在某种意义上促进了由对外援助到发展合作范式的转变。

和社会服务供给领域,对生产性部门的援助则不断减少。这些援助项目主要分布在教育质量提升、健康促进(包括水卫生、食物和营养等)、就业促进(包括提供金融服务、提高女性地位)等社会性公共产品领域,促进私营部门发展、改善投资环境、优化税收体系、实施贸易和商业项目等经济增长领域,人道主义灾难和危机应对等安全和冲突治理领域,以及环境和气候变化应对领域。①

(三)欧盟的启示及其与中国的供给互动

综上所述,欧盟及其主要(前)成员国的软硬实力基础比较雄厚,这支撑其成为一个从物质、制度到理念类公共产品供给都比较均衡的重要角色。特别是作为全球治理中一支突出的规范性力量,欧洲在安全、社会、环境等诸多领域的国际规范供给颇为积极,并将其价值理念渗透和体现于上述各类公共产品的供给协议中。中国和欧盟都是世界多极化、经济全球化进程的重要参与者和塑造者,在维护世界和平稳定、促进全球繁荣和可持续发展、推动人类文明进步等方面拥有广泛共同利益,也是各自改革与发展不可或缺的合作伙伴。中欧可通过双边、多边等途径,在促进自由贸易、完善全球多边机制、应对气候变化、保护生物多样性、能源和数字化转型、发展绿色经济、国际及地区热点问题解决、全球发展治理等重点领域挖掘国际公共产品合作供给潜力,深化新时代中欧全面战略伙伴关系。例如,作为前述"多方临时上诉仲裁安排"的两大支柱,中国和欧盟共同为维护世界贸易组织争端解决机制运行做出贡献。特别是欧盟正致力于推进经济社会向绿色和数字化转型,这与中国大力推进的全球生态文明建设之间存在高度共识,双方在引领全球气候治理和绿色发展方面存在巨大合作空间。不过,在欧盟与中国的规范互动以及开展三方合作供给的过程中,中国对于欧盟的制度偏好特别是价值规范并不完全认可。这在很大程度上可归因于它们在现有国际体系下的身份定位、彼此认知、战略利益取向等差异,由此决定了二者之间既存在合作供给并相互借鉴的一面,也存在供给竞争甚至发生潜在冲突的一面。基于此,中国愿加强同欧盟在双边、地区和全球层面的对话协作,共同倡导和践行多边主义,维护以联合国为核心的国际秩序和国际体系,携手应对全球性挑战,并在推动经济全球化进程中,支持国际社会共同制定和完善公平公正公道的国际规则和标准。②

---

① 李强. 英国对外援助框架及相关情况[EB/OL]. (2014-06-27)[2022-10-12]. http://gb.mofcom.gov.cn/article/i/201406/20140600642781.shtml.
② 中华人民共和国外交部. 中国对欧盟政策文件[N]. 人民日报, 2018-12-19.

第三节　政治大国视角下日本的国际公共产品供给

日本的国际公共产品供给政策必然受制于自身的政治与外交转型，并在不同时期有着明确的利益诉求乃至战略指向：最初是通过官方发展援助等形式的公共产品供给开拓国际战略空间，争取更大外交独立性，并与经济中心主义的取向相结合；冷战结束后，日本重新界定其国家身份，以"国际贡献"及"国际国家"为中心调整其外交总方针，国际公共产品因素得到更多强调，包括将日美同盟定位为所谓（俱乐部式）国际安全公共产品，为联合国等国际组织改革提供更多理念、方案等公共产品，更主动地引领亚太地区合作并为之提供区域公共产品等。① 目前，日本是当今世界第三大经济体和亚洲第二大经济体，也是二十国集团、"10+3"等机制的重要成员国，更是 CPTPP 的现主导国，以及七国集团中唯一的亚洲国家。凭借自身较强的综合实力，日本在官方发展援助、联合国会费、维和经费、其他国际组织经费等方面做出较大的"国际贡献"，从物质到制度层面积极参与安全治理、发展治理、环境治理、人道主义援助等相关全球治理进程，并在联合国及相关专业组织中取得了一定的话语权。②

一、官方发展援助是日本国际公共产品供给的主要渠道

（一）日本对外援助的发展历程

日本是现存国际经济治理体系的受益者。第二次世界大战后，其经历了从全球经济治理的被治理者、配角到全球经济治理的贡献者、领导者的角色转换。经历过战后数十年的经济快速发展，日本积极融入现有国际体制并跻身某些国际机构的领导层，如日本籍人员曾出任联合国教科文组织、国际原子能机构、国际海事组织、联合国难民署等全球多边机构的负责人；日本还是亚太经合组

---

① 卢昊．日本外交与"印太构想"：基于国际公共产品角度的评析［J］．日本学刊，2019（6）．

② 自 20 世纪 80 年代末至 2018 年，日本缴纳的联合国会费在所有会员国中一直位居第二；自 2019 年后降至第三位。日本从 1989 年开始参加联合国的维和活动，其标志是向联合国纳米比亚过渡时期援助团派遣选举观察员。1992 年，日本制定并通过了《协助联合国维持国际和平行动法》，由此派遣自卫队和文职人员参加联合国各种维和活动便有了国内法依据。

织的重要倡导国之一,并主导创立了亚洲开发银行。① 日本逐步从国际规则的接受者向规则的制定者转变,试图主导相关国际机制与议题设定,在一些国际及地区议题上掌握了一定话语权。1983 年,中曾根康弘首相首次明确提出争当"政治大国"的外交战略目标。其后,争取与经济大国地位相匹配的政治大国身份,成为日本历届政府的一贯追求。而自 20 世纪 80 年代以来尤其是冷战结束后,日本一直在追求经济、政治和军事的全面大国地位,这是其参与全球公共产品供给的重要动因。

其中,对外援助被日本视为实现政治大国目标的重要工具。特别是从 1989年到 20 世纪 90 年代的大约十年里,日本一度超过美国成为世界第一大援助国,但随着经济衰退所导致的 ODA 削减,2001 年以来日本失去了"最大捐助国"地位。当然,一国的援助领导地位不仅靠援助数量作为支撑,也有赖于是否拥有广受国际社会认可的援助理念、发展话语及议题设置能力。1992 年日本首次制定了《政府开发援助大纲》,并于 2003 年做出第一次修订,突出反映了冷战结束后日本的官方发展援助政策注重平衡本国利益和国际贡献。2015 年,日本安倍内阁推动制定了新的《开发合作大纲》,更为强调积极贡献于国际社会的和平、稳定和繁荣以保障和服务于国家战略利益,并首次允许对其他国家军队提供"非军事目的"援助,从而不再坚持以往《政府开发援助大纲》所遵循的不对外进行军事援助的原则(避免用于军事用途以及助长国际争端)。

很长一段时间里,日本官方发展援助的对象以亚洲国家为主,其中印度尼西亚、中国和印度都曾先后成为该项援助的最大受援国。通过从亚洲到世界的历练,日本首先积累了较为丰富的参与全球经济治理的经验。1954 年,日本正式加入科伦坡计划,并提出其技术合作计划。科伦坡计划本来是 20 世纪 50 年代由以英国为首的 7 个英联邦国家所发起,旨在通过资金和技术援助、教育及培训计划等国际合作,促进南亚和东南亚地区的社会经济发展。后来非英联邦成员国甚至超过了英联邦成员国,该计划最终发展成为包括南亚、东南亚所有国家以及东北亚和北美一些国家在内共 26 个成员国的国际组织。其中,官方发展援助是战后日本按照其和平宪法履行国际贡献义务的特殊手段,最初推行时曾附加须购买日本产品和服务的条件,以帮助日本企业拓展海外市场。由于这种变相扩大出口的援助方案日益遭到国际社会批评,至 20 世纪 90 年代附条件日元贷款已下降至日本政府总援助额的三成以下。

---

① 作为一个面向亚太地区供给公共产品的有效平台,亚洲开发银行是二战后首个主要由日本主导创设的国际组织,日本在其中实现与美国平权共治,并一直占据行长职位。

203

在援助体制层面上，日本的援助模式逐步形成政府主导的一元化决策体制——这些部门涉及外务省、经济产业省、财务省、国土交通省等，在提高决策效率的同时使得决策过程更能体现国家整体意志。在执行层面，日本则首先制定包含实施原则、措施在内的完备的援助方案，依托官民协调、发挥合力的一体化执行体制，确保对外援助能够被规范、高效地执行。[1] 除建立高效灵活的半官方机构体系外，日本政府还从资金、活动环境、沟通对话等方面支持非政府组织（NGO）深度参与政府发展援助，彼此形成了固定的合作机制，从而使非政府组织在贴近受援国民生、塑造规范与价值等方面的软性优势得到充分发挥。[2]

早在1961年，日本海外经济协力基金（OECF）设立，负责执行日本政府的援助性贷款计划，其主要业务对象是东南亚及其他地区的发展中国家。1962年，日本海外技术合作署（OTCA）宣告成立。1965年，日本政府推出海外合作志愿者（JOCV）计划。1987年，日本国际紧急救援队成立。其中，作为日本外务省主管的特殊法人，1974年日本国际协力事业团成立，成为对发展中国家经济社会发展进行援助（ODA）的最重要机制。在对其进行改组的基础上，2003年日本国际协力机构（JICA）作为独立行政法人而设立，它隶属于日本外务省，资金全部来源于政府财政预算。目前该机构已成为世界最大的双边援助机构之一，在150多个国家和地区开展资金援助、技术合作等工作，并有大约100个海外事务所（办事处）。截至2018年，全世界共有190个国家和地区接受过日本的政府开发援助，总金额达61万亿日元；此外，日本还先后向海外派遣了18万名专家和5万多名志愿者。[3]

（二）日本对外援助的主要形式及特点

其中，非洲开发会议（也称东京非洲发展国际会议，TICAD）是由日本政府主导，联合国相关机构、世界银行等共同主办的首脑级国际会议，始于1993年。在2022年8月召开的第8届非洲开发会议上，日本宣布将在2023—2025年期间通过官民两种渠道向非洲提供300亿美元援助，其中包括与民众生活相关的基础设施建设、多领域人力资源开发等日元贷款以及粮食援助项目；此外，

---

[1] 王洪映，杨伯江．平成时代日本对外援助的战略性演进及其特点［J］．太平洋学报，2020（5）．

[2] 刘喆．日本非政府组织在缅甸的运作及对中国的启示［J］．亚太安全与海洋研究，2022（5）．

[3] 吴寄南．日本"大国梦"的虚与实：20世纪80年代以来日本国家政治转型的经验与教训［J］．日本文论，2020（1）．

日本还将任命一名专门协助"非洲之角"地区司法和行政制度建设的特使。在非洲事务上，日本一向重视同西方国家的政策协调以及价值理念层面的协调：在1992年《政府开发援助大纲》中，指出要关注受援国的民主和人权状况，这是其首次将援助和受援国国内民主化及良政挂钩。日本还极力凸显其在环境治理、气候变化应对、和平构筑和民生改善等方面的贡献，从而使其对非援助更具道义性。[①] 作为一个相对的后发展国家，日本的援助理念也存在与美国、欧盟等其他西方国家不一样之处。例如，它并不完全赞同新自由主义的政策取向，而是更为肯定受援国的自主性，在援助项目中强调基于受援国的请求、双方平等的"伙伴关系"以及受援国本身的"自助努力"等。日本相对独特的发展知识和援助方式首先有赖于自身成功的发展经验——经济起飞后日本在援助中积极推广其"发展型国家"理念，这体现在上述非洲开发会议、《政府开发援助大纲》等机制和文件中。日本学者倡导的"内生发展理论"也随之得到扩散而具有某种知识公共产品性质——该理论是基于包括日本在内的后发工业化国家或地区的经验构建而成的。

日本对非援助是一个动态调整的过程，冷战后开始注重通过援助非洲谋求政治利益，而近年来又出现了明显的经济利益回归趋势，其ODA重点投向非洲国家的基础设施建设以及法律制度整备。[②] 由此来看，日本的援助理念也带有很大程度的"亚洲发展模式"色彩，比其他西方传统援助国更为重视道路、通信、电力等基础设施项目援助，旨在让受援国通过基础设施建设、工业发展等手段实现自给自足和减贫。但另一方面，近年来日本的援助理念与其他西方国家的趋同性增强，在重视上述自助努力、基础设施援助之外也日益关注安全（特别是"人的安全"）、环境、减贫等其他领域的需求。日本ODA政策的动态调整，充分体现了其作为援助国首先具有"经济人"角色属性即注重利益权衡与援助实效，同时兼具"社会人"角色属性即也关注国际规范、舆论等因素。

为此，日本近年来还将其传统的基础设施援助升级为"高质量基础设施援助"，由交通、能源等狭义的基础设施扩展至包括自然资源、能源、医院等在内的广义基础设施范畴。所谓高质量基础设施，被认为应符合经济效益（低成本）、安全性、抗自然灾害能力、环境和社会影响力、对当地社会和经济的贡献力（技术转移和人力资源开发）等标准。为此，日本极力利用亚太经合组织、

[①] 潘万历，宣晓影．冷战后日本的非洲政策：目标、特点以及成效［J］．战略决策研究，2020（4）．

[②] 潘万历，白如纯，吕耀东．战后日本对非洲政府开发援助的战略性演进：从1.0到3.0［J］．现代日本经济，2021（3）．

二十国集团、七国集团、日本—东盟峰会、非洲开发会议、经济合作与发展组织、世界银行等国际机制，试图将其高质量基础设施理念及标准推广到国际化和全球化，从而成为国际发展合作新规范。日本的努力已取得了一定进展：在2016年七国集团伊势志摩峰会上，日本成功将"推动高质量基础设施投资原则"纳入七国集团伊势志摩原则；① 2019年二十国集团大阪峰会则批准了日本倡议的《二十国集团高质量基础设施投资原则》，强调将反腐、公开透明、资金可持续性、受援国偿债能力等作为基础设施援助的主要原则。

为了更有效地实施高质量基础设施援助项目，日本通过加强"软援助"来配合硬件基础设施建设。其中，人力资源开发合作等软援助突破了"硬援助"的局限性，有助于促进彼此的人员联通和机制联通，更深入地介入受援国的发展领域，从而与"硬援助"形成紧密互补关系。② 东盟国家是该类援助的首要对象，但其适用范围不仅限于东南亚、南亚等重点地区，而是向中亚、非洲等全球更广大的范围扩展。日本还调动国内各相关主体参与进来，如上述日本国际协力机构、日本国际协力银行（JBIC）、日本海外基础设施投资公司（JOIN）、日本出口与投资保险公司（NEXI）、日本信息通信技术基金（JICT）、日本石油天然气和金属矿物资源机构（JOGMEC）等相关机构。除ODA贷款、私营企业、公私合作伙伴关系（PPP）等国内资源渠道外，在国际层面上日本则借助亚洲开发银行等金融机构，以拓展发展融资来源。大体而言，现在日本的海外基础设施投融资遵循了经合组织（OECD）倡导的模式，即将发展性的官方援助与商业性的出口信贷分开经营，前者支援欠发达国家而更具有国际公共产品性质，后者则流向更发达的市场。③

二战后，日本地方政府对外交往经过长期的国际实践与国内磨合，已经成为日本外交体系的重要组成部分，在对外援助等国际公共产品供给方面发挥着独特作用。④ 其中，作为日本供给民生类公共产品的成功案例，"一村一品"项目的实施很有代表性。"一村一品"发展理念是1979年由日本大分县前知事平松守彦倡导的，旨在振兴地方经济、消除贫困和城乡差距。随着日本对外发展

---

① 伊势志摩原则（Principles of Ise-Shima）包括确保有效治理、可靠运营和长期经济效益，确保为当地社区创造就业、开展能力建设并转移专业技术，考虑对社会和环境的影响，确保与国别和区域层面的经济和发展战略（包括气候变化与环境领域）保持一致，通过公私合营伙伴关系（PPP）其他创新融资方式促进资源有效流动。
② 姚帅. 解析日本"高质量基础设施"援助[J]. 世界知识，2019（14）.
③ 陈沐阳. 从中日对比看后发国家的基础设施投融资[J]. 日本学刊，2020（2）.
④ 何军明，丁梦. 日本地方政府对外交往的实践及启示：基于"一带一路"的视角[J]. 日本学刊，2021（3）.

援助的展开，该理念与实践模式也为一些亚洲、非洲、拉美发展中国家所接受，如泰国、菲律宾、蒙古国、吉尔吉斯斯坦、巴拉圭等国政府均积极予以推广，而全世界已有100多个国家和地区以各种形式开展了"一村一品"运动。日本政府通过非洲开发会议、亚太经合组织、世界贸易组织等国际平台积极推广该模式，经济产业省、国际协力机构、贸易振兴会等政府机构纷纷将"一村一品"运动列为对发展中国家特别是最不发达国家援助政策的组成部分，日本国际农林业合作交流协会（JAICAF）等非政府组织也参与进来。作为一种国际公共产品，"一村一品"运动的推广反映了20世纪80年代以来日本某些善治理念和经验的成功外化。从实施效果看，"一村一品"运动有助于挖掘受援国的经济潜力，并激发当地"社会规范"、传统社会结构等非物质因素的作用：其不但为乡村的贫困阶层提供了某种经济上的"保护"，更体现了"赋权"的特点，从而在充分发挥本地比较优势和市场功能的前提下，促进了经济社会的可持续发展。[1]

如前所述，建设和平是冷战后联合国为解决国家内部冲突而提出的一种安全治理模式，其目标的多元化日益超出维和行动的范畴，而非洲是这一领域的主要实践区域。在日本政坛占主流的保守政治精英试图建构日本"国际和平贡献者""国际安全守护者"的身份，受这一政治大国战略驱使，日本也成为非洲国家内部冲突治理的参与者。它总体上遵循西方"自由民主"建设和平范式，同时又基于自身的对外援助经验而重视发展的作用，把大量经济社会支持内容纳入对非建设和平援助之中，试图构建一套以发展为导向的建设和平模式。日本的对非官方发展援助、经贸投资、安全合作等政策总体上保持了"发展和安全兼顾"的特点，且两者相互关联融合的特征也越发明显。通过对发展与安全政策的整合协调，日本确立了社会、经济、安全三大对非合作支柱，尤其是在"印太战略"框架下确定对非安全政策重点，包括参与联合国在非维和行动，加大海洋安全和反恐援助等介入力度。[2] 由此，日本政府的发展援助系统成为主要的实施主体，这实际上扩大了该国传统的发展援助职能。从内容上看，日本的建设和平援助并不局限于支持非洲国家预防冲突以及参与冲突后国家巩固和平，而广泛涉及反恐、反海盗、跨国犯罪等新安全课题，实现了从传统安全领域向非传统安全领域的延伸，以及从国家内部冲突治理向地区安全治理的扩展，

---

[1] 贺平．作为区域公共产品的善治经验：对日本"一村一品"运动的案例研究［J］．日本问题研究，2015（4）．
[2] 王一晨，吕耀东．基于"发展—安全关联"观的日本非洲政策［J］．西亚非洲，2022（2）．

从而涵盖了人道主义援助、冲突后国家重建、地区安全合作以及国际维和四个领域。① 其中，自 2009 年日本国内通过《打击海盗法》后，日本政府便据此派遣海上自卫队赴亚丁湾、索马里海域执行联合国安理会授权的打击海盗任务。此外，日本还借机派遣自卫队参与国际紧急援助活动。

二、日本的国际公共产品供给服务于其政治大国战略

（一）日本试图在全球治理中扮演更重要的角色

在日本看来，要成为软硬实力发展较为平衡的世界大国，就需要更活跃地参与国际事务，重视国际组织的多边平台作用，并在其中发挥更大的影响力；特别是要掌握一定的全球治理话语权，从而以承担"国际责任"等方式追求更高层面的国家利益。从二战后对美国主导的国际制度体系的主动或被动融入，到寻求更自主地参与国际制度及国际组织改革和创设，日本充分利用美国主导国际制度的溢出效应，在与美国制度互动过程中采取维护或提供制度非中性、增加制度合法性等具体策略，日益主动地向国际社会提供金融、贸易、发展、环境乃至安全等领域的公共产品，以获取区域乃至全球层面的某种制度领导力。早在 20 世纪 70 年代，作为联合国的自治机构——联合国大学（UNU）在日本资助下成立，并将总部设于东京。该机构为国际社会提供研究培训并具有智库作用，反映了经济起飞后日本在联合国体制内积极提供国际公共产品、提升国际地位的愿望。在百年大变局下，日本致力于提升"综合战略活跃度"，寻求从规则遵从者向规则制定者转变，在改变现状与维持现状之间游离：其在修补陷入危机中的国际秩序的同时，对新的国际秩序构建积极施加影响。② 而实施官方发展援助便旨在增强日本在国际社会中的话语权，为其长远的国家利益服务。换言之，日本的对外援助有着明确的战略意图和目标，如服务于政治大国目标（谋求联合国安理会常任理事国席位）、配合其"印太战略"等，早在海部俊树内阁时期就明确提出用对外援助来实现政治大国目标。在参与制定国际规则方面，1997 年日本主办联合国气候大会并通过了著名的《京都议定书》，就温室气体减排、防止全球变暖做出了具体规定。2019 年，日本在二十国集团峰会上又倡导启动了关于数据治理的"大阪轨道"。在参与地区热点解决方面，日本曾为结束柬埔寨冲突进行斡旋：1990 年邀请柬埔寨冲突各方代表到东京磋商和平

---

① 曾探. 日本对非洲建设和平援助研究 [D]. 上海：华东师范大学，2018：103-122.
② 庞中英，王瑞平. 在维持与改变国际秩序之间：论日本的自我矛盾与不确定性 [J]. 人民论坛·学术前沿，2012（12）.

进程，并促成西哈努克和洪森以私人身份签署相关协议，这成为柬埔寨和平进程的一个重要节点。此外，日本也是为联合国解决柬埔寨问题提供经费支持最多的国家。日本还试图参与伊朗核问题的解决，如通过加强对伊朗医疗援助敦促后者遵守核协议，以及2019年首相安倍晋三访伊并与伊总统鲁哈尼进行会晤，寻求调停美伊冲突。

长期以来，日本将参与全球治理视为保障国家生存与安全、重塑大国地位以及应对全球秩序转型的有效手段，为此把七国集团视为核心治理平台，将全球环境气候治理作为重点参与领域，并寻求以地区发展治理支撑其区域主导权。其中，环境援助一度是日本对外援助中最重要和最活跃的部分：它既不是理想主义范式中纯粹以受援国需求为中心的绝对道德行为，也不是现实主义范式中完全以援助国利益为中心的绝对营私行为，而是利益流动的互惠行为。20世纪90年代以来，日本从国家利益和对外目标出发，结合自身发展优势从全球、区域和双边层次积极推进环境援助的战略性发展。在1994年举行的第四次联合国防止沙漠化会议上，日本对于《联合国关于在发生严重干旱和/或荒漠化的国家特别是在非洲防治荒漠化公约》等相关会议文件的起草发挥了突出作用。2000年1月，《生物多样性公约》缔约方通过了《生物多样性公约卡塔赫纳生物安全议定书》，日本是重要的推动者之一；作为其后续行动，2010年10月在日本名古屋举行的《生物多样性公约》第10次缔约方大会通过了《关于获取遗传资源和公正公平分享其利用所产生惠益的名古屋议定书》。在环境援助的公益旗帜下，日本一边参与全球治理并提供相关全球公共产品，一边追逐国家目标的重构、国家利益的延伸和国家权力的增值。[①] 如上所述，日本力图在建构全球环境治理机制中扮演某种主导角色，曾围绕《京都议定书》的达成发挥过至关重要的积极作用。但由于其参与全球环境治理的战略意图明显带有实现自身利益的局限性，导致日本不可能自始至终坚持《京都议定书》所确立的全球环境治理框架及其相关原则。[②]

早在1999年，在时任首相小渊惠三委托京都大学学者所做的智库报告中提出，日本应从二战后一贯的"非军事化经济大国"走向"全球民生大国"，即运用民生手段而非军事手段，在稳定世界经济秩序、缩小贫富差距、保护环境、保障人权以及联合国维和活动等领域，为相关国际公共产品供给做出贡献；21

[①] 屈彩云.经济政治化：日本环境援助的战略性推进、诉求及效应［J］.日本学刊，2013（6）.

[②] 刘小林.日本参与全球治理及其战略意图：以《京都议定书》的全球环境治理框架为例［J］.南开学报（哲学社会科学版），2012（3）.

世纪，日本要更加有意识地朝这一适合自身特征的国家形态努力。① 特别是人道主义援助对于提升国际形象、获取外交支持具有重要意义，如在 2004 年年底印度洋海啸灾情发生后日本不仅积极提供资金援助，还派遣大量人员前往灾区参与救援。日本曾是联合国难民署、粮食计划署、巴勒斯坦难民救济机构以及联合国人口基金、计划开发署、儿童基金会、妇女发展基金、人权事务高级专员办事处等联合国机构的重要捐助国，并于 1999 年主导设立了"人类安全基金"，通过联合国相关机构来实施弱势群体帮扶等项目。不过与新兴大国相比，近年来日本在经济等"硬实力"领域的优势正在丧失或缩小，为此日本积极挖掘和运用其在国家形象塑造、国际合作经验等领域仍然较为丰富的"软实力"资源，通过颇为进取的全球治理外交为其对外战略转型与政策调整进行道义性与合法性论证。但无论在国内还是在国际层面上，迄今对于日本的全球治理角色定位仍存在不同认识。特别是经历了 20 世纪 90 年代以来的长期经济低迷以及 2008 年全球金融危机的冲击，日本在全球治理中更注重捍卫西方价值观和传统治理体系，其在经济金融、环境气候、地区发展等治理领域的立场政策全面倒退，从全球治理的先行和领导力量逐步蜕变为保守力量。这反映了日本在参与全球治理进程中面临着国家治理能力下降、构建大国地位战略失当以及在全球秩序转型中定位矛盾的战略困境。②

（二）日本地缘战略架构下的区域公共产品供给

日本历来将参与国际合作、承担国际公共产品供给作为开拓外交战略空间、提升国际影响力的重要手段，其中东南亚一直是日本对外援助的重点地区。如前所述，日本对东南亚的援助以基础建设为主，同时关注民生项目；日本的援助促进了双边贸易投资关系的发展，也在一定程度上增进了双边政治互信与文化交流，客观上有利于推进东亚经济一体化。③ 当前其援助课题不断向政治、价值观甚至军事领域延伸，援助布局在保持对战略重点区域持续投入的基础上逐步向全球扩展，对外援助与全球治理的结合日益紧密。当然，受制于自身及国际结构因素，日本的战略意图与其供给能力之间也存在一定矛盾。例如，近年来日本着力推进所谓"自由开放的印太构想"，并试图将其打造成国际公共产品供给的新平台。这一融地缘政治、地缘经济、价值导向为一体的"印太战略"

---

① 吴寄南．日本"大国梦"的虚与实：20 世纪 80 年代以来日本国家政治转型的经验与教训［J］．日本文论，2020（1）．
② 王亚琪，葛建华，吴志成．日本的全球治理战略评析［J］．当代亚太，2017（5）．
③ 张博文．日本对东南亚国家的援助：分析与评价［J］．国际经济合作，2014（4）．

是日本主动设置和推进国际政治重大议程的一次尝试，它反映了日本的外交战略意识发生了由蛰伏式"追随外交"到塑造未来型"引领外交"的明显变化。日本政府将作为该战略基干的美日印澳四国集团由"价值联盟"和"安全联盟"，逐步引领推进为印太战略的"共识联盟"；并借助作为国际安全公共产品的反恐，通过"反恐ODA外交"等举措将"印太战略"包装成国际公共产品，冀以获取广泛的国际共识基础。① 该地缘战略构想注重构建基于"民主价值观"的指导性联盟，强化作为规范性力量的"规则"，推进高质量基础设施建设以促进地区一体化，以及提升地区整体安全能力（特别是所谓"海洋安保能力共建"）、构筑安全秩序环境等，试图塑造某种日本主导的印太秩序。由此可见，"印太构想"本质上是在国际秩序面临变动的新环境下，日本试图在"印太"地区这一新的地缘政治和地缘战略板块构建一种新秩序的对外战略。由于在价值理念、政策取向、制度设计等方面存在诸多问题与缺陷，该构想难以成为真正意义上的国际公共产品。②

客观而言，在亚洲地区日本也曾积极扮演区域公共产品供给者角色，从而成为东亚地区一体化不可或缺的力量。日本通过将国内某些善治经验、新的安全理念和治理理念向区域层面投射，以及诉诸官民并举、多元行为主体协同参与等方式：日本政府大力支持本国非政府组织（NGO）参与全球治理，在当代实现了从单向供给者到机制建设者的转变。例如，日本积极介入大湄公河次区域合作——GMS机制是1992年在亚洲开发银行倡导下成立的；日本还提出"东亚共同体"构想，积极参与东亚地区的贸易、金融、文化、环境、卫生等功能性合作，具体如推进区域贸易自由化、促进区域货币与金融合作（如《清迈协议》）、支持柬埔寨吴哥古迹保护修复以及参与"10+3"紧急大米储备库等区域粮食安全建设。在东亚"10+3"合作机制中，东盟与中日韩宏观经济研究办公室（AMRO）成立于2011年，2016年升格为一个国际组织。2021年10月，该机构第一次受邀参加东盟与中日韩（10+3）领导人会议。AMRO通过对区域宏观经济进行监测，支持清迈倡议多边化（CMIM）平稳运行，从而完善东亚区域金融安全网。日本在CMIM中与中国同为最大出资方（各占32%份额），AMRO的创建过程表明日本的协调引领作用对于亚洲货币体系的渐进整合也是

---

① 胡令远，殷长晖. 印太战略议程设置与推进：日本外交的新态势：以反恐问题的阑入为中心［J］. 复旦学报（社会科学版），2021（6）.
② 卢昊. 日本外交与"印太构想"：基于国际公共产品角度的评析［J］. 日本学刊，2019（6）.

不可或缺的。① 在供给区域环境公共产品方面，日本凭借其环境理念、技术和经济实力上的优势，在东亚相关供给制度建设、经济保障和技术支持方面发挥着重要作用，如推动建立区域环境认知共同体、推动环境机制创新、提供环境官方发展援助、促进本国企业和非政府组织参与供给等。② 但按照前述日本的国际角色与行为逻辑，当地区共同利益与美国霸权利益产生冲突时，日本的制度创建空间便会受到限制，最终只能选择尊重美国的制度霸权收益，而无法保证相关区域公共产品供给的持续推进。特别是现阶段日本置身于亚太地区权力、利益和观念的三元结构框架下，在安全和经济上存在着不同的依赖关系，这对日本制定符合本国角色定位的对外政策构成困扰。从权力维度看，日本扮演着美国的"辅成者"角色；从利益维度看，日本承担着维系自由贸易秩序的"引领者"角色；从观念维度看，日本演绎着所谓"普遍价值"体系的"稳定者"角色。这共同塑造了日本在亚太区域事务中的制度制衡政策，并体现为在一定程度上参与美国主导的对华"规锁"及遏制行动，从而不利于日本与中国及地区国家在经贸等领域的深入合作。③

（三）日本在国际援助体系中的角色启示

二战后日本的国际公共产品供给经历了从被动追随到主动参与、从单纯追求经济利益到全面融入战略考量的演变，但其仍然存在相当程度的战略贫困和文化贫弱短板，尚不能完全超越诠释和转述欧美现有的价值理念和道义诉求层面。与美国、欧盟及世界银行等传统援助力量相比，日本作为"成功的后发追赶者"和"援助大国"，在构建发展知识体系——包括发展理念原创、发展经验总结、援助知识生产等方面还存在很大的能力差距。日本更重视具有实践性的、具体的知识，这也是造成日本缺乏独特、成体系的国际发展知识的原因之一。④ 这导致了其通过相关国际规范、援助制度所能贡献的普遍性价值较少，因而难以支撑其引领性援助大国的地位。受制于国内政治议程，岸田文雄政府以追求国家利益为出发点，对外奉行"新时代现实主义外交"，即把维护所谓"普世价值"、积极参与全球治理和"守护国民的生命与生活"作为三大支柱。而实际上，其只不过是有选择地参与全球治理。特别是以价值观为导向拓展与"共享

---

① 吴安庆. 战后日本参与国际秩序建设的制度战略选择：以日美非对称相互依赖为中心的分析 [D]. 北京：外交学院，2021：148-152.
② 黄昌朝. 日本在东亚区域环境公共产品供给中的作用分析 [J]. 日本学刊，2013（6）.
③ 蔡亮. 亚太三元结构下日本的角色定位与对华政策 [J]. 日本学刊，2020（3）.
④ 汪牧耘. 日本国际发展知识体系的建构：从传统到前沿的历史演变 [J]. 日本研究，2021（3）.

价值观"国家间的政策协调，参与推广所谓"基于规则的国际秩序""自由开放的印太"等概念，将无助于真正为解决全球问题而全面提供公共产品。①

　　对于新兴援助国来说，只有着力提高自身发展知识的逻辑性、价值和信度，在此基础上加强发展知识供给，打通全球知识生产场所、关键国际组织或机制等国际议程制定渠道，才能摆脱以传统援助国的标准、规则、价值倾向为发展合作唯一参照系的路径依赖。② 此外，还应进一步探索如何将本国拥有的经济优势和文化特色转化为可以持续向本地区和国际社会提供的物质或精神公共产品，以增强自身的吸引力和感召力，为培育全人类共同价值与理念做出贡献。对日本和中国这两个东亚大国来说，也都在不同层面上面临着处理好与周边国家和地区的关系问题，在任重道远的区域一体化进程中特别需要以积极的区域公共产品供给获取周边国家的信任与支持，并理性看待彼此在国际公共产品供给领域的合作与竞争关系，从而使各自的大国成长之路行稳致远。

---

　　① 朱海燕. 日本"岸田外交"与中日关系的前景 [J]. 东北亚论坛，2022（5）.
　　② 徐加，徐秀丽. 被架空的援助领导者：日本战后国际援助的兴与衰 [J]. 文化纵横，2020（6）.

余 论

在后疫情时代,部分全球性多边机制面临着更严重的功能失灵及改革僵局,大国围绕治理变革方向、议程设置仍存在很大分歧。"欲粟者务时,欲治者因势。"全球治理体系需要更好地适应全球化深入发展的新趋势与新问题,以构建多元多层的协同治理模式,更有效地提供全球公共产品。当今时代特征和中国自身的和平发展需求,使得中国特色大国外交终将打破国强必霸的旧有逻辑,通过谋求国家利益与国际责任的平衡、"中国梦"与"世界梦"的融通,实现中国与世界的双赢以及中国角色与全球治理进程之间的相互塑造。中国参与全球治理体系改革和建设有着自己的思维模式和实践路径,对于这一拥有厚重东方文明积淀的新兴大国来说,遵循"己欲立而立人,己欲达而达人",愿意在自己力所能及的基础上实现美美与共、天下大同的目标。1956年,毛泽东同志就曾在《纪念孙中山先生》一文中提出,"中国应当对于人类有较大的贡献"。[①] 改革开放以来,邓小平等几代领导人进一步将"对人类做出更大贡献"提升至社会主义国家本质要求和负责任大国历史担当的高度,并且从自身发展战略规划入手,夯实了参与全球治理的能力基础。

大国之大,尤在于胸襟大、格局大、担当大。中共十八大以来,"为世界和平与发展做出更大贡献"更是被视为实现中华民族伟大复兴"中国梦"的应有之义,中华民族伟大复兴与全球治理体系演进之间日益呈现相互促进的关系。[②] 今天我们比历史上任何时期都更接近中华民族伟大复兴的目标,习近平主席一再对外宣示,我们"不仅致力于中国自身发展,也强调对世界的责任和贡献;不仅造福中国人民,而且造福世界人民"[③]。2021年9月,习近平主席在第七十六届联合国大会一般性辩论上的重要讲话指出,"中国始终是世界和平的建设

[①] 毛泽东. 毛泽东文集:第七卷[M]. 北京:人民出版社,1999:156-157.
[②] 王先俊. 中国"应对人类有较大贡献"的思想:从毛泽东到习近平[J]. 中国延安干部学院学报,2015(1).
[③] 习近平. 习近平谈治国理政:第一卷[M]. 北京:外文出版社,2018:57.

者、全球发展的贡献者、国际秩序的维护者、公共产品的提供者"①。这一关于中国全球治理角色的重要表述指引着新时代中国在全球事务中展现更大责任担当,特别是在提供发展机遇等更多国际公共产品方面做出表率。其中,"世界和平建设者""全球发展贡献者"和"国际秩序维护者"三重身份都在不同侧面包含着提供国际公共产品的内在取向,"公共产品提供者"可以说是对这一取向的进一步明确和具体化,也为前三重身份的塑造指明了实践路径。"知予之为取者,政之宝也",改革开放40余年来中国的发展成就得益于国际社会,中国在"改变自己"、实现自身发展的同时,在能动地"塑造世界",并为之积极提供带有自身印记的全球公共产品,将越来越多具有中国特色的全球治理价值理念、制度方案等贡献于世界。可以说,为世界提供公共产品,已成为近年来中国与世界互动的鲜明特征之一。特别是在人类命运共同体理念引领下,近十年来从发起共建"一带一路"倡议到倡导构建全球发展共同体、人类安全共同体,中国统筹考虑全球发展与安全问题,向完善全球治理提供了一系列具有中国特色的公共产品。由此,从角色确立、理念生成到实践完善,从"天下"情怀到国际担当,新时代中国特色的国际公共产品供给模式逐渐得到建构,日益成为公共产品供给的大国新表率。

一、以国际公共产品战略供给促进全球治理变革

(一)构建与大国成长相适应的国际公共产品供给战略

当前全球化面临动力不足、既有大国参与意愿相对下降及国际公共产品短缺等问题,西方主导的旧有全球治理模式陷入困境。全球治理的整合、再造与有效运作客观上需要大国发挥领导力:它应同时具备物质性力量与规范性力量双重维度,以化解因责任赤字、信任赤字等所导致的全球治理需求同相关国际公共产品供给不足之间的矛盾。全球治理体系变革方向主要取决于国际力量对比的变化,这一变革过程在某种意义上是一个围绕着国际公共产品供给而展开的多方博弈过程。其中,既有大国在供给成本与收益问题上日益不能平衡,加之其内部积累已久的深层问题使其无法很好地适应全球化,全球权力转移就会合乎逻辑地发生,而新的领导型国家将会寻求以新的方式提供或创新公共产品。着眼于大国关系历史性转换的前景,新兴大国可因势利导,以国际公共产品供给为杠杆,促进向更加公正、合理、进步的国际秩序转型。

---

① 习近平. 坚定信心,共克时艰,共建更加美好的世界:在第七十六届联合国大会一般性辩论上的讲话[N]. 人民日报,2021-09-22.

中国已成为全球治理进程的关键影响因素之一，但它并不是所谓"修正主义大国",[1] 更不会寻求霸权式治理，中国历代领导人均秉承并一再宣示"永远不称霸"原则；中国作为一个建设性的改革者，追求的是在双向互动过程中实现与国际体系的共同进化。中国在制度性权力和宏观话语维度采取积极的改革行动——包括争取既有国际机构的决策权、新建国际机构以及塑造人类命运共同体等非西方话语，并非为了彻底颠覆既有秩序，而是为了打破西方的权力和话语垄断，为治理方案创新创造空间。由此，中国以国际发展领域为突破口，以"一带一路"为治理创新试验区，开展了大量包容性治理方案创新和试验，也促进了中西方知识的碰撞与融合：不同的治理经验体现了文明多样性的价值，而不同文明间治理经验的交流互鉴有助于创新全球治理模式。[2] 具体来说，就是在继续完善国内治理、实现可持续发展的同时，中国积极应对国际挑战、承担国际责任，在可持续发展、国际制度改革和全球治理等领域做出更大贡献，促进国际合作和国际体系的进步。[3] 可见，共同进化的关键就是提供国际公共产品，即诉诸国际公共产品的优质增量供给，在新时代中国的国际身份建构、国际贡献观和国际责任观三者之间实现价值逻辑的统一。而承担国际责任既是一国对外行为获得国际合法性的重要来源，也是该国自身发展的内在需要：它能够为该国赢得良好的国际声誉，以及营造有利的国际环境。国际道义则关乎国际话语权竞争的核心逻辑，在中国构建具有自身特色的国际话语权过程中，需要有意识地将其倡导的公正合理秩序、全人类共同价值等富有生命力和竞争力的道义元素充分融入所提供的制度、观念乃至物质等形态的国际公共产品之中，逐步实现对西方既有话语霸权的超越。由此，在充满挑战的全球治理中积极承担与自身能力相适应的国际责任，特别是在关乎全人类共同利益的价值层次上创新性地提供更多国际公共产品，无疑有助于掌握国家形象塑造的主动权，提高我国的国际影响力、感召力和塑造力。

在后疫情时代更趋复杂化的全球治理语境中，大国的自我角色定位与他者角色认知之间的不一致甚至冲突也增大了全球集体行动达成的难度。国家身份得到国际社会的普遍认同需要经历一个身份建构与解构之间的复杂互动过程，

---

[1] 何苗，高立伟. 驳外界对人类命运共同体的几种错误论调[J]. 当代世界与社会主义，2021（4）.

[2] 余博闻. "改革方法论"与中国的全球治理改革方略[J]. 世界经济与政治，2021（10）.

[3] 魏玲. 改变自己塑造世界：中国与国际体系的共同进化[J]. 亚太安全与海洋研究，2020（2）.

为此应结合时代趋势不断反思国家身份建构与国际认同之间差距产生的原因，并寻求予以调谐；特别是在利益、制度、价值三个层面积极作为以增强国际社会对于中国角色的认同，① 而这些均可诉诸不同形态的国际公共产品供给来得以实现。中国的公共产品供给模式包含着鲜明的"扩散型互惠"取向，通过与其他供给国特别是需求国之间的社会性互动，不断促进自身从物质性（经济）力量向制度性和规范性力量的转化，提升自身的感召力或国际社会的认同度，从而使物质性公共产品的供给效用外溢至高水平的伙伴关系打造、命运共同体建构等更多领域。着眼于共同利益和身份认同这两个影响国际合作的核心变量，要实现高水平的国际公共产品合作供给，一是要整合与创造共同利益，突破利益隔绝"藩篱"，抑制互斥利益及其干扰；二是要凸显并相互确认合作身份，减少彼此消极乃至错误认知，推动"收益—责任"分配趋于平衡。简言之，即着力加强共同利益建构及其制度化，提高身份认同程度及促进规范内化，从而为全球高水平的公共产品合作供给行动提供保障。②

从比较研究来看，一个大国需要立足自身成长的阶段性特点及其与国际体系的互动趋势，就其国际公共产品供给制定长期性、系统性的战略规划。作为当今国际体系转型的积极推动者和塑造者，持续提供国际公共产品是中国积极参与全球治理进而实现自身物质性成长与社会性成长均衡并进的理性选择。客观而言，全球治理诸领域的合作难度不尽相同，中国在各细分领域的资源禀赋也有所不同，为此需要立足于自身的能力禀赋，统筹推进全球发展治理与安全治理等领域的公共产品供给，并针对不同领域及议题的轻重缓急和难易程度，合理规划国际公共产品供给布局，着力安排供给那些为国际社会所迫切需要且具有自身比较优势的国际公共产品。数十年来，中国的供给领域日益全面，甚至在经贸等一些领域已形成一定优势，但现阶段还不具备建立全面供给优势的主客观条件。为此在路径策略层面，当前应继续夯实"领域性"及"区域性"供给能力这一基础，稳步推动供给能力向更多领域及更大空间范围的拓展提升。其中，中国在经济类国际公共产品供给上具有比较明显的特色优势，"一带一路"国际合作、亚洲基础设施投资银行等都是这方面的典型体现，未来在内涵式、高质量发展方面仍有巨大潜力。而在加强区域性供给方面，可进一步完善差异化的供给方式，积极打造产品供给的地区平台构架，统筹区域、次区域、

---

① 吴瑛，史磊，阮光册. 国家身份的建构与认同：中国负责任大国形象分析与反思［J］. 上海交通大学学报（哲学社会科学版），2021（4）.
② 肖晞，宋国新. 共同利益、身份认同与国际合作：一个理论分析框架［J］. 社会科学研究，2020（4）.

跨区域等多层次公共产品的有效供给。

(二) 加大对制度类产品供给的战略投入力度

从结构功能角度看，全球治理有效性的提升有赖于更多新型制度类国际公共产品供给——包括改革既有制度和创建新的制度，从而赋予现有国际制度体系更强的适应力。一项国际制度通常包含工具理性与价值理性，以实现该制度治理效能与其承载价值之间的平衡。基于此，中国首要要深度参与和充分利用现存国际制度，在凝聚国际社会共识基础上推动这些制度的改革完善。① 为了推动国际制度体系的价值重塑，中国更要把握制度扩展契机，寻求创建新的更为公正合理、包容有效的国际制度。为此，可以以区域层面的制度供给为突破口，促进全球层面的制度供给；以优势领域的制度供给为先手，带动其他领域的制度供给。通过持续加大制度类公共产品供给的战略投入力度，逐步实现各层次、各领域国际制度彼此链接的系统性供给，从而确立中国在全球及区域治理机制建设中的引领角色。例如，上海合作组织与"一带一路"机制化建设之间可以在制度框架、规则体系等方面彼此借重与相互促进，而二十国集团、金砖国家机制和各新兴区域机制建设也可同步推进。在策略层面，中国在供给国际制度时需考虑该产品的紧缺性、普适性、进步性、前沿性等竞争力要素。为此，可大力拓展深海、极地、外空、网络、人工智能、生物技术、气候变化等全球新兴领域的制度供给，提升自身在互联网及数字治理、绿色发展、生物安全等领域的制度性话语权，提供更多具有时代引领价值的制度类公共产品。

而制度类公共产品的供给本质上离不开多边主义路径，以多边主义方式推动国际制度创建有助于增强其合法性。如前所述，全球治理不同议题的合作难度不一，其中有些国际社会的共识度较高、制度弹性较大且合作较易达成，有些则因涉及更为复杂敏感的利益关系而难以达成制度层面的集体行动。这就需要针对不同领域和议题，因事制宜地推进国际制度创建。比较而言，那些传统大国否决能力弱但制度需求强的全球治理领域，更适合进行制度创建。当前在促进国际贸易、推动减贫与全球发展、抗击传染病、维护网络安全、应对气候变化、防范新兴技术风险等诸多议题上都迫切需要多边制度合作，双边合作无法取代真正的多边主义在应对全球性挑战、协调全球集体行动中的作用。真正的多边主义内含守正出新的价值观、公平正义的规则观、问题导向的行动观和责任担当的角色观，其与人类命运共同体理念在问题意识、目标导向和治理路

---

① 周波，张强，寇铁军. 国际公共产品供给：历史演进、发展趋势及中国的策略选择[J]. 中央财经大学学报，2022（10）.

径上高度同构,符合当今国际体系中权力结构、秩序结构与文明结构转型的趋势要求。① 只有维护和践行真正的多边主义,才能建立公平合理的全球治理机制,从而保障全球公共产品的公平分配和可持续增长。② 面对不断出现的新的全球性挑战,以联合国为核心的多边治理体系也应与时俱进,作为权威平台促使各国为全球公共产品供给投入更多资源。

随着全球治理模式逐渐由垂直向扁平化发展,多元的复合治理网络日益形成。③ 在这一过程中,制度供给竞争因素将更加突出,这既包括不同国际制度间的竞争,也包括大国对于国际制度的主导权竞争。为此更加需要在开放包容的多边主义指导下开展制度供给,反对那些本质上排他的各种形态的伪多边主义,如依托所谓"价值观同盟"获取国际制度及规则制定的主导权。④ 后者只会制造全球治理体系的分裂,损害联合国作为首要治理平台的作用,也无助于解决各国共同面临的问题,因而不会获得国际社会广泛的合法性支持。"道私者乱,道法者治。"习近平主席多次强调,"国际规则应该是世界各国共同认可的规则,而不应由少数人来制定"⑤。中国主张各国共同参与国际制度及规则建设,推动形成合作包容的全球制度供给格局。为此要把握当前全球治理制度及规则变革的趋势,以构建人类命运共同体为价值参照,统筹考虑国内与国际、全球与区域、传统与新兴领域以及"软性"与"硬性"规则等层面,制定前瞻性、针对性和系统性的国际制度战略,进一步提升自身的国际制度供给能力。

二、多维度完善中国特色国际公共产品供给范式

(一) 基于自身比较优势,进一步打造供给特色

中国在国际公共产品供给领域已积累了较丰富的经验,特别是在供给理念、供给路径和方式、产品形态等方面形成了一定特色,从而站在世界发展和人类

---

① 方炯升. 真正的多边主义视角下的人类命运共同体构建 [J]. 东岳论丛,2022 (10).
② 张群. 真正的多边主义:破解全球治理困局的中国方案 [EB/OL]. (2021-11-16) [2022-05-16]. http://ex.cssn.cn/gjgxx/gj_bwsf/202111/t20211116_5374969.shtml.
③ 秦亚青. 全球治理趋向扁平 [J]. 国际问题研究,2021 (5).
④ 早在2006年,美国智库发表的《普林斯顿国家安全项目最终报告》(《铸造法制之下的自由世界——21世纪美国国家安全战略》) 便提出美国应综合运用其软硬实力,对现有国际制度特别是联合国进行重大改革,构建所谓基于"民主联盟"的国际新秩序,以应对崛起国的挑战。作为其最新的政策实践,2021年12月,拜登政府举办首届所谓"全球民主峰会"。参见刘建飞. 美国"民主联盟"战略对国际政治的影响 [J]. 世界经济与政治,2011 (5).
⑤ 习近平. 在中国共产党与世界政党领导人峰会上的主旨讲话 [N]. 人民日报,2021-07-07.

进步的道义制高点上。例如，中国的供给范式还从供给侧到消费侧都更充分地展现了"公共性"和"平等性"，其倡导的共建"一带一路"等国际公共产品具有突出的开放性特点，最大限度地排除了俱乐部公共产品或"私物化"倾向的弊端，也更接近于纯粹意义上的国际公共产品。中国把周边国家和发展中国家作为供给重点，把全球治理外交与新时代"亲诚惠容"的周边外交、"真实亲诚"的发展中国家外交紧密结合起来，并依托全球伙伴关系的发展，扩大同世界各国的利益交汇点。在夯实区域性供给和领域性供给的基础上，中国正逐步向更为全面的全球性供给者迈进，供给质量和水平不断提升，业已能够提供某些领域的大型公共产品。

特别在发展类公共产品供给方面，从 2011 年成立以商务部、外交部和财政部为主的对外援助部际协调机制，到 2014 年商务部颁布《对外援助管理办法（试行）》，再到 2018 年成立国家国际发展合作署，中国顺应全球治理需要实现了从对外援助到国际发展合作的供给机制转型。在具体实施中，中国越来越注重发展类公共产品供给所产生的社会效益，也越来越多地发起或与伙伴国共同设计综合性的发展合作方案。随着中国国际发展合作规模和范围日益扩大，以及议题和形式趋于多样，有必要着眼于整体性治理的视角，进一步强化相关机构的协调整合职能，优化从决策、实施到评估的内部运行机制。不仅要重视研发、生产、分配等实施环节，也要重视供给有效性评估环节，并建立完善的数据跟踪与监测评估体系。① 除了制定国际发展合作的纲领性文件外，还可根据需要适时制定《对外援助法》或《国际发展合作法》等专门性法律，以进一步规范和促进中国的国际发展合作事业，从而形成更为成熟稳定的国际公共产品供给模式。②

未来中国国际公共产品供给能力的提升不仅体现在由区域性向全球性、由单一性向综合性维度的跨越上，更体现在相关国际公共产品的价值规范功能不断增强。除物质类、制度类公共产品外，中国正在为世界贡献越来越多的理念类产品，彰显日益上升的规范或价值领导力。这些国际公共产品供给更直接地反映了中国参与全球治理的软实力，是在非西方语境下取得的全球治理理念创新。那些基于中国经验且契合全人类共同价值的知识公共产品，正在成为国际社会广泛认同的价值规范。尤其是中国式现代化的成功实践，拓展了发展中国

---

① 赵剑治，敬乂嘉，欧阳喆. 新兴援助国对外发展援助的治理结构研究：基于部分金砖国家的比较分析［J］. 中国行政管理，2018（2）.
② 赵美艳. 中国对外援助制度及其完善问题研究［D］. 北京：外交学院，2020：115.

家走向现代化的路径,为世界上那些既希望加快发展又希望保持自身独立性的国家和民族提供了新选择。

(二) 将优化路径深度嵌入中国特色大国外交架构

国际公共产品供给范式的优化须着眼于中国特色大国外交战略体系的不断完善,把握国情和世情互动日益密切的态势,协调国内各类主体的积极参与。[1] 为此需要充分发挥我国总体外交的优势,进一步解决供给主体较为单一的问题。长期以来,中国的国际公共产品供给大都由政府(特别是中央层面)承担,非政府主体参与度较低,这不仅使政府渠道承受的负担过重,也使得供给形式的灵活性以及产品形态的多样性有所欠缺。为此需要将政党、社会组织、市场主体等更多元化的主体进一步纳入国际公共产品供给行动,激发和释放它们的潜能,更好地形成供给合力,构建政府主导下的多元立体供给体系。

在全球化背景下,各国政党特别是执政党将关注视角不断从国内层面向国际层面扩展,从而日益成为全球治理的一支重要力量。中国共产党统筹国内国际两个大局,关注人类前途命运,同世界上一切进步力量携手,特别是通过加强政党合作深入参与全球治理,为人类谋发展,为世界谋大同。[2] 中国共产党为人类谋进步的国际担当,充分体现在推动国际公共产品供给,为全球发展与世界和平、为人类进步事业贡献越来越多的中国智慧、中国方案和中国力量。[3] 基于此,新时代中国的政党外交结合自身基本国情,主动秉持世界大党责任,向广大发展中国家展示中国式现代化的进程与经验,业已成为供给中国特色新治理理念等公共产品的重要渠道,有效凝聚了人类价值共识,弘扬了国际正义,促进了全球公平发展。[4] 而推动构建人类命运共同体,便是新时代条件下中国共产党胸怀天下的集中表现。[5]

鉴于社会力量在全球治理中的作用日益凸显,扩大我国社会组织对全球治

---

[1] 凌胜利. 中国特色大国外交的战略体系构建[J]. 国际展望, 2020(2).
[2] 王灵桂. 为人民谋幸福,为民族谋复兴,为世界谋大同[N]. 人民日报, 2021-08-03.
[3] 周进. 为人类谋进步:百年大党的国际担当[J]. 马克思主义研究, 2021(8).
[4] 丁莹,李庆四. 中国共产党对政党外交的独特贡献[N]. 中国社会科学报, 2021-08-12.
[5] 2017年,中共中央对外联络部举办了主题为"构建人类命运共同体、共同建设美好世界:政党的责任"的中国共产党与世界政党高层对话会,来自120多个国家的近300个政党及政治组织领导人与会,并发表了凝聚政党全球治理共识的《北京倡议》。

理进程的参与并提升它们的国际公共产品供给能力显得尤为迫切。① 当前中国社会组织的国际化程度仍有待提升，这制约了它们参与各类国际公共产品供给和影响全球议题设置的能力，造成在跨国非政府组织网络中的话语权偏弱的问题。② 这不但与中国的国际地位不相称，也不利于全球议题复杂化背景下全面、深入地参与和引领全球治理。特别是在健康、就业、减贫、生态环保等民生和发展类国际公共产品供给方面，中国社会组织大有潜力可挖。为此，2021年9月民政部印发了《"十四五"社会组织发展规划》，提出要稳妥实施社会组织"走出去"，有序开展境外合作，增强我国社会组织参与全球治理能力，提高我国软实力。未来可借鉴有关发达国家的经验，从战略性文件与立法保障、资金支持、执行机构、协作机制等方面为社会组织参与本国对外援助或国际发展合作等行动提供全方位的支持，把它们充分吸纳到我国国际公共产品供给体系中，从而发挥各类供给主体的协同增益效应。③

从与外部其他供给主体的关系来看，中国采取的路径策略类似于帕累托改进型的改革，即在不减少一方既得利益的条件下，通过改变现有的资源配置来增加另一方的绝对获益。由此传统大国不致产生被剥夺感，同时新兴国家的利益也能够得到提升，而这离不开国际制度分配功能的调整与国际关系范式的创新。对此中国秉持新型国际关系理念，致力于在多边框架下开展全球治理，积极化解与传统大国等其他相关方之间的供给重叠与竞争问题。2021年11月，习近平主席在同美国总统拜登进行视频会晤时强调，中美要展现大国的担当，引领国际社会合作应对突出挑战，以及加强在重大国际和地区热点问题上的协调和合作，为世界提供更多公共产品。④ "孤举者难起，众行者易趋"，截至2021年7月，中国已同世界上108个国家和4个地区组织建立不同形式的伙伴关系，其中战略伙伴关系达93对；全方位、多层次、立体化的全球伙伴关系网络基本

---

① 据国际协会联盟（UIA）出版的《国际组织年鉴（2021—2022）》，世界范围内的国际组织总数为74250个，其中非政府间国际组织66425个，约占九成。

② 根据联合国经社理事会通过的有关决议，非政府组织被授予的咨商地位可分为三类：一般咨商地位（General Consultative Status）、特别咨商地位（Special Consultative Status）和列入名册咨商地位（Roster Status）。与其他主要大国相比，能够获得联合国经社理事会任一咨商地位的中国社会组织都明显偏少。参见王辉耀. 鼓励更多非政府组织参与全球治理［N］. 北京青年报，2018-08-19.

③ 蔡礼强，刘力达. 发达国家社会组织参与对外援助的制度吸纳与政策支持：基于美英德日法五国的比较分析［J］. 国外社会科学，2019（5）.

④ 王远. 习近平同美国总统拜登举行视频会晤［N］. 人民日报，2021-11-17.

形成,① 这为中国进一步拓展和优化国际公共产品供给范式创设了良好的外部条件。未来随着中国参与全球治理深广度及其引领能力的不断提升,通过倡导构建基于"共治""共享"理念的多层次合作机制,特别是在实践层面以公共产品供给责任分担促进国际社会中的关系治理,有助于创新国际公共产品合作供给模式。

三、本研究值得进一步探讨的问题

受笔者资料掌握、研究能力及篇幅所限,本研究尚有以下问题有待进一步探讨。

一是就研究方法而言,在国际公共产品供给评价指标体系构建问题上可进一步加强定量研究,以期形成更具说服力或更为可信的研究范式及结论。具体来说,如何选取这种评价体系的各级指标并予以量化,以及如何建立科学的数据分析模型,需要研究者引入更为多元的研究方法并予以创新性应用。

二是基于全球化时代国内国际两个层面的区隔日益模糊,在国内公共产品供给与国际公共产品供给之间如何实现协调共进、逻辑统一问题上,本书对相关机理的阐述尚不够深入。"内圣而外王",一国国际公共产品供给能力及其范式特色最终将取决于其国内层面的治理实践与能力建设。

三是着眼于大国社会性成长的一般规律,如何在深度参与全球治理的过程中实现从物质类到制度类、理念类公共产品供给能力的境界提升,促进这三种形态产品之间的相互转化或支撑,值得对相关生成逻辑与机理做出进一步剖析。其中,如何在人类命运共同体理念统领下"研发"并开展更广泛的领域性、支撑性规范产品供给,进而构建沟通中国特色与全人类共同价值的国际规范供给体系,推动更高层面的中国国际关系理论范式创新,仍需要学界做出更多探索。

四是在补强全球安全治理的公共产品供给方面,如何着眼于继承性和创新性的统一,更为积极和与时俱进地理解不干涉内政原则,以便进一步完善中国对地区热点问题的建设性介入,探索具有中国特色的国际和地区热点问题解决之道,从而赋予"负责任大国"以更具时代性的内涵。这是一个有必要诉诸国际关系、国际法等跨学科研究的议题领域。

五是鉴于全球新兴领域的战略意义日益凸显,所涉及的利益关系又十分复杂,而治理规则严重欠缺,对于中国在相关建章立制过程中的策略及角色值得

---

① 杨洁篪. 习近平外交思想指引党的外事工作取得光辉成就[N]. 人民日报,2021-07-03.

加强研究。在新兴领域治理中发挥更大作用，特别是通过制度创新填补这些领域的治理赤字，有助于中国在全球治理体系中实现"弯道超车"而更好地发挥引领作用。

六是从研究视域的拓展来看，如何批判性借鉴传统供给者的某些经验仍值得深入思考，如公共产品供给效率与对象国的国内治理结构及政策水平之间是否存在正相关关系；如果存在这种关系的话，是否可以将其纳入供给决策的战略考量之中；而与供给有效性相关的透明度提升问题也值得专门研究。此外，其他一些新兴大国及中等强国等供给主体的国际公共产品供给经验也值得专门研究，从而做出更为全面的横向比较与借鉴。

参考文献

中文著作

[1] 约瑟夫·奈,约翰·唐纳胡. 全球化世界的治理 [M]. 王勇,等译. 北京:世界知识出版社,2003.

[2] 英吉·考尔. 全球化之道:全球公共产品的提供与管理 [M]. 张春波,高静,译. 北京:人民出版社,2006.

[3] 亚当·罗伯茨,本尼迪克特·金斯伯里. 全球治理:分裂世界中的联合国 [M]. 吴志成,等译. 北京:中央编译出版社,2010.

[4] 斯科特·巴雷特. 合作的动力:为何提供全球公共产品 [M]. 黄智虎,译. 上海:上海人民出版社,2012.

[5] 罗伯特·基欧汉. 霸权之后:世界政治经济中的合作与纷争 [M]. 苏长和,等译. 上海:上海人民出版社,2012.

[6] 庞中英. 全球治理与世界秩序 [M]. 北京:北京大学出版社,2012.

[7] 席艳乐. 国际公共产品视角下的国际经济组织运作:以三大国际经济组织为例 [M]. 成都:西南财经大学出版社,2012.

[8] 王逸舟. 创造性介入:中国之全球角色的生成 [M]. 北京:北京大学出版社,2013.

[9] 刘鸿武,黄梅波. 中国对外援助与国际责任的战略研究 [M]. 北京:中国社会科学出版社,2013.

[10] 于军. 全球治理 [M]. 北京:国家行政学院出版社,2014.

[11] 姚申洪,赵永利,李锟. UNDP与中国多边发展合作:历史回顾与战略转型 [M]. 北京:中国商务出版社,2014.

[12] 周琪,李枏,沈鹏. 美国对外援助:目标、方法与决策 [M]. 北京:中国社会科学出版社,2014.

[13] 约翰·柯顿. 二十国集团与全球治理 [M]. 郭树勇,等译. 上海:上

225

[14] 王逸舟. 国际公共产品：变革中的中国与世界[M]. 北京：北京大学出版社，2015.

[15] 何亚非. 选择：中国与全球治理[M]. 北京：中国人民大学出版社，2015.

[16] 李东燕. 全球治理：行为体、机制与议题[M]. 北京：当代中国出版社，2015.

[17] 左常升. 国际发展援助理论与实践[M]. 北京：社会科学文献出版社，2015.

[18] 蒲俜. 中国和平发展与国际制度[M]. 北京：社会科学文献出版社，2016.

[19] 庞中英. 亚洲基础设施投资银行：全球治理的中国智慧[M]. 北京：人民出版社，2016.

[20] 朱杰进. 金砖国家与全球经济治理[M]. 上海：上海人民出版社，2016.

[21] 庞中英. 全球治理的中国角色[M]. 北京：人民出版社，2016.

[22] 张士铨. 国家经济利益与全球公共物品[M]. 北京：知识产权出版社，2016.

[23] 辛本健. 全球治理的中国贡献[M]. 北京：机械工业出版社，2016.

[24] 卢静. 全球治理：困境与改革[M]. 北京：社会科学文献出版社，2016.

[25] 习近平. 习近平谈治国理政：第2卷[M]. 北京：外文出版社，2017.

[26] 蔡拓. 全球学与全球治理[M]. 北京：北京大学出版社，2017.

[27] 王帆，凌胜利. 人类命运共同体：全球治理的中国方案[M]. 长沙：湖南人民出版社，2017.

[28] 徐进，李巍. 改革开放以来中国对外政策变迁研究[M]. 北京：社会科学文献出版社，2017.

[29] 张新平. 中国特色的大国外交战略[M]. 北京：人民出版社，2017.

[30] 刘伟，张辉. 全球治理：国际竞争与合作[M]. 北京：北京大学出版社，2017.

[31] 杨丽，丁开杰. 全球治理与国际组织[M]. 北京：中央编译出版社，2017.

[32] 习近平. 习近平谈治国理政：第一卷 [M]. 北京：外文出版社, 2018.

[33] 安德鲁·赫里尔. 全球秩序与全球治理 [M]. 林曦, 译. 北京：中国人民大学出版社, 2018.

[34] 苏宁. "一带一路"倡议与中国参与全球治理新突破 [M]. 上海：上海社会科学院出版社, 2018.

[35] 吴晓萍. 国际公共产品的软权力研究：以美国、中国参与世界贸易组织为例 [M]. 北京：世界知识出版社, 2018.

[36] 杨昊. 国家提供跨国公共物品的动力分析 [M]. 北京：时事出版社, 2018.

[37] 张蕴岭, 高程. 改革开放以来的中国与世界 [M]. 北京：社会科学文献出版社, 2018.

[38] 莉萨·马丁, 贝思·西蒙斯. 国际制度 [M]. 黄仁伟, 蔡鹏鸿, 等译. 上海：上海人民出版社出版, 2018.

[39] 周帅. 全球金融治理变革研究：基于国际金融公共产品的视角 [M]. 北京：社会科学文献出版社, 2018.

[40] 孙伊然. 全球发展治理与中国方案 [M]. 上海：上海社会科学院出版社, 2018.

[41] 王勇, 袁沙. 全球治理转型挑战与中国的领导作用 [M]. 载王缉思编. 中国国际战略评论2018（上）. 北京：世界知识出版社, 2018.

[42] 秦亚青. 全球治理：多元世界的秩序重建 [M]. 北京：世界知识出版社, 2019.

[43] 苏格. 世界大变局与新时代中国外交 [M]. 北京：世界知识出版社, 2019.

[44] 欧阳康. 国际组织与全球治理 [M]. 北京：中国社会科学出版社, 2019.

[45] 黄河, 戴丽婷, 周骁. 区域性国际公共产品的中国供给 [M]. 上海：上海交通大学出版社, 2019.

[46] 何亚非. 全球治理的中国方案 [M]. 北京：五洲传播出版社, 2019.

[47] 贺平. 区域公共产品与日本的东亚功能性合作：冷战后的实践与启示 [M]. 上海：上海人民出版, 2019.

[48] 习近平. 习近平谈治国理政：第三卷 [M]. 北京：外文出版社, 2020.

[49] 康晓. 逆全球化下的全球治理：中国与全球气候治理转型 [M]. 北京：社会科学文献出版社, 2020.

227

[50] 任琳. 全球治理：背景、实践与平台［M］. 北京：中国社会科学出版社，2020.

[51] 张蕴岭，任晶晶. 中国对外关系（1978-2018）［M］. 北京：社会科学文献出版社，2020.

[52] 王灵桂. "一带一路"引领国际新秩序构建［M］. 北京：社会科学文献出版社，2020.

[53] 黄梅波. 国际发展援助的有效性研究：从援助有效性到发展有效性［M］. 北京：人民出版社，2020.

[54] 复旦发展研究院，复旦—拉美大学联盟. 国际格局变化中的公共产品供给：来自拉丁美洲与中国的视角［M］. 北京：中国社会科学出版社，2021.

[55] 任琳. 反思全球治理：安全、权力与制度［M］. 北京：中国社会科学出版社，2021.

[56] 黄河，王润琦，黄昊. 治理、发展与安全：公共产品与全球治理［M］. 上海：上海交通大学出版社，2021.

[57] 何银. 发展和平：全球安全治理中的规范竞争与共生［M］. 北京：中国社会科学出版社，2021.

[58] 薄燕，高翔. 中国与全球气候治理机制的变迁［M］. 上海：上海人民出版社，2021.

[59] 张海滨. 全球气候治理的中国方案［M］. 北京：五洲传播出版社，2021.

[60] 路杨. 全球金融治理变革与中国的策略选择：基于国际公共产品的视角［M］. 北京：中国经济出版社，2021.

[61] 刘昌明，孙云飞，孙通. 国际公共产品供求体系新变化与中国的选择［M］. 北京：社会科学文献出版社，2022.

中文论文

[1] 张建新. 霸权、全球主义和地区主义：全球化背景下国际公共物品供给的多元化［J］. 世界经济与政治，2005（8）.

[2] 李增刚. 全球公共产品：定义、分类及其供给［J］. 经济评论，2006（1）.

[3] 丁韶彬. 国际援助制度与发展治理［J］. 国际观察，2008（2）.

[4] 薛晨. 非传统安全问题与国际公共产品供给：兼论"中国责任论"与和谐世界理念的实践［J］. 世界经济与政治，2009（3）.

[5] 王金良. 全球治理：结构与过程 [J]. 太平洋学报, 2011 (4).

[6] 席艳乐, 李新. 国际公共产品供给的政治经济学：兼论中国参与国际公共产品供给的战略选择 [J]. 宏观经济研究, 2011 (10).

[7] 韦宗友. 新兴大国群体性崛起与全球治理变革 [J]. 国际论坛, 2011 (2).

[8] 蔡拓, 杨昊. 国际公共物品的供给：中国的选择与实践 [J]. 世界经济与政治, 2012 (10).

[9] 刘丰. 美国霸权与全球治理：美国在全球治理中的角色及其困境 [J]. 南开学报（哲学社会科学版）, 2012 (3).

[10] 何帆, 冯维江, 徐进. 全球治理机制面临的挑战及中国的对策 [J]. 世界经济与政治, 2013 (4).

[11] 庞中英, 王瑞平. 全球治理：中国的战略应对 [J]. 国际问题研究, 2013 (4).

[12] 裴长洪. 全球经济治理、公共品与中国扩大开放 [J]. 经济研究, 2014 (3).

[13] 石晨霞. 全球治理机制的发展与中国的参与 [J]. 太平洋学报, 2014 (1).

[14] 吴志成, 李金潼. 国际公共产品供给的中国视角与实践 [J]. 政治学研究, 2014 (5).

[15] 曹亚斌. 21世纪以来中国参与全球治理的领域分析 [J]. 国际关系研究, 2015 (3).

[16] 黄河. 公共产品视角下的"一带一路" [J]. 世界经济与政治, 2015 (6).

[17] 李慧明. 全球气候治理制度碎片化时代的国际领导及中国的战略选择 [J]. 当代亚太, 2015 (4).

[18] 涂永红, 张文春. 中国在"一带一路"建设中提供的全球公共物品 [J]. 理论视野, 2015 (6).

[19] 刘贞晔. 中国参与全球治理的历程与国家利益分析 [J]. 学习与探索, 2015 (9).

[20] 刘雨辰. 从参与者到倡导者：中国供给国际公共产品的身份变迁 [J]. 太平洋学报, 2015 (9).

[21] 苏长和. 全球治理体系转型中的国际制度 [J]. 当代世界, 2015 (11).

[22] 王赓武, 魏玲, 巴里·布赞. 国际秩序的构建: 历史、现在和未来 [J]. 外交评论, 2015 (6).

[23] 毕海东, 钮维敢. 全球治理转型与中国责任 [J]. 世界经济与政治论坛, 2016 (4).

[24] 陈志敏. 国家治理、全球治理与世界秩序建构 [J]. 中国社会科学, 2016 (6).

[25] 张宇燕. 构建以合作共赢为核心的新型国际关系: 全球治理的中国视角 [J]. 世界经济与政治, 2016 (9).

[26] 蔡拓. 中国参与全球治理的新问题与新关切 [J]. 学术界, 2016 (9).

[27] 于军, 王发龙. 全球治理的制度困境与中国的战略选择 [J]. 行政管理改革, 2016 (11).

[28] 林跃勤. 全球治理创新与新兴大国责任 [J]. 南京社会科学, 2016 (10).

[29] 刘清才, 周金宁. 国际新秩序与全球治理体系建设: 中国智慧与方案 [J]. 吉林大学社会科学学报, 2017 (3).

[30] 赵可金, 尚文琦. 国际公共产品与中国外交转型 [J]. 理论学刊, 2017 (3).

[31] 张胜军. 全球治理的"东南主义"新范式 [J]. 世界经济与政治, 2017 (5).

[32] 曹德军. 中国外交转型与全球公共物品供给 [J]. 中国发展观察, 2017 (5).

[33] 肖晞. 国际秩序变革与中国路径研究 [J]. 政治学研究, 2017 (4).

[34] 马海涛, 乔路. 中国国际公共产品供给问题研究: 以联合国会费为例 [J]. 财经问题研究, 2017 (9).

[35] 门洪华. 应对全球治理危机与变革的中国方略 [J]. 中国社会科学, 2017 (10).

[36] 季剑军. 全球或区域治理模式比较及对推动人类命运共同体建设的启示 [J]. 经济纵横, 2017 (11).

[37] 张茉楠. 中国参与全球公共产品供给的机制及路径 [J]. 发展研究, 2017 (11).

[38] 陈凤英. 十九大报告诠释全球治理之中国方案: 中国对全球治理的贡献与作用 [J]. 当代世界, 2017 (12).

[39] 孟于群，杨署东．国际公共产品供给：加总技术下的制度安排与全球治理［J］．学术月刊，2018（1）．

[40] 薛澜，翁凌飞．西方对外援助机构的比较与借鉴：改革中国的对外援助模式［J］．经济社会体制比较，2018（1）．

[41] 赵剑治，敬乂嘉，欧阳喆．新兴援助国对外发展援助的治理结构研究：基于部分金砖国家的比较分析［J］．中国行政管理，2018（2）．

[42] 黄超．全球发展治理转型与中国的战略选择［J］．国际展望，2018（3）．

[43] 朱旭．全球治理变革与中国的角色［J］．当代世界与社会主义，2018（3）．

[44] 任琳．中国全球治理观：时代背景与挑战当代世界［J］．当代世界，2018（4）．

[45] 李丹．论全球治理改革的中国方案［J］．马克思主义研究，2018（4）．

[46] 韩雪晴．全球公域治理：全球治理的范式革命［J］．太平洋学报，2018（4）．

[47] 庄贵阳．中国在全球气候治理中的角色定位与战略选择［J］．世界经济与政治，2018（4）．

[48] 宋秀琚，余姣．十八大以来国内学界关于中国参与全球治理的研究述评［J］．社会主义研究，2018（6）．

[49] 薛晓芃．全球治理转型与中国的责任定位：基于全球问题属性的研究［J］．东北亚论坛，2018（6）．

[50] 张雪滢．国际公共产品与中国构建国际机制的战略选择［J］．复旦国际关系评论，2018（1）．

[51] 王联合．美国区域性公共产品供给及其变化：以美国亚太同盟体系及区域自由贸易协定为例［J］．复旦国际关系评论，2018（1）．

[52] 朱伟婧．全球经济治理制度性话语权的中国视角研究（博士学位论文）［D］．北京：中共中央党校，2018.

[53] 张茉楠．中国倡导公共产品供给新模式［N］．参考消息，2018-03-19.

[54] 陈哲．中国国际公共产品供给：理论与实践［N］．中国社会科学报，2018-08-29.

[55] 赵龙跃．新时代中国参与全球治理战略路径的思考［J］．国际经济法

学刊，2018（2）．

[56] 李向阳．论"一带一路"的发展导向及其特征［N］．经济日报，2019-04-25．

[57] 曹德军．论全球公共产品的中国供给模式［J］．战略决策研究，2019（3）．

[58] 毕海东．全球治理地域性、主权认知与中国全球治理观的形成［J］．当代亚太，2019（4）．

[59] 巴殿君，王胜男．论中国全球化认识观与全球治理的"中国方案"：基于人类命运共同体视域下［J］．东北亚论坛，2019（3）．

[60] 张春．中非合作论坛与中国特色国际公共产品供应探索［J］．外交评论，2019（3）．

[61] 刘亚男，王跃．新世纪以来国内全球治理研究述评：基于CSSCI数据库的分析［J］．社会主义研究，2019（4）．

[62] 江时学，李智婧．论全球治理的必要性、成效及前景［J］．同济大学学报（社会科学版），2019（4）．

[63] 刘传春，李远．"一带一路"倡议与全球治理的完善：以国际公共产品有效供给为视角的分析［J］．理论导刊，2019（10）．

[64] 吴寄南．日本"大国梦"的虚与实：20世纪80年代以来日本国家政治转型的经验与教训［J］．日本文论，2020（1）．

[65] 郭周明，李姣，邹浩．逆全球化背景下国际经贸治理困境及中国路径选择［J］．国际经贸探索，2020（2）．

[66] 裴长洪，刘斌．中国开放型经济学：构建阐释中国开放成就的经济理论［J］．中国社会科学，2020（2）．

[67] 孙吉胜．当前全球治理与中国全球治理话语权提升［J］．外交评论，2020（3）．

[68] 黄少安，郭冉．新中国参与全球治理的回顾和总结［J］．山东社会科学，2020（6）．

[69] 俞子荣．不平凡的探索与成就：中国对外援助70年［J］．国际经济合作，2020（6）．

[70] 郭锐，孙天宇．制度性话语、制度性开放与制度性合作：全球治理体系变革的中国探索［J］．教学与研究，2020（8）．

[71] 胡文秀，刘振霞．全球治理视域下中国国际话语权的提升［J］．中州学刊，2020（8）．

[72] 吴琳. 地区霸权的制度护持与印度的南盟政策 [J]. 世界经济与政治, 2020 (12).

[73] 庞中英. 全球治理研究的未来: 比较和反思 [J]. 学术月刊, 2020 (12).

[74] 张发林. 全球金融治理议程设置与中国国际话语权 [J]. 世界经济与政治, 2020 (6).

[75] 王胜男. 中美在全球治理中的角色研究（博士学位论文）[D]. 长春: 吉林大学, 2020.

[76] 郑丁灏. 相互依赖、机制变迁与全球金融治理: 基于国际经济法与国际关系的交叉视角 [J]. 国际经济法学刊, 2021 (1).

[77] 叶江. 新冠疫情对现代世界体系的影响: 兼谈中国在全球治理体系重塑中的新作用 [J]. 国际展望, 2021 (1).

[78] 石静霞. "一带一路"倡议与国际法: 基于国际公共产品供给视角的分析 [J]. 中国社会科学, 2021 (1).

[79] 颜克高. 中国社会组织参与对外援助70年: 经验、问题与展望 [J]. 国外社会科学, 2021 (1).

[80] 刘笑阳. 新时代中国的共同利益论与大国责任论 [J]. 东北亚论坛, 2021 (3).

[81] 赵洋. 破解全球治理赤字何以可能: 兼论中国对全球治理理念的创新 [J]. 社会科学, 2021 (5).

[82] 张民选. 疫情下的教育国际公共产品供给: 世界危机与中国行动 [J]. 比较教育研究, 2021 (2).

[83] 凌胜利, 李汶桦. 全球治理变革背景下的中国国际制度创建 [J]. 国际关系研究, 2021 (5).

[84] 秦亚青. 全球治理趋向扁平 [J]. 国际问题研究, 2021 (5).

[85] 沈铭辉. 从多边规则接受者到全球贸易公共品提供者: 中国入世20年的回顾与展望 [J]. 中共中央党校（国家行政学院）学报, 2021 (5).

[86] 姚琨, 赵敬雅, 韩一元.《我们的共同议程》: 联合国全面改革和转型倡议 [J]. 国际研究参考, 2021 (11).

[87] 刘彬, 陈伟光. 制度型开放: 中国参与全球经济治理的制度路径 [J]. 国际论坛, 2022 (1).

[88] 唐丽霞, 赵文杰, 李小云. 全球公共产品视角下的中国国际发展合作 [J]. 国际展望, 2022 (1).

233

英文著作及论文

[1] Scott Barrett. Why Cooperate? The Incentive to Supply Global Public Goods [M]. Oxford: Oxford University Press, 2007.

[2] Ian Gold. Divided Nations: Why Global Governance is Failing, and What We Can Do About It [M]. Oxford: Oxford University Press, 2013.

[3] Georgina M. Gómez, Peter Knorringa. Local Governance, Economic Development and Institutions [C]. New York: Palgrave Macmillan, 2016.

[4] Augusto Lopez-Claros, Arthur L. Dahl, Maja Groff. Global Governance and the Emergence of Global Institutions for the 21st Century [M]. Cambridge: Cambridge University Press, 2020.

[5] Scott L. Kastner, Margaret M. Pearson, Chad Rector. China's Strategic Multilateralism: Investing in Global Governance [M]. Cambridge: Cambridge University Press, 2020.

[6] Todd Sandler. Regional Public Goods and International Organizations [J]. The Review of International Organizations, 2006(1).

[7] David Held & Kevin Young. Global Governance in Crisis? Fragmentation, Risk and World Order [J]. International Politics, 2013(3).

[8] W. Warmerdam. Having, Giving, Taking: Lessons on Ownership in China's Domestic Development and Contributions of its Engagement [J]. Forum for Development Studies, 2013(3).

[9] C. Weaver. The Rise of China: Continuity or Change in the Global Governance of Development? [J]. Ethics & International Affairs, 2015(14).

[10] James F. Paradise. China's Quest for Global Economic Governance Reform [J]. Journal of Chinese Political Science, 2019(3).

[11] M. Unford. Chinese and Development Assistance Committee (DAC) Development Cooperation and Development Finance: Implications for the BRI and International Governance [J]. Eurasian Geography and Economics, 2020(2).

[12] Asian Infrastructure Investment Bank. 2020 AIIB Annual Report and Financials [EB/OL]. (2021-05-01) [2022-10-11]. https://www.aiib.org/en/news-events/annual-report/2020/home/index.html.

其他文献来源

[1] 中华人民共和国国务院新闻办公室. 中国的亚太安全合作政策 [EB/OL]. 中华人民共和国国务院新闻办公室网站, 2017-01-11.

[2] 中华人民共和国国务院新闻办公室. 中国的北极政策 [EB/OL]. 中华人民共和国国务院新闻办公室网站, 2018-01-26.

[3] 中华人民共和国国务院新闻办公室. 中国与世界贸易组织 [EB/OL]. 中华人民共和国国务院新闻办公室网站, 2018-06-28.

[4] 中华人民共和国国务院新闻办公室. 新时代的中国与世界 [EB/OL]. 中华人民共和国国务院新闻办公室网站, 2019-09-27.

[5] 中华人民共和国国务院新闻办公室. 中国军队参加联合国维和行动30年 [EB/OL]. 中华人民共和国国务院新闻办公室网站, 2020-09-18.

[6] 中华人民共和国国务院新闻办公室. 新时代的中国国际发展合作 [EB/OL]. 中华人民共和国国务院新闻办公室网站, 2021-01-10.

[7] 中华人民共和国外交部. 中国联合国合作立场文件 [EB/OL]. 中华人民共和国外交部网站, 2021-10-22.

[8] 中华人民共和国国务院新闻办公室. 新时代的中非合作 [EB/OL]. 中华人民共和国国务院新闻办公室网站, 2021-11-26.

后 记

本书是 2018 年度国家社会科学基金项目"全球治理变革背景下中国特色国际公共产品供给战略研究"的最终研究成果,借此首先感谢国家社会科学基金所提供的资金支持,也希望本书能够为我国国际问题研究与学科建设增添一点"公共产品"。

"浩渺行无极,扬帆但信风。"作为一名入职近二十年的高校科研人,我深刻感受到 21 世纪以来中国自身的成长——这种成长是全面的,不仅体现在经济等"硬"指标上,更体现在社会等"软"指标上;不仅体现在国家治理能力的提升上,还体现在参与全球治理能力的提升上。特别是进入新时代,中国对于全球治理变革的引领不断加强,大国担当更加彰显,并为之提供越来越多的优质国际公共产品,具有自身特色的知识供给和制度供给能力显著提升。在这里借用英国历史学家汤因比曾说过的一句话:"如果中国人向世界奉献出一种礼物,使中西文化融合、推动历史前进,我们不要感到意外。"在从"富起来"到"强起来"的跃升过程中,积极参与和引领全球治理并为之提供公共产品,是中国作为世界性大国统筹国内国际、实现软硬实力均衡发展的必然要求。展望 2035 年远景规划,我国将基本实现社会主义现代化,届时我国将能够对世界和平与发展做出更大贡献,在全球治理体系中的地位也将更加重要。"九万里风鹏正举",能够见证并作为一分子参与到中华民族伟大复兴"中国梦"不断实现的历史过程中,去触摸和感受"中国梦"与"世界梦"的交相辉映,笔者深以为幸。

在课题申报和本书撰写过程中,本人得到了安徽财经大学法学院相关领导、同事和课题组成员的大力支持和帮助,在此一并表示感谢。此外,也要感谢出版社编辑老师耐心细致的工作,以及自己家人长久以来的理解、鼓励和付出。